Horst Krüger:
Zeitgelächter
Ein deutsches Panorama

Deutscher
Taschenbuch
Verlag

dtv

Von Horst Krüger
sind im Deutschen Taschenbuch Verlag erschienen:
Das zerbrochene Haus (511)
Deutsche Augenblicke (837)

Ungekürzte Ausgabe
Dezember 1976
Deutscher Taschenbuch Verlag GmbH & Co. KG,
München

Umschlaggestaltung: Celestino Piatti
Gesamtherstellung: C.H. Beck'sche Buchdruckerei,
Nördlingen
Printed in Germany · ISBN 3-423-01224-2

Wenn eine Zeit und ein Kopf zusammenstoßen,
und es klingt hohl – ist es allemal der Kopf?
(frei nach Lichtenberg)

Inhalt

Das Buch

»Die deutsche Literatur hat einen neuen Tucholsky. Nicht etwa, daß der Schriftsteller Horst Krüger eine Kopie dieses berühmten Autors der Weimarer Zeit wäre, aber er ist wie jener ein Meister der Sprache, der kleinen literarischen Form, des Essays, und er ist wie Tucholsky ein politischer Moralist, der die Hoffnung auf Besserung der menschlichen Gattung nicht aufgegeben hat. Das neue Buch Krügers, ›Zeitgelächter‹, ist ein Spaziergang durch die deutsche Welt, durch die aktuellen Fragen dieser Zeit. Die Texte lesen sich wie von selbst, sie gehen ein wie Honig, lösen sich im Blut auf und hinterlassen Nachdenklichkeit, Erstaunen, manchmal Ärger, fast immer aber Bewunderung für den meisterhaften Umgang mit der Sprache und für die Klarheit des Ausdrucks. Krügers politische Position ist die des linken Liberalen. Das hat zur Folge: Er sitzt zwischen den Stühlen, er teilt Hiebe nach rechts wie nach links aus, er behauptet eine Position der kühlen Vernunft, er beugt sich keiner Ideologie. Niemals ist seine Sprache rechthaberisch, er stellt sich selbst in Zweifel, er fragt, aber seine stillen Fragen haben Widerhaken, bleiben im Gedächtnis, werden vom Leser aufgenommen und ins eigene Bewußtsein übertragen. Der Leser fragt nun selbst weiter. Krüger ist ein Glücksfall der deutschen Literatur.« (Westdeutsche Allgemeine Zeitung)

Der Autor

Horst Krüger wurde 1919 in Magdeburg geboren, wuchs in Berlin auf und studierte dort und in Freiburg i. Br. Philosophie und Literaturwissenschaften. 1939/40 Gestapohaft in Berlin-Moabit wegen »Vorbereitung zum Hochverrat«; 1942–1945 Gefreiter in der deutschen Wehrmacht. Nach dem Krieg Essayist und Literaturkritiker; 1952–1967 Redakteur beim Südwestfunk in Baden-Baden. Seitdem lebt er als freier Schriftsteller in Frankfurt/M. Mitglied des PEN-Zentrums der Bundesrepublik. 1970 Thomas-Dehler-Literaturpreis, 1972 Johann-Heinrich-Merck-Preis für literarische Kritik und Essay der Deutschen Akademie für Sprache und Dichtung. Frühere Veröffentlichungen: ›Zwischen Dekadenz und Erneuerung‹ (1952); ›Das zerbrochene Haus‹ (1966); ›Deutsche Augenblicke‹ (1969).

I Ortszeit

Die Rheinreise

Sie saßen allein im Abteil. Der Zug fuhr mit mäßiger Geschwindigkeit. Manchmal knirschten die Bremsen, es ruckte, dann zog er wieder an, holte auf. Sie hörten das Schlagen der Räder, das müde und dösig machte. Es war wie immer in der Bundesbahn: überheizt. Er hatte einen Geschmack von Eisenbahn auf der Zunge, auf den Lippen, der trocken und irgendwie rauchig war. Er hatte ein Gefühl von Eisenbahn an den Händen, die ihm schmutzig, schweißig und zu warm schienen. Er hatte sich zurückgelehnt, die Augen geschlossen. Schläfrigkeit breitete sich aus. Er fragte plötzlich aus seiner Dösigkeit heraus: Was siehst du?

Sie sagte: Felder, nichts als Felder. Er fragte: Wie sehen sie aus, deine Felder? Beschreibe sie. Sie sagte: Märzfelder, grau, feucht, tot. Da ist nichts zu beschreiben. Ich glaube, die Felder sind lehmig, glitschig, naß. Er fragte nach einer Weile: Was siehst du jetzt? Sie sagte: Eine Straße kommt jetzt durch die nassen Felder, ein Lieferwagen, ein Haus an der Straße. Er fragte: Wie sieht das Haus aus? Beschreibe es bitte! Sie sagte: Es ist schon vorbei, das Haus, aber ich sah eine Frau auf dem Balkon, die Betten auslegte, eine Hausfrau, so eine deutsche Mutti mit Kleiderschürze und Dutt. Es war ein typisches Einfamilienhaus, ein Handwerker-, ein Inspektoren-, ein Milchmannhaus, mit Hypotheken hoch belastet, Wüstenrot: der Traum vom Eigenheim. Auch fehlte der Putz an den Außenwänden. Er fragte: Was siehst du jetzt? Sie sagte: Blech, Blech, unheimlich viel Blech; so eine Art Autofriedhof. Was eben die Leute hier kaputtfahren – lauter Opel Kadetts. Schlimm, wie sie aussehen. Lauter Knautschlack sozusagen. Wie unsere Träume enden. Jetzt kommen Schuppen, Bretterbuden, Kleingärten, Reste von Sommerfreuden: ein Gartenstuhl, eine Badewanne, mit Holz zugedeckt, ein Hühnerstall, viele Bierflaschen in Kästen, die Freuden des Feierabends, etwas verschimmelt. Jetzt kommt eine kleine Fabrik; Emil Oberhauser, Plastikwaren, ist zu lesen. Es stehen lauter Opel Kadetts auf dem Parkplatz. Sie glänzen, sie strahlen. Sie sind blitzblank geputzt. Mein Gott, wenn man denkt, wie das endet. Und jetzt? fragte er. Jetzt ist wieder nichts, sagte sie. Nichts gibt es nicht, sagte er, etwas ist immer da auf der Welt. Was also? Nichts als Ackerland, sagte sie. Die Wolken hängen tief. Man meint, dahinten berührten sie die Erde. Schwarze Vögel sitzen auf Telegrafenmasten. Es ist unglaublich trostlos, das platte Land jetzt im März. Da ist nichts zu machen.

Dann wechselten sie die Szene. Sie schloß die Augen, sie lehnte sich zurück. Er beugte sich vor, sah aus dem Fenster, das schmutzig und etwas regennaß war. Sie fragte: Was siehst du? Er sagte: Es ist nicht zu fassen – den Rhein. Er ist ganz plötzlich aufgetaucht, unglaublich groß und breit. Ich weiß nicht, der Rhein ist eigentlich zu groß für Deutschland, ich meine, für unsere Bundesrepublik. Der ist fast wie der Mississippi: majestätisch. Sie fragte: Was siehst du auf dem Rhein? Nichts, sagte er, nichts als Wellen, eine Strömung, die zieht, Schaumkronen, die darauf tanzen. Sie fragte: Meintest du das mit majestätisch? Warum drückst du dich plötzlich so gewählt aus? Ach, sagte er etwas melancholisch, sich ganz vorbeugend, ich sehe so furchtbar viel Wasser, das wegfließt aus Deutschland. Was uns da dauernd verlorengeht an Substanz, unausdenkbar, alles unverzollt und verschenkt an Holland. Und jetzt? fragte sie. Schiffe, sagte er, was soll man sonst auf dem Rhein sehen? Es kommen tatsächlich zwei Frachtschiffe hochgetuckert. Sie fahren hintereinander in der Rinne. Was ist auf den Schiffen zu sehen? fragte sie. Was man immer auf Frachtschiffen sieht, sagte er. Ein Motorhaus, die Kanzel des Kapitäns, Maste, zwei Rettungsboote, ein Spitz läuft bellend die Reling entlang. Komisch, daß immer weiße Spitze auf Frachtern das Wasser anbellen. Das ist auf der ganzen Welt gleich. Es flattert auch Wäsche an langen Leinen: Männersachen, lange Unterhosen zum Beispiel. Es sind offenbar Öltanker, die von Rotterdam kommen, nach Basel wollen. Dafür ist unser Rhein gut genug: für Ausländer, die auf unserem Rücken Geschäfte machen. Woher weißt du das so genau? fragte sie. Ich denke es mir eben, sagte er etwas gereizt, weil da Esso-Fässer liegen und eine Schweizer Fahne gehißt ist, das weiße Kreuz in Rot, und weil das Schiff den Namen Rotterdam III trägt. Alles Ausländer, nicht wahr?

Was siehst du jetzt? forschte sie nach einer Weile betretenen Schweigens. Eine Märchenlandschaft, einen deutschen Bilderbogen, sagte er bestürzt und in der Stimmlage deutlich höher. Es ist nicht zu glauben, wie schön es jetzt wird – ganz plötzlich. Was ist denn so schön am Rhein? fragte sie. Der Rhein macht jetzt Windungen, sagte er, aber wie schön und geschmackvoll: Er windet sich dauernd wie eine Schlange und ist jetzt von hohen Bergen eingefaßt – lieblich, würde ich sagen. Es sieht aus wie von den Meistern des Mittelalters gemalt. Wieso, fragte sie, wie kommst du plötzlich auf so gewählte Vergleiche? Weil alles so korrekt und genau daliegt, beinah pingelig. Diese Harmonie, diese Ordnung. So kann doch heute keiner mehr malen. Es ist ein Kosmos zu sehen. Jetzt sieht es fast wie ein Kreuzigungsbild von Grünewald aus. Sie fragte: Was siehst du auf diesem Bild? Er sagte: Zauber großer Vergangenheit, Mythen. Ich sehe Weinstöcke, Weinberge, Rebenkultur, den Geist der Römer, also das Abendland. Ich sehe lederne Männer durch Weinberge gehen, den Weinberg ihres Herrn besorgend, also Blattläuse bekämpfend. Jetzt im März? fragte sie mißtrauisch. Solche Ledermänner sind immer unterwegs, sagte er, es gibt immer etwas auszumerzen in Deutschland: Ungeziefer. Bleib doch im Bilde, sagte sie, werd' nicht allgemein. Was sieht man denn noch? Ach, stöhnte er und leckte sich dabei seine Lippen, die immer noch trocken und rauchig waren, zuckersüße Sachen. Man sieht kleine Städte, Märchenstädtchen, Rheinweinstädtchen, zauberhaft. Das ist es, worum uns die Welt beneidet. Wir fliegen dauernd an Kellereien, an Küfereien, an Sektfabriken, an katholischen Kirchen vorbei: Söhnlein und Henkell, Henkell trocken, meine ich. Nur Kirchen und Gasthäuser: zur Traube, zur Sonne, zur Rebe, zum heiligen Blut, zum deutschen Haus, St. Goarshausen, zum deutschen Adler, zum Fährhaus Dreikönig. Jetzt kommt eine Insel mit Campingplatz. Nein, ist das schön.

Was sieht man weiter auf deinem Bild? beharrte sie. Ach, sagte er, es wird noch herrlicher. Es ist kaum zu fassen. Es ist wie ein tiefer Traum, Geschichte steht auf, eine Art von Magie. Ich sehe Burgen, Burgen, nichts als Ritterburgen. Ich sehe auf grünen Weinbergen köstliche Burgruinen. Mein Gott, wird das schön – fast wie in ›Tannhäuser‹ oder bei Goethe, nein, wie bei Luther: eine feste Burg auf dem Berg. Beschreib das genauer, sagte sie, komm nicht ins Schwärmen. Was sieht man denn? Ach, sagte er, was uns so verblieb nach all den Kriegen: Reste, Burgruinen, schönste Vergangenheit, eingestürzt, wiederaufgebaut. Restauration, mit einem Wort. Da sollen jetzt Schrotthändler, Fabrikanten wohnen. Schön haben die's. Auf den Weinbergen sehe ich Zinnen, Türme, Wehrgänge, Schießscharten, Altane, Balkone, Fahnen, mächtige Ziehbrücken, Rheingotik, also 12. Jahrhundert. Übrigens fährt da ein schwarzer Mercedes eben in einen Burghof ein, ein Dreihunderter. Schön haben die's.

Dann wechselten sie wieder die Szene. Er schloß die Augen, er lehnte sich zurück, atmete tief. Sie beugte sich vor, sah zum Fenster hinaus, das schmutzig und regennaß war. Er fragte nach einer Weile: Was siehst du jetzt? Sie sagte: Bonn, Bonn Hauptbahnhof, steht da geschrieben. Ja, rief er freudig erregt, da soll doch unsere Regierung sitzen, nicht wahr? Nicht hier, sagte sie streng, hinter dem Bahnhof am Rhein ist die Regierung zu Hause. Sieht man denn gar nichts von der Regierung? fragte er enttäuscht. Nicht einmal einen roten Teppich? Nein, sagte sie, das müßtest du wissen: Regierungen sind nie zu sehen, höchstens im Fernsehen. Das ist es doch eben; in Deutschland sind immer nur die Regierten zu sehen. Wie sieht er denn aus, fragte er, der Bahnhof der Hauptstadt? Stell dir den Hauptbahnhof in Fulda vor, sagte sie, oder den in Würzburg oder Freiburg, so ungefähr. Was heißt ungefähr? fragte er zurück. Bitte genauer. Also, stöhnte sie, ich sehe den Warteraum zweiter Klasse, Taxen hinter der Sperre, eine Oma schleppt Koffer, eine Familie liegt sich in den Armen, weinend. Zwei Schwestern mit Häubchen stehen vor der gelben Tür der Bahnhofsmission. Sie blicken so gefaßt und ernst, als wenn sie die Reisenden bekehren wollten. Ein Schild, das die Herrentoilette anzeigt, zwei Soldaten der Bundeswehr davor. Was machen die eigentlich? Dann ist da ein Stand für Fahrräder. Auch ein Zeitungskiosk ist da. Reklame für den *Generalanzeiger. Generalanzeiger?* fragte er nervös zurück. Ist das ein Bulletin für die Bundeswehr? Nun stell dich doch nur nicht dumm, sagte sie, jedermann kennt doch die Bonner Presse.

Was geschieht? fragte er. Ist kein Minister, kein Fraktionsvorsitzender, nicht einmal ein Staatssekretär auf dem Bahnhof? Die müssen doch auch mal, oder? Nein, sagte sie, rein gar nichts. Ich sehe nur Muttis und Opas, die sich weinend in den Armen liegen: Verwandtenbesuche, vielleicht aus der Zone. Eine Frau erforscht jetzt das Rotkäppchen. Ich stelle mir vor, daß sie nach Andernach will, so rot und aufgeregt sieht sie aus. Allerdings, jetzt kommt ein Herr mit Brille und Aktentasche. Er sieht ernst, amtlich, irgendwie verkniffen aus. Er sieht eigentlich nach SPD aus. Nanu, fragte er neugierig zurück, wie sieht das denn aus: SPD? Ich weiß nicht, sagte sie zögernd, es ist mehr so ein Gefühl – als Frau. Er sieht so abgeschafft, so ehrlich, so grau aus und geht, als hätte er einen Rohrstock verschluckt. Ein fleißiger Bürokrat, der im Amt sehr treu und zu Hause immer müde ist. Vielleicht ist er aber auch vom DGB in Düsseldorf? Man kann ja nicht wissen, im Rheinland. Nein, sagte er, die vom DGB sind nicht abgeschafft. Die erkennt man am Bauch und am Doppelkinn. Du wirst ungenau. Und das mit dem Rohrstock hast du doch gar nicht gesehen, sei ehrlich. Du schwindelst. Das hast du vielleicht bei diesem unglaublichen Heine gelesen, früher einmal, oder?

Dann waren sie still geworden, waren weitergefahren nach Köln. Am Hauptbahnhof Köln stiegen sie aus. Sie gingen im Strom der anderen die Treppe hinunter, durchquerten die Sperre, den gläsernen Ausgang und standen plötzlich, erschreckt und etwas bestürzt, vor dem Dom, der sich wie ein kolossales Schiefergebirge vor ihnen türmte und aufreckte. Sie hatten das so nicht erwartet, diesen harmonischen Dreiklang von Dom, Rhein und Bundesbahn. Sie sahen immer nur nach oben in dieses monströse Felsengebirge und sagten im Chor, also gemeinsam, am Bahnhofsplatz stehend: Nein, ist das groß, nein, ist das schön. Ewiges Köln – hier hat er gewohnt? Wo geht es zu seinem Grab? Wir suchen den christlichen Kanzler.

Berliner Filmtage

Am Anfang lachte ich nur. Es ist mir vergangen. Es war ein großes Gelächter, mit einem dummen Gefühl, einem leichten Druck in der Magengrube gemischt. War das Angst? Auf jeden Fall Peinlichkeit. Es war mir etwas dumm und ziemlich peinlich, als der Produzent eines Tages sein Anliegen vortrug, sehr behutsam. Er sagte tatsächlich: Anliegen.

Mit mir? fragte ich etwas erstaunt. Über mich? Welch eine absurde Idee? Ich sagte: Mein Herr, mein Filmwert ist minimal. Ich bin doch kein Stoff, kein Thema und schon gar nicht so wichtig wie deutsche Dichter. Ich wurde ernst einen Augenblick. Lieber Herr, sagte ich, meine Eitelkeit ist groß, doch nicht von der schlichten Art, daß sie sich vor der Kamera abreagieren könnte. Ich neige eher zum Stottern und Schielen im Rampenlicht. Ich bin doch subtiler. Für eine Sekunde wurde ich bitterernst, sagend: Das ist nichts als Unfug, was ihr jetzt macht – Autorenfilme. Ein Schreiber ist nur in seinen Texten da. Sucht ihn in seinen Zeilen und etwas dazwischen. Auf dem Papier ist er sichtbar. Der Rest ist Entfernung, privates Drumrum, soziale Unschärfe, also Mißverständnis.

Um es aufzuklären: Es war bei mir, wie es manchmal bei Filmen heute ist – schöne Misere. Es war Geld da, das falsche Geld, wie man weiß. Es war ein kleiner Batzen genehmigt worden von einem Amt, einem Bonner Büro, das sich die Pflege des deutschen Kulturlebens angelegen sein läßt, sehr weitsichtig, und Filmer, das habe ich inzwischen zugelernt, sind für Geld ziemlich anfällig. Die machen alles, wenn die Kohlen stimmen. Nur keine Sorge, hatte der Produzent erwidert, wir haben schon ganz andere Sachen gemacht: über Thunfische, über den Teutoburger Wald, über die Mauer, über Dralonfasern, Spikes und die Verschmutzung des Bodensees. Kultur, nicht zu vergessen. Wir haben gerade einen Bachfilm abgedreht. Im Frühjahr kommen noch Georg Büchner und Andreas Hofer dran. Ah ja, sagte ich etwas erleichtert, wenn das so ist: Zwischen den beiden liegt man so falsch ja nicht. Ich sage zu. Ich komme.

Unvergeßliche Berliner Tage, Anfang Dezember. Es fror, es war kalt, es wehte ein eisiger Wind in Berlin. Dazu war es grau und trist in der Stadt: märkisch trostlos, was ich so liebe – da wurde der Film gedreht. Es war übrigens exakt zu der Zeit, als Willy Brandt in Warschau jenen Kniefall machte, der die Nation so tief teilte. Mir ist das alles entgangen – als Darsteller. Ich: aus dem Flugzeug steigend, freudig erregt. Ich: bei der Gepäckausgabe, an der langen Rolle stehend, den Koffer aufnehmend. Ich: durch die automatischen Türen der Flughalle schreitend, aufblickend, nachdenklich verweilend. Und dann der erste Höhepunkt. Ich, die Berliner Luft atmend, Heimatgefühle, spürend: Ja, du bist wieder zu Hause. Bitte, hatte der Regisseur vorher vorsichtig gefragt, das werden Sie hinkriegen? Es kommt darauf an, daß man sieht, was in Ihnen vorgeht, innerlich. Sie müssen versonnen gehen, dann aufblicken, dann stehenbleiben, nach rechts gucken, wo die Taxis stehen. Ja, setzen Sie nur den Koffer ab. Stecken Sie sich nur eine Pfeife an. Das wirkt sehr natürlich. Dann aber weitergehen, wenn die Pfeife brennt, nicht so ruckartig bitte, gleitender. Wir fahren dann scharf auf Sie zu, haben Sie zum Schluß groß im Bild, nur noch die Brille. Ist das klar?

Ich muß sagen: Berlin ist immer noch Berlin, kein Dorf. Es scherte niemanden auf dem großen Platz vor dem Flughafen, was wir so trieben, im Autoverkehr. Ein paar Taxifahrer schüttelten den Kopf, tippten sich an die Stirn, weil wir mitten auf der Straße standen. Ein paar Kinder grölten: Kiek mal, das Fernsehen ist da. Seid ihr vom Zweiten? Und ich zog siebenmal diese Szene ab: der große Heraustretende. Ich mußte immer an Willy Brandt denken und ließ dabei natürlich zu wünschen übrig. Einmal ging ich zu ruckartig, einmal zu schnell, einmal vergaß ich, Warschau bedenkend, den Koffer wieder aufzunehmen. Ich ließ ihn stehen, ging erleichtert weg, was Heiterkeit beim Kamerateam auslöste. Einmal kam eine Taxe etwas rüde ins Bild gefahren, dann streikte die Kamera eine Viertelstunde der Kälte wegen. Es mußten frische Batterien herangebracht werden, aber dann klappte es doch. Fertig, wunderschön, rief der Regisseur von weitem. Er rieb sich die Hände vor Vergnügen und Kälte. Wir haben's im Kasten, sagte er näherkommend. Ein ganz phantastisches Licht ist das: so diesig doppeldeutig. Man sieht richtig die Berliner Luft auf unserem neuen Filmmaterial, so hoffe ich. Sie perlt doch wie Sekt, nicht wahr?

Doch, es war schön in der Stadt: Berliner Filmtage, einmal anders, ganz privat. Ich nützte diese nutzlose, diese leere, diese herrlich freie Zeit, um die Heimat einmal ans Herz zu drücken, nach meiner Art, und alles auf Spesen. Motivsuche nennt man das in der Sprache der Rechnungshöfe. Man kann alle Rechnungen zur Erstattung einreichen: motivsuchend. Ich sagte: Wir sollten zum Teufelssee fahren. Da ist die Stimmung manchmal so unheimlich fad, an Nachmittagen. Ich habe da immer als Kind gespielt und gebadet, schlechte Turnübungen gemacht. Einmal wollte mich da so ein Kerl, ein SA-Mann, verführen. Meinen Sie nicht, daß das etwas wäre für mich, als Motiv?

Ich sagte: Das Spandauer Gefängnis, die düstere Ritterburg, in der die Alliierten noch immer Rudolf Heß bewachen – meinen Sie nicht, daß so etwas Nazibezügliches vielleicht sinnfällig wäre für mein Geschreibe? Es gab nächtliche Fahrten nach Kreuzberg, wo ich die Filmleute, feinere Menschen aus München, etwas verdutzte mit meinem privaten Hang zum sozialen Müll: den Trinkern, den Huren, all den Verzweifelten. Das Feuchte Dreieck, Gorkis Nachtasyl, eine richtige Berliner Kaschemme, wurde besucht. Alle lallten. Morgens sind wir immer mit der S-Bahn gefahren. Von Wannsee bis Friedrichstraße, dann umsteigen, wo doch schon DDR ist, aber man kann das ungeprüft an dieser Stelle, und dann mit der Wannseebahn im großen Bogen zurück. Wir haben viel gelacht. Ich sagte, zum Fenster hinausblickend: Bitte, diese Schuppen, diese Hauswände, dieses verrostete Eisengeschlinger auf dem Bahnkörper – das ist meine Heimat, mein grünes Tal, das war meiner Jugend Lust und Qual. Noch berlinischer geht es nicht. Da hinten ist übrigens die Mauer. Wie wär's denn damit? Beim Umsteigen haben wir immer Bier mit Korn getrunken: eine Rentnerlage.

So viel Eifer war natürlich ganz falsch. Ein Eifer von Anfängern, Dilettanten, Literaten, die sich etwas unheimlich fühlen in der neuen Rolle. So langsam lernte ich es. Film ist ganz anders – wie? Ich erinnere mich – so zum Beispiel: Sie haben am Bahnhof Grunewald ihre kolossalen Apparaturen aufgebaut, zwei Stunden lang. Es nieselte, es war wärmer geworden. Ich hielt den Regenschirm schützend hoch, um die Kamera trocken zu halten. Die Kamera ist das Wichtigste. Sie haben auf dem Asphalt einen Kreidestrich gezogen, fünfzig Meter lang. Bittschön, Sie dürfen nur auf dem Strich gehen, haargenau, sagte der Regisseur. Es kommt darauf an, daß Sie sich so langsam links aus dem Bild verlieren, während wir den großen Schwenk auf die Normaluhr machen, ja? Er rieb sich wieder vor Vergnügen die Hände. Das wird viermal geprobt, kalt. Ich erweise mich als kein schlechter Strichgänger. Dann wird es ernst, also heiß. Ich höre die Kamera hinter mir surren, ein aufregendes Geräusch, wenn man sich einmal darauf eingelassen hat. Was das alles kostet! Ich gehe also los, balanciere haargenau auf der Linie entlang. Ich gehe nicht schlecht, wie ich finde. So muß einem Artisten auf seinem Seil zumute sein, denke ich, nur weiter, nur ruhig. Plötzlich wird abgeblasen: Halt, aus, Schluß, nicht weitergehen! rufen sie. Der Kabelträger hinter mir sagt: Der läuft uns ja in die Zone, so entschlossen läuft der. Nichts geht mehr, sagt der Kameramann müde. Warum nicht? frage ich etwas gereizt. War ich nicht gut? Er spielte an seinem Belichtungsmesser herum. Sehen Sie denn nicht diese Wolkenwand? Jetzt geht überhaupt nichts mehr – bei der Dunkelheit.

Also das zum Beispiel ist Filmen: warten, immer nur warten. In der Kälte herumstehen zu fünft, mit den Beinen stapfen, mit den Armen schlagen, zum Himmel aufsehen, stundenlang hoffen, daß besseres Wetter werde, was auch geschieht. Tatsächlich kann schlechtes Wetter gar nichts anderes tun, als schließlich wieder besser zu werden. Das habe ich auch gelernt in Berlin. Man muß nur diese Standfestigkeit, den unerschütterlichen Gleichmut, diesen fröhlichen Optimismus aller Filmleute haben. Ich lag mit meinem eingefleischten Pessimismus ganz falsch. Ich sagte immer: Ach, es wird nie mehr hell, es wird nur noch schlimmer, was objektiv falsch war. Auf Dunkelheit folgt immer wieder Licht. Hat uns das nicht schon Udo Jürgens gelehrt?

Weiter: Film ist Teamwork. Das weiß jeder. Aber wie ist das

konkret? Sie gehen sehr freundlich, sehr liebevoll miteinander um, etwas ironisch, so schien es mir. Sie sind nicht so bösartig verzankt wie die Schriftsteller. Sie reden sich alle mit Vornamen an, und was für welchen: klassischen. Das Mädchen, das abends manchmal das Drehbuch sortiert, wird Ophelia gerufen. Ophelia, gib doch das Skript mal her! Der Kabelträger Sebastian. Der Fahrer des VW-Busses Hieronymus. Hieronymus, du darfst nicht den ersten Gang nehmen, sagt der Regisseur beschwörend, der stuckert so. Wir nehmen noch Immanuel dazu und schieben dann. Das gibt eine ganz sanfte Fahrt, schöne Straßensequenz, ja, Hieronymus? Wo ist übrigens Antonius geblieben, der Strick? Das war der Tonmann. Er saß in der Eckkneipe, trank Schultheiß Patzenhofer.

Es fiel mir der ungewöhnliche Appetit, diese Lust, maßlos zu essen, maßlos zu trinken, beim Team auf. Ist das Lebensfreude, die Sinnlichkeit aller Künstler? Schon nachmittags um drei ging die Frage um, wo es das beste Eisbein gäbe heute abend. Hardtke oder Zoo-Quelle? Aber das Sauerkraut, der Erbsbrei, das war auch zu bedenken. Es wurde das Bier ventiliert. Ob das in der S-Bahn-Kneipe am Bahnhof Tiergarten nicht doch besser sei, flüssiger sozusagen? Und so saßen sie denn abends fröhlich beisammen, hieben in gewaltige rosa Fleischberge hinein, eine Orgie in Schwein, legten Kartoffeln und Kraut dazu, tranken aus bayerischen Krügen in Berlin ungezügelte Mengen Bier, schütteten Schnaps hinterher und blieben doch schlank und schmal, hagere Windhunde, alle sehr drahtig. Wie machen sie das? Unsereiner neigt schon bei einem dürren Schnitzel eher zu Dicklichkeit.

Alles zuhören, hatte der Regisseur nach einem solchen Essen gesagt, morgen machen wir Märkisches Viertel, ein sehr reizvoller Kontrast zu Grunewald. Hieronymus, vergiß nicht den Schraubenzieher. Wir müssen den Vergaser kleinstellen für sehr lange, ruhige Fahrten. Ich sah also zum erstenmal mit eigenen Augen dieses Gerücht in Deutschland. Es ist schlimmer als sein Ruf. Es gibt keine Reportage, die übertreiben könnte. Es ist, als wenn man plötzlich aus den Niederungen von Fronau in die Alpen käme. Schwindelerregende Gebirge. Bunte Betonklötze, die vom Himmel zu fallen scheinen, so hoch sind sie. Sie erdrükken, erschlagen den Menschen, der ganz unten wie ein Käfer vorbeikrabbelt. Man fühlt sich als ein Insekt in Beton.

Und in diese Monstren, diese steinernen Anfälle deutscher Brutalität sind winzige Vierecke, Tausende von Fenstern eingelassen. Dahinter müssen die Wohnungen sein. Antonius sagte: Das ist ja atemberaubend hier. Immanuel: Das erspart einem ja eine Reise in die Schweiz, Berliner Hochgebirgsluft. Ja, nickte der Kameramann nicht ohne Sinn für die reizvolle Optik der Massenkultur, und wenn man sich nun noch vorstellt, daß hinter all diesen tausend Fenstern täglich gebumst wird – das ist schon ziemlich aufregend. Ich weiß nicht, versuchte ich schüchtern einzuwenden. Ich bin nicht so sicher. So etwas erzieht doch eher zum Schlagen, zum Beißen, zum Kratzen und Schießen. Das muß doch krank, also kriminell machen. Wir fuhren dann die Hochhäuser ab, und ich ging wieder auf meinen Kreidestrich. So war es im Märkischen Viertel.

Das Schönste beim Film sind natürlich die Zahltage, wenn frisches Geld eingeflogen wird aus der Republik. Öfters kam der Produzent aus Westdeutschland. Seine dicken Taschen verhießen uns Gutes. Es war wie zu Weihnachten. Wir saßen alle glücklich zusammen und warteten auf das gute Väterchen Frost, das kam und tatsächlich viele blaue Scheine verteilte in bar. An die anderen übrigens, nicht an mich. Der Stoff ist frei. Daher der Name freier Schriftsteller. Das versteht sich bei Autorenfilmen. Man ist ein freier Darsteller seiner selbst.

Freiburger Anfänge

Diese Stadt, das ist sicher, sollte man rühmen. Man sollte von ihr in gehobenen Tönen sprechen: baedekerhaft, sozusagen in Moll. Man sollte sagen: Wenn ihr die Welt menschenfreundlich und schön, schön beisammen, beinah heil haben wollt – geht dahin. Freiburg blüht, immer noch, immer wieder. Die Stadt ist trotz aller Bauwut intakt, wie nur sehr alte, historisch gewachsene Städte intakt sein können, die immer auf sich hielten, auch gut katholisch waren. Es ist alles dran an der Stadt, was sich gehört. Sie hat einen historischen Mittelpunkt, das Münster, und alles drumrum: einen Münsterplatz, den Markt, ehrwürdige Palais, das alte Kaufhaus, gemütliche Weinstuben, die dicken Stadttore; St. Martin zum Beispiel beschützt die Stadt. Es ist alles drin in der Stadt, was sich gehört: ein Bischof, ein Priesterseminar, ein großer Verlag, ein großer Denker, viele Studenten, die auch aufsässig sind, in Grenzen. Es wächst der Schloßberg mit seinen Rebhängen steil in die Stadt, und vergeßt auch nicht, nach Günthertal, nach Kirchzarten herauszufahren. Wie das bläuliche Licht des Schwarzwalds von hier in die Stadt hineinfließt, über den neuen Siedlungen sanft versickert – so ungefähr sollte die Welt doch sein, nicht wahr?

Das alles, natürlich, klingt ziemlich baedekerhaft. Es klingt nach dem städtischen Informationsbüro für Touristen: schöner Schmus, Postkartenkitsch. Warum nehmt ihr mir so etwas ab? Wenn ich ehrlich wäre, müßte ich sagen: Ich kenne diese Stadt nicht mehr. Ich fürchte mich immer etwas vor ihr. Ich habe Angst vor all ihrer Wohlanständigkeit, Sauberkeit, Idyllik. Ich will das nicht mehr: Vergangenheit, so viel Versuche, Vergeblichkeit. Ich gehe ihr aus dem Wege, so gut es geht. Wenn ich in ihre Nähe komme, Richtung Südbaden, werde ich immer etwas unruhig, sage etwas zu hastig: Komm, laß uns nach Straßburg, laß uns nach Basel fahren, meinetwegen auch nach Konstanz. Schöne Orte. Und ich denke: Nur diese Stadt nicht, deine Verwundungen, dein Trauma, eine Art von Komplex. Es hängt zuviel daran: Vergangenheit. Halt dich da raus, rühr nicht dran, laß das auf sich beruhen. Man muß doch nicht alles aufklären, bewältigen, nicht wahr? Jeder Mensch hat doch seine dunklen Punkte, seine unaufgeräumten Ecken, sein Kellergeschoß, etwas verschimmelt. Ich bin mit Freiburg nie klar- und ins reine gekommen. Ich bin da gescheitert. Es war nichts als der Ort meiner Niederlagen, eine schöne Kulisse, wo mein frühes Stück spielte: Vergeblichkeit. Es war alles vergeblich damals in Freiburg: ein Studium, eine Ehe, Journalismus, eine Art von Beruf – Kartenhäuser der Normalität, badische Bürgerlichkeit, viel zu früh. So etwas kann nicht halten. Auch ein Selbstmordversuch ist übrigens in Freiburg vergeblich gewesen. Doch lassen wir das. 1952 bin ich dann weggegangen.

Zum erstenmal kam ich 1940 nach Freiburg. Ich war in Berlin bald nach Kriegsausbruch in die Hände der Gestapo gefallen. Und als ich da heraus war, aus den Händen, aus der Zelle, aus Moabit, sagten die Freunde, skeptisch den Kopf schüttelnd: Du mußt hier weg; hier bist du bekannt – als Staatsfeind. Geh doch nach Freiburg im Breisgau, eine schöne, geruhsame Stadt, nicht so nazistisch. Du wirst dort sicherer leben als Student. Und ich, der ich Berlin kaum verlassen hatte; ich, der ich Charlottenburg für die Welt hielt, die ganze: graue Mietshäuser, Margarine-Reklame, Marmeladeneimer und Müllkästen, die bleichen Gesichter der Berliner; Biertrinker, ich, der ich die spröden Kiefern der

Mark, das schlappe Wasser des Grunewaldsees für Natur hielt, die ganze – ich also kam an einem Maimorgen in Freiburg im Breisgau an, wie man nur mit Zwanzig, wie man nur einmal im Leben ankommen kann, nie wieder. Ich war etwas berauscht, auch verzaubert, die Augen ganz offen, atemlos, daß es so etwas gab: so viel Schönheit, so viel Farbe, Licht, so viel Herrlichkeit auf Erden. Es schien auch damals die Sonne. Es war für den jungen Berliner der erste Rausch des Südens. Das klingt heute komisch und war doch so, und ich darf auch hinzufügen, daß ihm damals das Herz etwas klopfte. War das die Welt? Ein heller, blanker Frühlingsmorgen?

Ich ging mit meinem Köfferchen durch die Eisenbahnstraße. Hieß sie so, oder hieß sie Bahnhofstraße? Daran erinnere ich mich nicht mehr genau. Sie führte auf jeden Fall auf die Adolf-Hitler-Straße. Ich sah in den Gärten exotische Blumen blühen. Sie leuchteten feuerrot, feuergelb. Es war alles viel üppiger hier. Ich roch den schweren, süßen Duft der Kastanien. Ich roch den Schwarzwald zum erstenmal. Ich kannte ihn nur von Badeessenzen. Ich sah Hausfrauen mit frischen Früchten in ihren Taschen vom Markt kommen. Sie gingen gemütlicher. Und wenn sie sprachen, sangen sie. So schien mir ihr Hajo und Hano: das Badische. Junge Burschen radelten fröhlich durch enge Gassen. Es fielen mir ihre nackten Beine in kurzen Hosen auf. Und wer staunt nicht in Freiburg über all die Wasser, die an den Straßenrändern in winzigen Kanälen dahinplätschern? Zum erstenmal sah ich eine Kirche, die nicht grau, also wilhelminisch, sondern rötlich aussah, riesig groß und doch schwebend leicht: das Freiburger Münster.

Ich will nur sagen: Es war eine richtige Schwarzwald-Kitschkarte, die ich sah. So ungefähr – pardon – muß doch dem jungen Goethe in Straßburg zumute gewesen sein. Ich hatte kein Pferd, ich kannte kein Sesenheim, von Pfarrerskindern war auch nicht die Rede, aber es war wohl so etwas wie die lodernde Himmelsstürmerei deutscher Jünglinge damals in mir, in Goethe und mir. So etwas kann nur böse enden. Es hielt also nicht lange. Es folgt auf Rausch meistens Depression. Kaum daß ich mich angemeldet hatte in Freiburg, polizeilich, wurde ich eingezogen, kam zum Militär, dann in den Krieg, dann in Gefangenschaft.

Ich frage mich heute, warum ich dann 45 zurückgekehrt bin, hierher? Was war es denn? Es war übrigens der 9. November, ein deutsches Datum. Heute ist es vergessen. Ich erinnere mich an Stacheldraht, an Zelte, an Käfige in Cherbourg. Hitler hatte sich eben das Leben genommen, so hieß es. War das sicher? Wir standen in endlosen Kolonnen, standen Tag und Nacht im Sand, im Lehm, im Matsch, im Dreck der Gefangenschaft, amerikanisch. Eine Baracke. Ein Schreiber fragt, gleichgültig über seine Listen gebeugt: Ihr Heimatort? Und ich sage, wie man so etwas nur im Traum sagen kann, also präzis daneben: Freiburg im Breisgau. Ich dachte wieder: Ein schöner, südlicher Traum. Und: Da bist du sicher, Berlin ist doch russisch, jetzt. So bin ich wieder nach Freiburg im Breisgau gekommen, zum zweitenmal, und bin im Westen hängengeblieben für immer.

Augenblick deutscher Heimkehr, ach, unbeschreiblich. Wir hatten zwei Nächte, drei Tage im Lager Tuttlingen gestanden: Übergabe an die Franzosen. Wir hatten Hunger, wir froren. Jetzt waren wir an der Reihe, ganz unten. Des Abends kamen Frauen an den Stacheldraht, nahmen Pellkartoffeln aus ihren Schürzen, schoben sie heimlich durch den Draht. Ich weiß, daß dabei öfters die Haut aufplatzte, die der Kartoffeln. Eine nationale Gebärde – so würde ich heute sagen. Es gab schmutzige, gierige Finger, die nach den Kartoffeln griffen. Ängstliche Blicke. Ob das die Franzosen sahen? Wir fraßen alles rein in uns, auch die Kartoffelschalen. So folgt auf jeden Mai ein November, auf Rausch Depression. Dann sah ich Freiburg wieder. Es war eine andere Stadt. Wir sagten damals: weggebombt. Wie war das?

Es ist zehn Uhr morgens. Ich gehe wieder durch die Bahnhofstraße. Oder hieß sie nicht doch Eisenbahnstraße? Auf jeden Fall führte sie noch immer auf die Hauptstraße, die einmal Kaiserstraße, dann Adolf-Hitler-Straße und nun wieder Kaiserstraße hieß. So lassen sich die Mächtigen immer leicht auswechseln bei uns. Ich bin ein Heimkehrer, wie man sagt: abgerissen, schäbig, die schäbige Abgerissenheit deutscher Gefreiter, vier Jahre lang. Es klappert die Gasmaskentrommel. Die Schaftstiefel hallen noch immer. Wohin, wozu? Sinnlose Schritte.

Die Stadt ist weg, ist verbrannt, ist ausgekohlt, vertan und niedergemacht: ein Totenhaus; da habt ihr es. Es standen damals nur noch Ruinen in Deutschland. Erinnert man sich noch? Es war eine Gerippestadt, wie ein Skelett von Menschen. Häuserreste, Reste von Wänden, von Fußböden, von Zimmerdecken. Man konnte in aufgerissene Wohnungen, in abgebrochene Treppenhäuser sehen. Manches schwebte. Dann all die Kaminstümpfe. Schornsteine haben diese merkwürdige Zähigkeit, zu überleben. Ganz Freiburg, das einmal geblüht und geleuchtet hatte, bestand nur noch aus Trümmern, aus Brandgeschmack und Schornsteinstümpfen. Die Stadt war richtig niedergebrannt und runtergemacht wie im Dreißigjährigen Krieg. Tabula rasa war damals, dachten wir wenigstens – damals. Die Leichen lagen noch unter den Trümmern im Kellergeschoß. Das Münster stand, etwas beschädigt. Warum? Warum kriegen Kirchen immer Sonderrechte?

Es regnete. Es war kalt und naß. Novemberregen 45, wer will das hören heute? Ich fror und hatte Hunger, einen wütenden Hunger, der schwach und zittrig machte. Ich ging zu dem großen Haus am Martinstor, wo meine Studentenbude war. Ich hatte die Miete weiterbezahlen lassen von Berlin aus. Aber ich kam nicht mehr die vielen, hohen Treppen des Mietshauses empor. Ich fühlte nur Schwäche in den Knien. Die Beine würden zusammenklappen, wie Taschenmesser. Ich sackte ab, ließ mich nach unten rutschen. Unten am Hauseingang war eine Bäckerei. Ich schlich hinein, setzte mich auf eine Kiste, sagte zu der Verkäuferin: Ich bin der Student von damals, der Heidegger-Student. Erinnern Sie sich noch – Sommer 1940? Ich habe so einen wahnsinnigen Hunger. Geben Sie mir ein paar Brötchen, ohne Marken. Das Mädchen gab sie mir, zögernd, mißtrauisch, beinah verächtlich, wie Freiburger eben so sind, immerhin. Ich biß und kaute und aß und starrte so vor mich hin. Damit begann damals das Leben: kauend.

Nein, das andere will ich nicht mehr erzählen. Ich will nicht mehr berichten, wie sich diese Heimkehr als Irrtum herausstellte. Es hatte niemand mit mir mehr gerechnet hier in der Stadt. Mein Ende, mein braver Soldatentod war längst einkalkuliert. Es gab mein Zimmer nicht mehr; ein anderer wohnte jetzt dort. Die Wirtin öffnete mißtrauisch die Tür. Sie blickte mich fremd und starr, wie versteinert an. Sie hatte die rötlichen Augen alter Terrier, Augen, die am Rande rötlich zerlaufen. Sie sagte: Jesses Maria, Sie leben noch? Das kann doch nicht sein! Und war doch so. Es gab meine Sachen nicht mehr, mein Geld war weg, meine Kleider, meine Freunde verschwunden. Es war eben gar nichts mehr: Tabula rasa. Ich war wie Beckmann, aber wußte es nicht.

Ich ging in die Mercystraße. Der Dichter öffnete nach langem Klingeln. Er sah wie immer sehr leidend, schmerzgebückt aus. Es fielen mir seine tiefen, blauen Augen auf, die jetzt etwas lächelten; niemand konnte so trauernd lächeln wie er. Der Dichter ging noch immer am Stock. Er lehnte sich noch immer wie hilfesuchend an seinen grünen Ofen. Er umarmte ihn von rückwärts. Es war einladend und schön zwischen all den Büchern, auch endlich warm. Der Dichter sagte dann später, auf dem Schreibtisch zwischen den Papieren suchend: Ja, da habe ich noch eine Nachricht für Sie. Ich muß es ja sagen, hier ist der Brief. Ihr Vater ist nämlich gestorben, bald nach dem Einmarsch der Russen. Frau Langgässer hat es mir diesen Sommer geschrieben.

Ich erinnere mich, daß ich damals geweint habe einen Augenblick: über mich, über Deutschland und natürlich auch über meinen Vater. Es war aber wirklich nur einen Augenblick. Später dann, wieder draußen auf der Straße, öffnete ich den Brief. Ich zog zwischen dem Papier zwei Fünfzigmarkscheine heraus. Ich wußte sofort, daß das nur er hineingesteckt haben konnte, sein hilfreiches Gewissen, sehr christlich und gut. So war Reinhold Schneider damals zu vielen: gut. Ich aber? Ich fühlte so etwas wie Erniedrigung. Ich biß die Zähne zusammen, lief zum Bahnhof, suchte, redete, verhandelte da mit Männern. Ich machte mein erstes Geschäft mit den Schwarzhändlern. Es gab ein Pfund Schmalz für beide Scheine: Schweineschmalz. Ich nahm das und fühlte mich so richtig auf den Hund gekommen, auf den Boden geworfen, ausgespuckt. Ich war nun satt und hätte mich jetzt erbrechen können. So war das, und natürlich: Solche Augenblikke bleiben unvergessen.

Also, es ist natürlich nichts als ein sentimentales Gerücht, wenn man heute sagt: Was waren wir doch damals voller geistiger Unruhe, voller Hoffnung und Aufbruchsstimmung – Hitler überlebend! Damals, ganz am Anfang, habe ich mir so großartige Gefühle nicht leisten können. Ich war wie betäubt, war eben davongekommen und suchte, so durchzukommen, wie alle. Ich habe eine Weile auf dem Bau gearbeitet, habe Grundstücke enttrümmert, Steine geschleppt, Ruinen eingerissen. Einmal bin ich dabei mit dem Fußboden, den ich aufhackte, samt Schaufel und Pickel in die Tiefe versackt und lag eine Weile im Keller auf Steinen. Ich habe mich dann wieder hochgerappelt. Im Wald, dem schönen Schwarzwald, habe ich Holz gesägt, durch die Straße gekarrt, dann schön kleingehackt. Es war wohl alles mehr ein Körpergefühl am Anfang, ein Gefühl in den Händen, ein Brennen von Schwielen und Blasen. Es gab ein Gefühl im Magen, vom Hunger, und eins in den Beinen, vom Stehen. Was hat man doch damals gestanden vor Türen der deutschen Verwaltung. Es gab Türen, die zu Brotmarken, und andere, die zu Kartoffelmarken, zu Bezugsscheinen für Spinnstoffe und Briketts führen sollten. Das alles klingt etwas komisch und wunderlich heute. Es klingt wie aus der Steinzeit und ist doch drin in einem. Ich kann es aus mir nicht entfernen. In mir ist alles geblieben.

Nein, ich kann nicht nachträglich Kränze flechten, die Zeit der schönen Armut preisen – wie da aus Nacht das Neue wuchs. Ich kann nicht sagen: Die Stadt hat mich aufgenommen, sie heilte die Wunden, und wie dann alles anfing, sich regte und neues Leben sproß aus den Ruinen, den bekannten. So wäre es wohl richtig, historisch gesehen, doch so war es nicht – für mich. Ich fühlte nur Öde und Leere, eine Art von Erstarrung zunächst. Traurigkeit holte mich ein, Melancholie. Ich trauerte um all die Toten, all die Ermordeten und Hingeschlachteten. Man erfuhr das erst jetzt genauer. Man sah die ersten Bilder der Lager, sah alles und wußte: Das meint auch dich.

Es wehte ein eisiger Wind durch die Straßen der Stadt, so um Weihnachten. Es läuteten Glocken vom Freiburger Münster, aber nicht für mich. Ich fühlte mich todtraurig in meinem Vaterland. Ich dachte: Warum bist du zurückgekommen? Ich spürte: Du bist nicht entlassen, noch nicht.

Heimatkunde Ost

Seit dreißig Jahren geht das nun schon. Seit dreißig Jahren versuche ich mir einzureden, wie gut, wie klug, wie richtig es war, von Berlin wegzugehen – damals. Natürlich, wenn man größer wird, langsam erwachsen, und ein Krieg kommt auch noch dazwischen, dann sollte man sich wie der Schläfer des Nachts, zwischen zwei Träumen erwachend, ruhig einmal auf die andere Seite legen. Ortsveränderung tut gut. Man sollte weggehen, das Leben anderswo suchen, anderswo wagen, anderswo alt werden. Zum Beispiel im Westen. Ich tat das mit Zwanzig und muß heute, rückblickend nach gut dreißig Jahren Westen, einräumen: Anderswo ist es auch schön. Tatsächlich. Man kann auch in Hamburg, in Frankfurt, in München leben: erfolgreich und gar nicht schlecht. Nur, so ganz und gar froh, so richtig zu Hause, so vollkommen heimisch bin ich hier nicht geworden. Etwas fehlt. Ich sage es einmal ins Ungenaue zunächst: Von Berlin kommt man nicht los.

Nein, ich werde jetzt nicht die landesüblichen Glocken läuten. Ich werde mich nicht hoch aufs deutsche Roß setzen. Die Stadt ist in fünfundzwanzig Jahren deutscher Verlegenheit von so vielen Mythen, Heldenlegenden und schlechtem Gewissen umstellt worden. Man schämt sich beinah, heute etwas zu ihrem Lobe zu schreiben. Die Frontstadt, die Insel der freien Welt, das herrliche Glitzerding, jetzt: die Musterstadt, so jung, so modern, so unerhört attraktiv. Nichts als Verlegenheit. Und ihre prächtigen Menschen, zum Beispiel die Taxifahrer. Klischees liegen immer wie Bohnerwachstupfen auf dem Weg nach Berlin. Man muß sich hüten, da auszurutschen, Sentimentalitäten breitzutreten, und schließlich und endlich: Wer hat denn nicht seinen Koffer und seine Leiche noch in Berlin, seine heimliche Liebe zum Kudamm, zur Spree – nicht wahr? Das sollte man ruhig dem schlechten Gewissen der CDU oder der schönen rauchigen Stimme der Knef überlassen.

Ich will mich an kleinere, verläßlichere Dinge halten. Was ist mit dir und Berlin? Zum Beispiel auf Reisen, unterwegs – so kann es wohl nur einem alten Berliner ergehen, der nun eben in Frankfurt lebt. Jedesmal, wenn ich im Ausland auf ein Auto mit dem großen B stoße, gibt es in mir eine kleine, aber deutliche Reaktion, sozusagen einen winzigen Stich. Siehst du da vorne das B? Mein Gott, die sind aus Berlin! Auf einem Autobahn-Parkplatz im letzten Sommer, es war in der Provence, noch hinter Avignon, stand so ein Wagen. Ich schlich mich heran, umkreiste den Wagen, drückte mich herum, daß den Leuten im Auto gar nichts anderes übrigblieb, als schließlich mit mir ein Gespräch zu beginnen. Ich, der ich sonst eher scheu bis unwirsch bin, entwickle in solchen B-Situationen einen komischen und breitbeinigen Lokalpatriotismus. Ich frage nach diesem und jenem, wie denn der Wagen so läuft, wie es denn ging durch die Zone, wohin sie denn wollten und woher sie denn eigentlich kämen in Berlin. Aus Charlottenburg? Ja, Charlottenburg, das ist groß. Wo denn da, in Charlottenburg? Dann gab es ein langes Gespräch über die Kantstraße und wie sie sich zur Wilmersdorfer Straße verhalte und wo da die Unterschiede lägen. Ich konnte mit gewissen Lokalkenntnissen aufwarten, die bestachen. Ich war mächtig stolz, mich als Berliner vor drei fremden Berlinern ausweisen zu können. Waren da auch Schuldgefühle, Komplexe des Abwanderers im Spiel? Also gute Fahrt dann! Man drückt sich fester, richtig deutsch die Hände. Und grüßen Sie mir Berlin recht schön, nicht wahr?

Natürlich weiß ich genau, woher diese fremde, breitbeinige Aufdringlichkeit bei mir kommt: ich sehne mich manchmal nach ihrer Sprache. Sie vermisse ich. Ich habe in fünfundzwanzig

Jahren so viel Badisch und Hessisch und Bayerisch zu hören bekommen, weich, warm und lieb, daß ich immer in helles Entzücken gerate, wenn ich ihre magere und gallige Sprache höre. Es liegt etwas Trockenes, Nüchternes, etwas witzig Direktes in ihrem Tonfall, das mich heimisch anweht. Sie haben eine Art, mit einem Anflug von spröder Schnoddrigkeit die Dinge vom hohen Podest frech herunterzuholen, die mir liegt. Berliner Mutterwitz, Sarkasmus und Galle mit Herz: die kleinen Messer der Sprache, sehr liebevoll und genau – also das zum Beispiel vermisse ich in der Bundesrepublik. Sprache ist ja immer viel mehr als nur Sprache. Sie signalisiert eine Art, dazusein.

Soll ich nun weiter sagen: Das Großzügige, das Urbane, das wirklich Hauptstädtische im Berliner Straßensystem, das vermisse ich hier? Es ist immer noch ein Vergnügen, in Berlin Auto zu fahren, trotz aller Mauern. Hier im Südwesten hockt noch so viel Mittelalter, Kleinstadtromantik, Butzenscheibenkultur. Ein Gefühl von Enge und Fürstentum Liechtenstein blieb hier an Straßenecken, das man in Berlin nicht kennt. Soll ich sagen: Als Berliner vermisse ich in unserem Rheinstaat manchmal die Küche meiner Kindheit, also die meiner Mutter? Ich habe mir öfters mit Spätzle und Knödel und all den süddeutschen Mehlspeisen den Magen verdorben und sehne mich manchmal nach der strammen und derben Küche Preußens: Salzkartoffeln mit Soße, mit viel Kohl und Bouletten dazu. Soll ich schließlich das Klima heranziehen, klagen, daß es mir in Frankfurt im Sommer oft zu heiß und drückend, so ekelhaft schwül ist? Ich brauche eher das kühle und klare Wetter Berlins und komme, je älter ich werde, immer mehr zu der Erkenntnis, daß Sonne und Licht kulturschädlich sind: blaue und blöde Ferienverführung. Im Nebel Londons, im Frösteln von Hamburg, in Berlins langen, dunklen Regentagen – erst da entstehen die Werke, die bleiben. Benn und Brecht hätten mich verstanden.

Motive, Argumente, Einzelbelege, zutreffend und richtig beobachtet, aber so ganz überzeugen sie nicht – nicht wahr? Etwas fehlt. Es ist schwer auszumachen, was es nun wirklich ist. Sitzt es so tief? Ich fühle es mehr, als daß ich es beweisen könnte. Ich spüre es tief: Etwas blieb da. Ich weiß, daß in dieser fernen, östlichen Stadt etwas ist, was mich geformt und geprägt, früh gebildet hat und von dem ich nicht freikomme – niemals. Ich fahre also oft nach Berlin, mache manchmal Ferien dort. Die Stadt ist immer noch groß und grün und frisch zur Erholung. Und jedesmal, wenn ich im Flugzeug über Magdeburg, Dessau hineinschwebe in das Havelland, jedesmal, wenn ich mit dem Wagen, noch mitten in der DDR, den Berliner Ring erreiche, spüre ich das – ja, was? Was spüre ich denn? Schon das Wort Berliner Ring entzückt mich. Ich sehe Kiefernwälder, die hohen federnden Föhren der Mark. Ich lese die alten Namen auf Auffahrtsschildern, Kindernamen: Lehnin und Potsdam, Werder und Königswusterhausen, Brandenburg; es ist Fontanes Zeit. Es rinnt der Sand und die Zeit. Kindheit, Erinnerung, Schülertage in Werder, das müßte man alles jetzt wieder sehen, erfahren, prüfen. Wie war es denn damals? Ich sehe die Wolken über der Stadt und dann all den Stacheldraht, die spanischen Reiter, die Wachtürme, die vielen Zäune, das »Herzlich willkommen in der Hauptstadt der Deutschen Demokratischen Republik« und dann plötzlich die Schlagbäume, die letzten Kontrollen, die Ausfahrt ins freie Berlin und dann die Avus. Eichkamp, links drüben, winzig und etwas schäbig. Dann der Funkturm, strahlend. Jetzt bist du endlich zu Hause. Berlin – was ist das? Für mich ist es immer noch Deutschland, sein Schmelztiegel, seine geistige Mitte, seine spröde märkische Mittelmäßigkeit. Viele Ansätze, viele Aufschwünge und was da, verkorkst, so hängenblieb in unserer Geschichte. Aufklärung und französischer Geist, Urbanität und preußischer Drill, Liberalität und Muffigkeit, hier ist das alles zu besichtigen, vom großen Kurfürsten bis zu den torteschleckenden Damen am Kurfürstendamm. Hier liegt alles hübsch zusammen. Deutschland ist ausgestellt.

Es ist natürlich meine eigene, verbissene Art von Lokalpatriotismus, daß ich bei solchen Besuchen zunächst niemand anrufe, nicht in den Prälaten oder zu Hardtke gehe. Ich gehe zunächst allein zu Aschinger. Erst einmal hier sitzen zwei Stunden, in diesem verräucherten, überfüllten Riesenkasten an der Joachimsthaler Straße, wo alles raus- und reinwogt, was die City so anschwemmt. Berliner Gesichter studieren, diese hellen, flapsigen, frechen Gesichter der Jungen, die etwas bleicher und weniger schick sind als die Jugend in München oder Frankfurt. Sich nach Löffelerbsen mit Speck anstellen, den heißen Teller in der Hand nach den kleinen, runden Brötchen grapschen, ein Schultheiß dazu. Das ist nun wirklich Berlin, meine Mutter-, meine Vaterstadt. Sieh es dir an im ersten Augenblick. Wie sich der Kellner, keß und zerknittert, durch die Leute schiebt. Wie die alte Frau da mit dicken Brillengläsern über ihrem Schweinebraten hockt, ihrem abscheulichen Spitz ab und zu einen Knochenrest zuwirft. Wie die Zeitungsverkäufer müde schnarrend ihre

Schlagzeilen vor sich hermeckern. Hier hast du die Stadt in all ihren Gebärden. Von so etwas – natürlich – kommt man nicht los.

Frankfurter Hochhaus

Zunächst waren sie nur entzückt und erschöpft gewesen. Damals war nämlich der Fahrstuhl im Rohbau noch nicht installiert gewesen. Sie hatten also die einundzwanzig Stockwerke zu Fuß gehen müssen, um die Wohnung, die zur Wahl stand, zu besichtigen. Im elften Stock sagte er dann pustend, schwitzend, ganz außer Atem: Ich kann nicht mehr. Es ist sinnlos. Wir schaffen es nicht. Ach, mein Herz. Er setzte sich eine Weile auf die Treppenstufen, keuchte, prustete, dachte für sich: Das kann schön werden, wenn hier einmal die Fahrstühle ausfallen. Dann waren sie weitergegangen. Es ging immer höher, immer besser. Es war wie bei einer Bergwanderung: Je höher man kommt, um so luftiger, leichter, beschwingter wird es. Im zwanzigsten Stockwerk sagte er: Sind wir wirklich gleich da? Also, jetzt könnte ich auch noch zehn Stockwerke weiter laufen. Ich bin jetzt in Fahrt.

Oben, wie gesagt, kam dann dieser Augenblick des Entzückens. Phantastisch, fuhr es ihm durch den Kopf. Sein Herz klopfte, jetzt aber auch vor Begeisterung. Mein Gott, man weiß eigentlich gar nicht, wo man lebt! Frankfurt sieht von hier oben wie New York aus. Wußtest du eigentlich, daß es so viele Wolkenkratzer gibt in dieser Stadt? Das ist ja eine amerikanische Skyline. Wir werden in Manhattan Downtown leben. Nicht Downtown, korrigierte er sich, Uptown natürlich.

Sie standen beide am Fenster dieser neuen Wohnung und staunten nur immer. Die Stadt, die er früher gern als etwas vermurkst, als etwas größenwahnsinnig kleinkariert, eben richtig deutsch bezeichnet hatte, ganz aus der Nähe, sie lag jetzt wie ein steinernes Märchen aus Tausendundeiner Nacht vor ihnen. Es war eine Weltstadt. Es sah wie ein gewaltiges, weißes Felsgebirge aus. Er erinnerte sich, auf Korsika solche monumentalen und bizarren Gebirgsstrukturen gesehen zu haben. Hieß das nicht die Corniche? Frankfurt lag halb wie ein imponierendes Gebirgsmassiv, halb wie eine amerikanische Wolkenkratzerstadt vor ihnen. Ein Riesenspielzeug, ein kolossaler Steinbaukasten für sehr große Kinder. Und alles ganz tief gestaffelt.

Ja, diese schönen Kindergefühle in solcher Höhe, diese luftigen Freudensprünge. Siehst du da hinten den Taunus? Das muß Falkenstein sein, oder? Und Bergen-Enkheim, wußtest du, daß das so hoch im Grünen liegt? Es sieht ja aus wie ein Kurort. Manchmal kam ein Brodeln, ein Schwall von Verkehrslärm wie eine Wolke empor, verbrandete dann wieder, sackte ab. Sie waren vollkommen vernarrt in diese Aussichten. Siehst du da hinten die gelben Lichter, die auch am Tag brennen? Das muß der Flughafen sein. Und das, rechts daneben? Wiesbaden oder Mainz?

Also, das nehmen wir, sagten sie schließlich beide mit großer Entschlossenheit. Das ist einmalig. Das hat Perspektive für uns. Wir sind raus aus der Drecklinie: kein Smog, keine Umweltverschmutzung mehr. Wir werden wie Lynkeus, der Türmer, wohnen, sozusagen dem Himmel verwandt. Es sei, wie es wolle – mit dem Mietpreis. Und dann hatte er, abwärts die Treppen sehr behend springend, hinzugefügt: Es war doch so schön, da oben.

Merkwürdig, wie das Leben so spielt mit uns. Sind das Kinderspiele, Zauberspiele, Teufelsspiele? Sie wohnten jetzt schon eine ganze Weile hier. Sie waren kurz entschlossen umgezogen. Irgendwie waren sie gedämpfter, stiller geworden, nach einiger Zeit. Ich will nicht sagen bedrückt, aber doch wortkarger. Sie hatten sich etwas entfremdet. Sie sagten wenig zueinander. Sie musterten sich manchmal gegenseitig wortlos, aber schwiegen dann. Eines Tages durchbrach er das Schweigen. Er war aus der Stadt gekommen und hatte, noch im Flur stehend, plötzlich sehr hart gefragt: Na, wie fühlst du dich denn nun hier oben? Wie ist das denn im Himmel? Ach, ich weiß nicht, kam die Antwort, schön schon, der Ausblick ist ja phantastisch, aber irgendwie ist es doch merkwürdig hier; ich weiß nicht das Wort dafür. Vielleicht unheimlich? Man fühlt sich so abgeschnitten: Waldeinsamkeit. Sonderbar ist das hier. Weißt du, wenn ich nachmittags manchmal allein hier bin, und die Dämmerung fällt ein, so ein schräges Licht, grünviolett, und die Vögel fliegen ganz unten, dann fühle ich mich wie auf den Mond geschossen. Man lebt eben wahnsinnig einsam in solchen Hochhäusern. Ich bin wie ein Kosmonaut, der unten die schöne, bunte Erde sieht – schwer dahin zu kommen. Der Fahrstuhl, du weißt ja, kommt nur gelegentlich. Man lebt wie ein Eremit im Weltstadtgetriebe. Es hat den ganzen Tag kein Mensch geklingelt.

Und die Sprechanlage, hatte er gefragt, geht die jetzt wenigstens? Sie ging. Sie drückten auf die Taste, auf der »Hören« stand.

Sie hörten plötzlich die Straße unten in ihrem Flur oben sehr deutlich. Heutzutage sind doch die Mikrofone sehr gut. Sie hörten die Autos anfahren, Menschen vorbeigehen, Gesprächsfetzen. Man konnte das wie ein Spion von den Passanten, die unten ahnungslos an der Haustür vorbeigingen, miteinfangen. Das ist doch nicht wahr?, hörten sie eine Frauenstimme sagen und mußten beinah lachen. Also, sagte er, wenn es dir hier zu still ist, stell doch die Sprechanlage auf »Hören«. Da hast du die Welt.

Manches hatten sie zugelernt inzwischen. Beim Umzug hatten sie zugelernt, daß das Wichtigste in einem Hochhaus ist, zuvor den Umfang der Fahrstühle auszumessen. Was nicht reingeht in den Lift, trägt niemand hoch. Die Möbelträger lachten nur höhnisch: Einundzwanzigster Stock? Sie tippten sich an die Stirn: Ne, danke, ohne uns. Das kann man mit uns nicht machen. Tatsächlich sind die neuzeitlichen Treppenhäuser auch viel zu schmal gebaut für sperrige, größere Schränke. Man kriegt sie nicht um die vielen Ecken, selbst wenn man es eigenhändig versucht, das Tragen.

Sie hatten also diverse Sachen verramscht oder einfach stehenlassen. Sie hatten sich deutlich erleichtert im Mobiliar. Schön ist das, Ballast abwerfen, hatte er gedacht, als sie in der alten Wohnung den großen Eckschrank zusammenschlugen. Laß doch den alten Kram. Besitz ist belastend. Es ist so befreiend, wegzuwerfen. Spürst du das nicht? Man wird jünger, leichter, sich von etwas trennend. Ja, schmeiß das auch weg. Wir fangen oben neu an.

Fatal war das Müllproblem. Wie kann man das vorher wissen, wenn freundliche Immobilienfirmen das Luxus-Apartment »natürlich mit Müllschlucker« annoncieren? Es hatte ihn schon beim Einzug etwas mißtrauisch gemacht, daß tatsächlich alles fertig war, nur der Müllschlucker gähnte leer. Der Schacht war da, aber nichts eingebaut zum tiefen Verschlucken. Es hatte sich also eine Weile der Müll in stattlichen Bergen auf den langen Etagenfluren gestapelt. Schlimm sah das aus. Hausdreck türmte sich meterhoch auf dem zartroten Teppichboden, der dem Flur eine warme, wohnliche Note geben sollte. Es roch etwas süßlich im Flur nach ein paar Tagen.

Später war die Wahrheit herausgekommen. Es gab keine Müllschlucker. Die Baupolizei war dagewesen, hatte alles von Spezialisten sehr gründlich inspizieren lassen. Sie hatte dann ein striktes Bauverbot für den Müllschlucker ausgesprochen. Aus feuerpolizeilichen Gründen, hieß es, wegen Brandgefahr. In solchen

Hochhäusern gelten verschärfte Sicherheitsbestimmungen der Baupolizei, wenigstens in Frankfurt. Stellen Sie sich einmal vor, hatte der Spezialist zu ihm entrüstet gesagt, einer wirft hier seinen Zigarettenstummel herunter – wie das aufglüht und wie Sie dann hier brennen, nach einer halben Stunde! Haben Sie nicht neulich im Fernsehen diesen Hotelbrand gesehen, wie da die Leute vom vierundzwanzigsten Stock mit Matratzen heruntersprangen? Wollen Sie das? Das war doch in Korea, hatte er schüchtern einwenden wollen. Eben, eben, sagte der Spezialist, bei uns in Frankfurt ist das nicht drin! Na gut, hatte er zuversichtlich erwidert. Dann fahren wir unsere Eimerchen immer runter mit dem Lift. Nur, bei hundertsiebzig Wohnungen – ist das nicht doch etwas unpraktisch?

Unpraktisch war manches in solchen Höhen. Das hatten sie inzwischen zugelernt. Hochhäuser dieser rabiaten Art sind in massivem Eisenbeton gebaut, natürlich. Man kriegt also als Wohnungsinhaber keine Nägel mehr mit dem Hammer in die Wände. Für jedes Bild, jeden Kalender mußte ein Handwerker bestellt werden, der mit einem Preßluftbohrer zarte, weiße Staubwölkchen entfachte. An den ohrenbetäubenden Lärm hatte man sich rasch gewöhnt. Es war wie beim Zahnarzt, wenn er auf den Nerv kam. Sinnlos waren eigentlich auch die beiden Balkone, auf die sie sich so gefreut hatten. Man wird hier schöne Sonnenbäder nehmen können, splitternackt, hatte er damals gesagt, es gibt ja kein Gegenüber. War das die Höhe, die Luftströmung? Es zog verdammt. Es war eigentlich immer Wind, manchmal Sturm hier oben. Nach drei begeisterten Ausblicksminuten schlossen sie immer die Balkontüren. Mach fest zu, sagte er, es zieht sonst. Tatsächlich mußte man schon beim Öffnen der Wohnungstür höllisch aufpassen. Obwohl eigentlich nirgends Fenster im Hausflur zu sehen waren, entstand beim Öffnen der Tür immer ein mächtiger Sog, der in der Wohnung seine Papiere durcheinanderwirbelte. Man lebt eben hier wie in einem Panzer, der auf der Zugspitze steht, hatte er in einem Anfall militärischer Strenge konstatiert. War er sich schon so sehr entfremdet?

Erwägenswert, also würdig tieferer Nachdenklichkeit war auch die Akustik. Wie sonderbar. Eigentlich war es sehr still in der Wohnung: Waldeinsamkeit mit Astronautenblick, wenn die Fenster geschlossen waren. Man baut ja heute so gut, so modern, also mit sehr raffinierten Fenstergläsern, doppelt und luftentzogen. Kein Laut dringt da durch. Das ist der Fortschritt. Verblüfft war er nur immer, welch ein Lärm bei offenen Fenstern hochkam. Es war kein Straßenlärm mehr, wie er ihn kannte: Tramgebimmel, Autohupen, Mopedgeknatter, menschlicher Lärm im technischen Zeitalter, Individualstörungen, immerhin einzeln lokalisierbar. Es war ein allgemeines Rauschen und Aufbranden, ein immerwährendes Brausen und Dröhnen. Es lag ein dunkler Rauschton in der Luft. Alles, was eine Stadt hergibt an Lärm, war zu einer stetigen Tonsuppe zusammengekocht, die es unten auf der Straße nicht gab. Unten war es viel stiller. Er erprobte das manchmal bei offenem Fenster mit der Sprechanlage. Er drückte auf »Hören«.

Das sind Strömungs- und Schallreflexe, hatte der Architekt, in dieser Sache befragt, schulterzuckend geantwortet. So etwas kann man nicht im voraus berechnen. Das bricht sich hier alles vor Ihren Fenstern, natürlich. Eben, hatte er erwidert, man kann ja bei geschlossenen Fenstern schlafen. Wir werden uns ein paar Air-Condition-Maschinen zulegen. Man kann auch so Frischluft kriegen. Wir haben uns ohnehin schon zwei Wasserzerstäuber, stattliche Luftbefeuchtungsmaschinen, gekauft, die dauernd laufen. Gut, gut, sagte der Architekt, solche Betonbauten ziehen viel Feuchtigkeit ab. Die Luft hier ist viel zu trocken. Ja, hatte er spaßig erwidert, ich habe es gleich gesagt: New York und Manhattan. Man lebt hier schon amerikanisch. Das Leben wird einfach komplizierter – mit dem Fortschritt.

Doch, es ist schon sonderbar, wie das Leben so spielt. Man will immer hoch hinaus als Zeitgenosse und kommt dann doch vor dem Fall. Hochmut kommt vor dem Fall, sagt man. Ja, etwas möchte ich präzisierend hinzufügen, ein bißchen, ein klein wenig waren sie tatsächlich abgesackt nach ihrem Höhenrausch. Es war keine Katastrophe, kein großer Zusammenbruch, nur viele kleine, herbe Enttäuschungen. Im Hochhaus ist eben alles anders. Man lebt gefährlicher, umständlicher, komplizierter. Es dauerte eben manchmal fünf Minuten, bis ein Fahrstuhl kam. Immerhin, er kam. Sie gingen jetzt viel weniger aus als früher. Sie bekamen nur noch selten Besuch. Warum eigentlich? Es war alles so schön neu und praktisch. Sie wurden jetzt sehr viel häuslicher. Sie sahen viel fern, mit dem Fernseher, meine ich, abends. Sie badeten viel in der neuen Wohnung. Sie badeten viel heißer als früher, beinah kochend. Man braucht das in Hochhäusern: Hitze. Wir werden uns noch eine Katze zulegen, beschlossen sie. So ein stilles, weiches Haustier hier oben. Das wäre doch schön, nicht wahr?

Immerhin, der Ausblick vom Fenster entschädigte sie. Er hatte nicht getrogen, obwohl man sich auch an so etwas gewöhnt, vor allem wenn einmal Gardinen davorhängen. Man sieht dann fast nichts. Und wenn sie manchmal dieses merkwürdige Gefühl der Isolierung, tiefer Abgeschnittenheit von der Welt überfallen wollte, vor allem an Wochenenden, dann traten sie einfach an das Fenster, rissen die Gardinen weg, rissen das Fenster sperrangelweit auf, traten vor das Bild, das sie einmal bezaubert hatte: halb New York, halb Korsika. Es war immer noch da, unverändert. Schön ist das schon, sagten sie wie im Chor. Das ist schon sehr schön – unser Frankfurt.

Nebel, Wolken, Rauch lagen jetzt über der Stadt. Oder war das nur Smog? Sieh mal, wie die anderen da unten leben müssen, das ist schon schlimm, heutzutage. Sieh nur diesen Dreck. Da sind wir fein raus, sagte er. Es fuhr ihm aber, sich begeistert zum Fenster rauslehnend, zugleich noch etwas anderes durch den Kopf. Mein Gott, war das tief. Ich bin gespannt, dachte er, wann sich der erste Mieter hier runterstürzt. Das wird kommen. Es ist unausweichlich. Das sind alles Selbstmordsilos – Hochhäuser.

Nürnberger Augenblicke

Was war eigentlich gewesen? Er war zehn Tage durch die Stadt gelaufen. Die Stadt war ihm fremd, sehr fremd. Es schien die Sonne, es regnete; es war warm, es war kalt gewesen. Es war April, einmal trauriges Regennaß. Er erinnerte sich an ein kaltes und trübes Wochenende in Nürnberg; wie sich da alles verschloß und tot, todlangweilig wurde gleich nach dem Vierzehn-Uhr-Ladenschluß. Die Stadt schien in Schlaf zu versinken. Im Hotel war es leer, die Gäste plötzlich verflogen. Man stellte die Heizung ab. Es regnete, und er blickte zum Fenster hinaus. Tauben gurrten im Dachgebälk und ließen ihren Kot kunstvoll auf sein Auto tropfen. Ausgerechnet auf meins, dachte er. Gegenüber, in dem schmalen Lebkuchenhaus, sah er in einer Dachkammer einen alten Mann sitzen. Der Mann saß im bläulichen Schein eines Fernsehers und sah die Kinderstunde. Der Fremde sah dem Alten eine Weile zu. Mainzelmännchen trieben ihr Unwesen in der Kammer. Oder war das das Werbefernsehen? Er fror, er langweilte sich, er war dann weggefahren. Nur weg hier, irgendwohin, hatte er gedacht. Solche verregneten Hotelwochenenden sind unerträglich. Zufällig war er nach Fürth geraten. Schienen, Schuppen, altmodische Häuser, Industrieanlagen, Eisenbahnbrücken, eine verrostete, trübe Welt hinter Scheibenwischern. Mein Gott, dachte er, Fürth sieht aus, wie wir uns immer die DDR vorstellen: total vergammelt. Er erinnerte sich an den folgenden Montag, wo wieder Sonne über der Stadt lag. Frühlingsgeruch. Nürnberg erwachte und war jetzt schön: die Knusper- und Lebkuchen- und Bratwürstchenstadt, die er erwartet hatte. Er erinnerte sich an die ältere Frau im Zeitungsladen, die Verkäuferin, die einer anderen älteren Frau, der Kundin, zu den ›Nürnberger Nachrichten‹ noch die ›St.-Pauli-Nachrichten‹ zugesteckt hatte, sagend: Nehmen Sie's doch mal mit, Frau Neubauer, sozusagen gratis; da stehen so viele komische Annoncen drin. Ja mei, wie die Welt immer verrückter wird, nicht wahr, Frau Neubauer? Er war durch den Hauptbahnhof gegangen. Dürer blickte vom Fenster mit traurigem, irgendwie verwundertem Blick auf die Fremden. Türken, Griechen, Italiener, Spanier, Jugoslawen, die Gastarbeiter der Stadt, eine Versammlung der Mittelmeervölker, ein Treffen der Heimatvertriebenen, die keine unverzichtbaren Rechtsansprüche einzuklagen hatten. Woran noch? Er erinnerte sich an den fränkischen Herrn, der mit Schnürschuhen, Wickelgamaschen und grünem Jankerl jeden Morgen beim Hotelfrühstück am Nachbartisch gesessen hatte. Der Herr führte einen kleinen, etwas mißratenen Spitz an der Leine mit. Er erzog den Spitz schon beim Kaffeetrinken zur Wachsamkeit. Er hatte immer die Ohren zu spitzen und Fremde anzubellen, während der Herr sich ungeheure Mengen von Wurst und Käse einverleibte. Aus solchem Holz wurden einmal die Volkhaften geschnitzt, hatte er jeden Morgen beim Frühstück gedacht. Woran noch? Er erinnerte sich an die aufgebrachten und erschrockenen Gesichter der Lagerverwalter, als er draußen in der Vorstadt einmal begehrt hatte, ein Wohnheim der Gastarbeiter zu besichtigen. Sind Sie etwa vom Fernsehen? Das kommt gar nicht in Frage. Er erinnerte sich an einen Theaterabend hier, in den Kammerspielen. Sie spielten vor halbleerem Haus dieses solide, ehrliche Stück eines Malergesellen aus Basel. Das Stück heißt *Eisenwichser.* Festlich gekleidete alte Damen saßen mit der knisternden Feierlichkeit altgedienten Abonnentenpublikums da und klatschten, als wenn sie Schiller oder Goethe sähen. Schüler saßen neben ihm, wisperten, grinsten, tuschelten: Aber so etwas tut man doch nicht im Theater, höchstens zu Hause. Woran noch? Es schien ihm in dieser Stadt zu viele Apotheken, Reformhäuser und Naturheilkundige zu geben und viel zuviel Rotampeln. Er hatte aber auch die Dominanz von Coca-Cola registriert. Immer gab es hier auf den engen Straßen einen Autostau, und immer stand man dann vor einem Lieferwagen von Coca-Cola, der zitterte, dröhnte, giftige Gase abließ. Diese merkwürdige Präsenz der US Army hier in der Stadt, als wenn noch Besatzungszeit wäre, das fiel ihm auf.

Er erinnerte sich schließlich an den Preußen, den Herrn aus Hannover, den er um Mitternacht in irgendeinem Bratwurstglöckchen kennengelernt hatte. Der Herr war ein richtiger Preuße: Vornehm, steif, einsam saß er an einem Tisch, ein graues Muster hannoveranischer Distinktion und Zurückhaltung, und trank Bier. Und als der Lärm an den Tischen der Einheimischen zu wild, zu polternd wurde, hatte der Herr ihm, indem er sein Bierglas zum Gruß erhob, zugerufen: Na ja, unsere Bayern, so ist das nun mal in Bayern, nicht wahr? Da hatte sich der Fremde, so viel erinnerte er sich, streng aufgerichtet. Er war zum erstenmal ernst und lehrhaft geworden und hatte nicht ohne Entrüstung gesagt: Sie sind hier doch nicht in Bayern, mein Herr. Welch ein Mißverständnis! Es ist schlimmer: Sie sind in Franken. Haben Sie nie etwas vom fränkischen Raum und der fränkischen Seele gehört? Ach, es ist noch viel schlimmer: Sie sind hier in Nürnberg, das hat auch mit Franken nicht viel zu tun. Das ist ein sehr komplizierter und delikater Sonderfall. Ich will versuchen, Ihnen das zu erklären. Doch da schloß das Bratwurstglöckchen schon. Es wurden die Stühle resolut auf die Tische gekippt. Der Fremde hatte sich nie so richtig erklären, aussprechen können hier. Die Lokale schlossen ihm alle zu früh.

Gestern bei Quelle. So etwas Modernes, Kaltes, Funktionales entzückt mich immer. Nürnberger Tand in alle Land. Die Welt als Versandhauskatalog, ist das nicht die Tradition der Stadt? Die kleinen Dinge massenhaft, ist das nicht Nürnbergs Beitrag zur deutschen Kulturgeschichte? Ich sah ein Nürnberg, das in den Festschriften und Almanachen immer vergessen wird: das einer gigantischen, stummen, etwas unheimlichen Elektronik. Eine saubere, helle, keimfreie Welt, die mir etwas zu sauber erschien, um noch ganz geheuer, also menschlich zu sein. Die Computer bei Quelle strahlten die Würde und Weihe heiliger Kühe aus. Sie standen wie stumme Gottheiten in einem Salon. Es trennte uns eine dicke Glaswand vom Allerheiligsten. Techniker liefen hinter der Glaswand in weißen Mänteln herum, sie wirkten wie Meßdiener, die den heiligen Kästen beim Zelebrieren der Elektronik assistierten. Computer, das weiß man, können einfach alles, alles, was das monströse Schlachtfeld der Konsumindustrie in Sekundenschnelle erfordert. Sie wissen alle Adressen in Deutschland, sie kennen alle Frauenherzen, Kundenwünsche, sie beherrschen das Lager, sie schreiben die Rechnungen, sie wiegen, wägen und prüfen, legen ab, legen zu und kontrollieren noch einmal. Sie sind von einer Tüchtigkeit, die man deutsch nennen möchte; doch sie kommt aus Amerika. Sie unterhalten sich gerne mit Frauen an Vormittagen. Ich sah diesen weiten, endlosen Saal mit den Frauen. Die Frauen saßen wie Sekretärinnen an kleinen Tischen. Die Tische heißen Terminals. Es sind Dolmetschertische. Hier werden den Computern die Kundenwünsche übersetzt. Ich sah, wie die Frauen die Computer fütterten wie wilde Tiere, Daten eingaben, Zahlen, Zahlen, nichts als Ziffern und Zahlen, die Warenwelt, hochverschlüsselt. Nürnberg ist nichts als ein Rechenzentrum, dachte ich. Hier werden uns Rechnungen ausgestellt; wir haben sie zu bezahlen.

Ich sah eine Packerin im Postamt von Quelle. Solche Bilder bleiben. Die Frau stand in einem grauen Mantel vor dem Fließband. Sie arbeitete wie eine Maschine. Sie sah die vollen Körbe kommen, sie schätzte die Größe, sie riß in rasender Eile schmale Papptafeln, die neben ihr standen, zu großen, geräumigen Kartons auf. Sie packte das Zeug hinein, faltete zu, drückte mit dem Fuß ein Pedal, ein feuchter Klebstreifen kam ihr entgegen. Sie riß den Klebstreifen ab, knallte ihn auf den Karton, fuhr mit den Händen noch einmal glättend darüber, warf den Karton auf das Band, riß die nächste Papptafel auf. Welch ein Ritual, welch ein Leben, ging es mir durch den Kopf. Das täglich acht Stunden lang – ihr sollte man ein Denkmal setzen. Wer spricht von ihr? Was geschieht mit solchen Menschen eigentlich? Es gibt eine neue, unfaßbare Form von Unterwerfung, eine Technik, den Menschen ganz lautlos fertig- und kaputtzumachen. In Nürnberg ist das zu besichtigen.

Des Reiches Schatzkästlein ist voll solcher soziologischer Perlen. Man muß sie nur suchen. Ich bin heute in der Grundigstadt gewesen. Wieder eine moderne, unheimliche Industrielandschaft, sauber, hell, endlos, beinah versteckt draußen im Nürnberger Wald, dem eine gewisse märkische Kümmerlichkeit eigen ist. Die Dürftigkeit dieser Landschaft ist prädestiniert, Industrieboden zu werden. Ich sah diese gewaltigste Spielzeugfabrik unseres Jahrhunderts, die Grundig heißt. Zum erstenmal sah ich, wie so ein Farbfernseher entsteht – inwendig. Für den Laien bleibt das ein kaltes Märchen. Wie die Chassis rasend schnell bestückt werden mit sechshundert Bauelementen, wie alles gelötet, geprüft und durchs Zinnbad gezogen wird, wie die Regler und Schalter eingebaut werden, wie tausend Kontakte überprüft werden und wie dann die kostbaren Bildröhren sanft aus hohen Himmeln herniedersteigen und wieder wie kleine Gottheiten unendlich ehrfürchtig eingebaut werden in den heiligen Schrein. Es saßen in der großen Halle Hunderte von Männern in weißen Mänteln vor den Fernsehapparaten, die jetzt anfingen, fröhliche Farben zu spucken. Die Männer saßen wie Ärzte davor, die ihrem Patienten gleich die Diagnose stellen würden: Leber oder Galle? Und später kamen die Schreine in einen anderen Saal zum Dauertest. Der Saal war dunkel und still, frommes Schweigen, ein Tempel der Elektronik. Tausende von Fernsehern liefen hier einsam, träumten vor sich hin, noch nicht programmiert. Sie sagten nur: Blau, blau, grün, grün, rot, rot – ist mein Rot auch am schönsten? Ich war etwas benommen und ratlos, als ich wieder draußen im Grünen, im Naturgrünen stand. In welche Welt geraten wir künftig? Wie verschlüsselt, wie undurchsichtig wird das 21. Jahrhundert sein? Die Zukunft wird ein elektronischer Regelkreis sein, ganz ohne den Menschen. Im Nürnberger Wald ist sie zu besichtigen.

Der Fremde hatte abartige Wünsche geäußert. Nürnberg bei Nacht, hatte er einmal gesagt, das wäre schön. Ich würde gern einmal nachts mit der Polizei Streife fahren: Schlägereien, Einbrüche, Überfälle, vielleicht einen Totschlag – was hat denn die Stadt so zu bieten bei Nacht? Ich meine, im Negativfilm sieht man doch manches so hell: die Schattenseiten, also die Wirklichkeit, die dem Fremden so gern unterschlagen wird. Ob das wohl möglich sei? Es war möglich. Die Stadt schien ihm sehr freundlich, sehr hilfreich, sehr aufgeschlossen. Sie war bereit, ihre eigenen Wunden zu zeigen wie Jesus, wenn man sie nur überhaupt zur Kenntnis nähme: die Stadt wie Jesus. Der Fremde fuhr also eine Nacht Streife mit. Die Beamten im Präsidium waren freundlich. Sie kochten Kaffee. Sie sagten: Also so hohen Besuch haben wir heute? Wir hoffen, Ihnen etwas Richtiges bieten zu können. Man weiß ja nie vorher, leider. Es roch im Polizeipräsidium deutlich nach Polizei. Der Fremde lernte die Schätze, die Glanzpunkte, die heiligen Reliquien der Stadt vom Polizeipräsidium aus kennen. Es gab einen großen Wandschrank, in dem alle

Alarmanlagen der Stadt zusammenliefen: die der Banken, Kirchen, des Dürerhauses, der Juweliergeschäfte, des Germanischen National-Museums, der Sparkassen, Bürgerhäuser. Da braucht nur einer im Germanischen Museum sich auf eine Vitrine zu stützen oder im Dürerhaus etwas laut zu husten, sagte der Beamte stolz, dann leuchtet hier alles auf, und wir rasen los. Er zeigte triumphierend eines der Kästchen vor: Straßenpläne, Gebäudepläne, Seitentüren, Schlüssel – für Kunstdiebe war da ganz wenig Hoffnung. Dann hatten sie über Dürer gesprochen, versicherungspolitisch, dann über die Verstaatlichung der Nürnberger Polizei, die den Beamten deutlich mißfiel, dann war der Kaffee gekommen, dann hatte einer gerufen: Fertigmachen, es geht los! Also, jetzt geht's los. Wir machen jetzt einmal Razzia auf Haschjugend. Das wird ja immer schlimmer in der Stadt, so rund um den Bahnhof.

Der Fremde hatte diese merkwürdige Veränderung in sich gespürt, die in jedem einzelnen vorgeht, der plötzlich einem Kollektiv angehört, das für Ruhe und Ordnung zu sorgen hat und auftritt mit Schaftstiefeln, mit Uniformen und eben mit Macht, die vom Staat kommt. Also, hatte er vorher abwiegend gesagt, ich kann hier nur die Rolle des Kommissars übernehmen, der etwas zivil und lässig im Hintergrund bleibt. Sie kennen doch den Kommissar aus dem Fernsehen? Ich heiße nicht Zimmermann, ich bin nicht für Menschenjagd. Er hatte gespürt, wie das ist, wenn Polizei Polizei spielt. Ein fremder, gefährlicher Rausch der Überlegenheit kam über einen, wenn man plötzlich in grünen Kolonnen die Treppe zur Bar hochstürmte; eigentlich war jetzt jeder schuldig, potentiell war jeder verdächtig, der nicht zur Polizei gehörte. Er hatte oben im Lokal die verdutzte Jugend gesehen. Er hatte registriert, was er auch schon in anderen Städten beobachtet hatte: Es gibt keinen Unterschied mehr zwischen Metropolen und Provinz in Deutschland. Die neue Jugendkultur ist universell und global. Sie kennt keinen Geschmack des Ortes mehr: Uniformen des Elends im Wohlfahrtsstaat, auch hier dieselben Wuschelköpfe, dieselben psychedelischen Mädchengesichter, dieselben wütenden Anarchistenbärte, dieselbe Sack-und-Asche- und Fransenkleidung, die man von San Francisco bis West-Berlin jetzt eben trug, wenn man Anfang Zwanzig war. Auch dieselbe Lust am Verkommenen, Verbrauchten, Verqualmten, verräucherte Luft. Er dachte an Quelle und Grundig, ihre Helligkeit, ihre Sauberkeit, ihre strahlende Perfektion – unerträglich. Er würde auch in diese finsteren Katakomben fliehen.

Im Grunde war es ein sehr menschlicher, ein guter Reflex, ein verzweifeltes Nein gegenüber den Schrecken der Industriegesellschaft. Die Beamten suchten, forschten nach Gästen unter sechzehn Jahren. Sie pickten sich zarte Kindergesichter heraus, sie prüften Ausweise; dann zogen sie sich langsam zurück. Die Jugend ließ das passiv geschehen. Sie nahm die Razzia hin wie eine Regendusche. Darin lag ein Unterschied, hatte der Fremde später gedacht; in Berlin oder Köln, in Düsseldorf oder Frankfurt wäre mindestens das Ende der Razzia von einem tobenden Protestkonzert begleitet. Höhnisches Weltgelächter hinterher. Es würde aus allen Lautsprechern stampfen, wiehern, brüllen. Nicht so in Nürnberg. Hier sind die Hippies wie Dürer: still.

Die Aktion, das war vorauszusehen, lief schief. Es wurde eine Nacht ohne besondere Vorkommnisse. Sie waren dann drei Stunden Streife gefahren, im grünen Opel Rekord: immer durch die Altstadt, immer vom Bahnhof die Königstraße, die Ludwigstraße, die Marienstraße, natürlich auch am Frauentorgraben entlang, inwendig. Mein Gott, war das langweilig, ziemlich stur. Einmal war über Funk die Meldung gekommen, eine alte Dame sei auf dem Hauptmarkt zusammengebrochen, aber die alte Dame muß dann doch rüstiger gewesen sein. Der Hauptmarkt war leer. Einmal, auf dem Hans-Sachs-Platz, hatte der Beamte den Wagen auf Schrittempo heruntergeschaltet. Es war gegen drei Uhr nachts. Da ging doch tatsächlich ein Orientale, man sah es, mit einem zwölfjährigen Mädchen ganz innig umarmt. Nanu, war das kein Sittenstrolch? Der Fremde hatte neue Hoffnung geschöpft. Er wußte, jeder ist schuldig, irgendwie. Aber der Orientale konnte sich gut als Vater ausweisen. Es sei seiner Tochter schlecht geworden, krank, malad, sagte er. Er sei auf dem Weg zum Arzt. Der Fremde war dann ausgestiegen. Er war schlafen gegangen. Er dachte, einschlafend: Auf diese Weise also ist der Stadt nicht auf die Schliche zu kommen. Wie macht man das nur?

Man muß sich vorstellen, wie es ist, wenn ein Nürnberger in die Welt hinauskommt. Der Nürnberger sagt, aus seiner schönen, alten Reichsstadt heraustretend: Unsere Gotik, unsere Bleistifte, unsere Kirchen, unsere Bratwürste und Lebkuchen, dieses Schatzkästlein des Reiches, diese Fluchtburg der deutschen Seele – wollen Sie die nicht einmal sehen? Und der Ausländer: O yes, o sure, I remember – the Reichsparteitage! Der Nürnberger sagt: Auch die Taschenuhr, auch das Fahrrad, auch der Globus und die erste deutsche Eisenbahn, nicht wahr, historisch gesehen könnte man. Und der Ausländer sagt: Yes, historic, wir denken jetzt oft an Sie, historisch gesehen. Nürnberg und My Lai, diese Kriegsverbrechergeschichten, die machen uns Sorge. Ist das eigentlich noch zu sehen bei Ihnen, der Justizpalast? Where were they hanged? Der Nürnberger sagt Dürer, der Ausländer assoziiert Führer. Der Nürnberger spricht von Hans Sachs, dem Schuhmacher, und der Ausländer fragt: Was it Julius Streicher, the Frankenführer? Der Nürnberger lobt die ›Nürnberger Nachrichten‹, aber der Ausländer würde so gern den ›Stürmer‹ lesen. Wo ist der aufbewahrt bei Ihnen? Und wie war das mit den Nürnberger Gesetzen? Die hat doch Ihr Stadtrat verabschiedet, nicht wahr?

Also, die Stadt leidet unter einem furchtbaren Image – draußen. Sie ist weltberühmt, nur mit den falschen Artikeln. Ihr Name ist rund um den Globus bekannt wie der Name Berlins, wie der von Paris oder Peking. Er ist aber ein Synonym, eine Chiffre für Nazizeit geworden. An ihm blieb das hängen. Es kommen Ausländer in die Stadt. Die Stadt hat sich neu hergerichtet. Überall Verkehrsschilder, Hinweistafeln, Richtungsanzeiger: zur Lorenzkirche, zur Sebalduskirche, zur Burg, zum Dürerhaus. Aber die Touristen fragen immer nur störrisch: Where stood the Führer? Wo geht's denn zum Märzfeld, zur Zeppelinwiese, zur Kongreßhalle, den Plätzen des Tausendjährigen Reiches? Ich fragte das auch. Die Nürnberger sind dann immer etwas peinlich berührt. Sie wollen das wegdrücken. Es gibt am Ort keine Hinweisschilder für die wirklichen Weltberühmtheiten dieser Stadt. Man sollte sich nur immer Kunst ansehen, den ganzen Tag Kunst. Und schließlich: Es kommen kluge, gelehrte, berühmte Männer in die Stadt, Professoren, Schriftsteller, Gelehrte. Sie sollen Vorträge halten. Die Stadt ist ja geistig sehr rege, sehr modern und progressiv, so scheint es wenigstens auf dem Veranstaltungskalender. Er zeigt die wilde Entschlossenheit und die ernste Gebärde von Kleinstädtern, die immer Angst haben, mit der Welt nicht Schritt halten zu können, also ganz vorne liegen müssen. Und alle Redner haben sich vorher zu Hause in ihr Manuskript einige Passagen eingebaut, die die Besonderheit dieses Ortes bedenken. Man wird nicht irgendwo sprechen – in Nürnberg. Die Stimme des Redners wird ernster, dunkler, mahnender. Es werden strenge Leviten gelesen, seit gut zwanzig Jahren am Ort, und die Nürnberger, das muß man einräumen, nehmen diese Leviten der Gäste unendlich brav und geduldig hin. Die Nürnberger sind hart im Nehmen. Sie haben das dicke Fell von klassischen Sündenböcken.

Ich stehe auf der Treppe, den Stufen des Reichsparteitaggeländes. Ich habe es schließlich gefunden, nach vielem Fragen. Es liegt ganz draußen. Hier war es also, also hier? It is still very gigantic, sagt ein Amerikaner. Ich finde es nicht. Coca-Cola-Büchsen liegen auf den Stufen, Scherben von Bierflaschen, Gras wächst zwischen den Steinen. Ein Bursche sitzt oben, wo einmal Hitler stand. Er hat das Hemd ausgezogen. Er sonnt sich, er läßt die Beine baumeln, beginnt sich gerade mit Creme einzuschmieren. So ist der Wahnsinn Geschichte, Ruine, Kulisse, Scherbe geworden. Ich meine, die Nürnberger sollten das nicht so verlegen wegdrücken. Es gehört zu ihrer, zu unserer, zur deutschen Geschichte. Diese Reste werden in dreißig, in vierzig Jahren eine ganz singuläre, eine hochspektakuläre Kuriosität der Menschheitsentwicklung sein. Memory of Nürnberg is memory of you, memory of Nürnberg – wer denkt denn da zurück? Von unseren Enkeln und Urenkeln werden diese Reste der Nazizeit einmal bestaunt werden wie biologische Entartungen in einem Raritätenkabinett. Daß es so etwas gab in der Menschheitsentwicklung, so viel Rückfall in die Barbarei, das sollte man der Welt aufbewahren – für immer.

Ich gehe weg. Ich spüre: Die Sache ist eigentlich erledigt, sie ist zu lange her, um sich noch ganz wiederherzustellen in der Phantasie, in der Kraft, im Schmerz der Erinnerung. Hitler ist tot, ganz tot, auch für mich. Es ist vorbei mit der Sache, die Nazizeit hieß. Ich denke: Komisch ist das mit dieser Stadt. Ausgerechnet an ihr blieb das hängen. Wieso eigentlich? Waren München, Wien oder Braunschweig denn weniger nazistisch? Alle haben diese zwölf Jahre längst abgeschüttelt, wie Pudel, die aus einem schmutzigen Wasser kommen. Keiner fühlt sich in Deutschland mehr schuldig – nur Nürnberg. Es hat fast etwas Rührendes an sich: Agnus Dei, Lamm Gottes, das du hinwegnimmst die Sünden der Welt, du Sündenbock. Es gibt eine Stadt mit schlechtem Gewissen in Deutschland, also beinah einen Gerechten.

Wahrscheinlich bin ich doch der falsche Mann hier. Es fehlt mir am Besten: der Ehrfurcht. Professor müßte man sein oder Pfarrer oder wenigstens Amerikaner. Ich bin nur ein Zeitgenosse: ich selbst. Ich versuche es also jeden Morgen wieder, mein Pensum ernst zu nehmen, mich einzuschwingen in diese Turnübung der Geschichte. Jahrhundertgymnastik, Zeitverrenkungen – für mich ist das nichts. Wie war das doch mit Veit Stoß und seiner Brandmarkung? Und warum war Dürer nach Italien gegangen, und was war mit dieser Speis für die Malerknaben? War das etwas zum Essen? Auch über Pirckheimer, Willibald, müßte man etwas sagen, aber mir sagt das nichts. Ich pilgere immer wieder zur Burg hinauf. Es geht mir wie Kafka mit seinem Schloß: Wirklich rein kommt man da nicht. Bei solchen Perlen der Vergangenheit weiß man immer schon von außen, was einen erwartet: die Wälle, die Tore, die Türme, das Giebelhaus und der Fachwerkbau; sehr schön aufgebaut, das ist einzuräumen. Immer gibt es in solchen Städten eine Kirche aus dem 13. Jahrhundert, einen Brunnen aus dem 14. Jahrhundert, eine Kornkammer, eine Folterkammer, ein Zunfthaus. Das meiste ist falsch, immerhin. Ich hasse solche Perlen. Sie täuschen uns eine intakte, heile Welt vor, die es nie gab. Sie sagen mit ihren biederen Mienen: Früher einmal, als die Welt noch in Ordnung war, früher einmal, als ehrbare Patrizier versonnen und ernst durchs Butzenscheibenglas ihres Rathausfensters sahen, früher einmal, als fromme Handwerker bescheiden und still ihr gutes Brot buken, früher einmal, als man noch wußte, wo oben und unten und die berühmte Mitte war – sieh da, unsere Stadt hat das Original zu verkaufen, den tiefen Traum vom schönen Frühereinmal an öden Sonntagnachmittagen, Altnürnberg.

Ich habe es immer wieder versucht: Jahrhundertgymnastik, ehrlich. Die Treppen rauf, die Treppen runter, die Türen rein, die Türen raus: Kirchentüren, Rathaustüren, Burgtüren – sie sind immer so schwer. Immer an Gemälden, Vitrinen, alten Stichen vorbei. Es riecht alles so frisch, das Alte in Nürnberg. Die hohen Häuser, die niedrigen Häuser, Museumsluft. Oder ist es nur die Frische der Malerfarben? Es macht mich müde. Ich erholte mich in der Noricama. Eine schöne Schau: modern, phantasievoll, elegant in der Form, etwas dröhnend im Ton. Die Multimediaschau singt nicht das Lied vom Frühereinmal. Sie singt: Immer wieder. Immer wieder steht diese Stadt trotz Tod und Teufel auf, wir sind einfach nicht kleinzukriegen. Das Leben geht weiter – immer wieder. Es rauscht die Stadt vom Plärrer bis zum Knoblauchland – immer wieder. Es leuchten die Mädchen, die Fernsehgeräte, die roten Backen der Buben. Die Stadt ist ein Stehaufmännchen, wie ganz Deutschland.

Mich zieht es dann wieder zurück in die wirkliche City. Länger als zwei Stunden halte ich es nicht aus in diesem Riesenspielzeug. Irgendwie macht es mich infantil. Man fühlt sich so klein im hohen Haus der Vergangenheit. Ich laufe also durch die Breite Gasse. Ich sehe die Hausfrauen einkaufen. Keine frivolen Moden. Die Arbeiterstadt kauft ein, und ›Bild‹ ist auch hier dabei. In Müllers Sex-Boutique stehen die Männer wie in allen Pornoshops der Welt und lesen und lesen unheimlich andächtig. Als Schriftsteller ist man immer entzückt von so aufmerksamen Lesern. Es ist hier still wie in der Lorenzkirche. Triebkommunion, Porno ist Augenweide, also Posterkultur: die wilden Engel auf Motorrädern, die nackte Paarung und Che Guevara als heiliger Franziskus darüber. Die Altarbilder der siebziger Jahre. Rote Ikonenkunst im Spätkapitalismus – wer wird das einmal feiern in fünfhundert Jahren? Wer wird dann sagen von diesem nackten Mädchen: Sieht ganz schön sexy aus?

Irgendwann, das ist nicht aufzuhalten, lande ich bei solchen Stadtrundfahrten schließlich immer draußen in Langwasser. Die Stadt ist ja ganz eindeutig ein Dreitafelbild ihrer Geschichte: links die Altstadt, die strenge Gliederung des Ursprungs, in der Mitte das breite, ziemlich wirre Bild des Zentrums. Alles, was südlich des Hauptbahnhofs liegt, ist von jener häßlichen und erschreckenden Ungegliedertheit und Unaufgeräumtheit ganz Deutschlands so zwischen 1870 und 1945. Auf dem rechten Flügelbild dann der neue Ansatz, wieder Struktur: die Reißbrettstadt – weiße Türme, weiße Wohnsilos, kleine Wolkenkratzer, das Einkaufszentrum, Satellitenluft, diese schöne, schreckliche Vision unserer Zukunft. So werden wir alle einmal leben; draußen in Langwasser ist das zu besichtigen.

Man sitzt herum in der Cafeteria. Man trinkt seinen Wein. Man kommt ins Gespräch. Wie mir das hier gefalle, fragt der Mann gegenüber. Er sei aus der Grundigstadt, sagt er. Er sagt, er sei frei heute. So gut gehe das nicht mit den Farbfernsehern. Die Produktion sei gedrosselt. Ach, sage ich, ich habe schon vieles gesehen in der Stadt, nur eins ist mir noch unklar: Was machen die eigentlich mit dem vielen Geld? Ich meine, die großen Unternehmer hier sind doch unheimlich reich? Ach, sagte der Mann, es ist schlimmer: Die sind hier so fromm. Ja, sagte ich erleichtert, das habe ich auch schon gehört – bei Quelle; der Chef dort soll auch so fromm sein. Mich erinnert das übrigens an Axel Springer, von dem ich weiß, daß er in freien Stunden ausgesprochen zur christlichen Mystik, zum Gottsuchertum, zu Gnadenproblemen neigt. Ich verstehe das übrigens. Es sind ja nicht nur die Schuldgefühle aller Kapitalisten, die sie drücken. Sie wollen eben auch im Himmelreich noch die ersten sein. Einmal Unternehmer, immer

Unternehmer. Und wie wirkt sich diese Frömmigkeit auf die Stadt aus? forschte ich weiter. Ach, sagte der Mann lakonisch, Geld, viel Geld für die CSU. Pst, still, aber jetzt keine leichtfertigen Worte mehr, mein Bester, erwiderte ich. Sie rühren direkt an die Fundamente unserer freiheitlichen Grundordnung.

Ja, so ungefähr war es dem Fremden ergangen. Er rutschte immer wieder aus den Kulissen der Vergangenheit in die Gegenwart. Das Germanische Museum, Gold und Silber? hatten sie gefragt. Schon, schon, hatte er gesagt, nur vorher würde ich gern nach Gostenhof, ich würde gern die Kinderläden sehen. Oder wie wäre es mit dem Schafhoflager? Der Fremde hatte zuvor im Radio, im Bayerischen Rundfunk, die Nürnberger Symphoniker gehört. Die Nürnberger Symphoniker spielen Gottfried Müllers Dürer-Symphonie mit den langsamen Sätzen: Ritter, Tod und Teufel und Melancholie. Der große Geigenstrich von Müller gab ihm Mut. Er war also draußen gewesen. Er hatte den Geschmack der Vorstädte, der Randzonen gespürt, dieses vermurkste Auseinanderlaufen der Siedlungen, die dann langsam im Grünen versickern. Auf dem Landfahrerplatz zwischen Großreuth und Schweinau war er durch das Lager gegangen. Fast wie ein Campingplatz, hatte er gedacht, nur noch verrotteter. Männer blickten erschreckt auf. Frauen hingen Wäsche auf, Kinder hockten im Lehm. Das Lager hatte ihn plötzlich an den Gazastreifen erinnert. Daß doch die Ärmsten immer die größten Wagen fahren. Er hatte bei den Landfahrern nur schwere Mercedes gesehen. Das Schafhoflager war ein Alptraum. Er hatte in entsetzliche Flure, in Elendsquartiere geblickt: eine Welt ohne Hoffnung. Es blätterte alles grau und braun von den Wänden. Lähmung, Erstarrung, Melancholie in den Gesichtern. Er sah keine ›Betenden Hände‹.

Er hatte mit vielen Nürnbergern gesprochen: in den Geschäften und Gasthäusern, im Rathaus, nachmittags in der Sauna, natürlich auch mit Taxifahrern, mit Freunden abends beim Wein. Immer war da nach einer Weile durch alle hochgemuten Texte ein Refrain durchgeschlagen, eine eigene, schwermütige Melodie am Ort. Die Melodie sang dunkel: Wir sind nicht durch, wir haben es nicht geschafft, den Sprung ganz nach vorne. Irgendwie hängen wir hier alle fest. Wie das? hatte er erstaunt zurückgefragt. Die Stadt sieht doch so putzig und fröhlich, so glanzvoll aus, ziemlich wohlhabend. Was ist denn los? Und sie hatten dann immer mit diesen innerdeutschen Querelen begonnen, über die man als Fremder gerne grinst. Hier am Ort sind sie ernst. Sehen Sie Stuttgart, hatten sie gesagt, oder Hannover, vergleichbare Größen, die haben es nach 45 wieder geschafft. Wir nicht. Die sind groß da, wir nicht. Die sind in aller Munde, die haben weltberühmte Messen. Die sind auch Landeshauptstadt. Selbst Erlangen hat Aufschwung genommen. Nürnberg trottet immer hinterher. Wir sind noch nicht einmal Regierungssitz. Es ist demütigend, ins Schloß nach Ansbach fahren zu müssen zur Regierung.

Und unweigerlich kam dann immer der nächste Klagepunkt Bayern – Altbayern, müßte man genauer sagen. Alle Nürnberger zucken immer zusammen, wenn sie das Wort München hören. Es ist, wie wenn man auf ein Geschwür drückt: Es tut einfach weh. Der Fremde hatte nicht ohne Staunen erfahren, daß dieses glückliche, lebensfrohe München, diese strahlende Hauptstadt mit Herz, die er immer nur von vorne, also von Augsburg kommend, kannte, offenbar heimtückische Hinterbeine besaß, störrische Eselsfüße, mit denen sie heimlich und bei Nacht immer auf Nürnberg trat und es niederhielt. Der fränkische Raum und die fränkische Seele, wie könnten sie blühen, wenn es nicht dieses Altbayern gäbe, das mit Hilfe fränkischer Söldlinge die Stadt kurzhielt! Die Nürnberger fühlten sich immer etwas zu kurz gekommen.

Der Fremde wußte, daß der Komplex damit noch nicht ausgeräumt war, hier am Ort. Historische Regressionen: Man hätte noch weiter zurückgehen müssen, mindestens bis zu Napoleon, der in Nürnberg einen ausgesprochen schlechten Ruf besaß. Napoleon war eigentlich an allem schuld; er hatte die Freie Reichsstadt den Wittelsbacher Fürsten ausgeliefert. So etwas blieb unvergessen.

Ich frage mich schließlich: Warum? Warum habe ich das gemacht, die Reise nach Nürnberg? Was war es denn? Ich wußte doch vorher, was mich erwartet, so ungefähr, und daß ich kein Bauchredner der Geschichte, kein Stadtmaler, kein Schöngeist bin, ach, nicht einmal ein Kiesinger, kein Carlo Schmid. Ich bin ja kein Repräsentant. Ich bin nur ich selbst, eigentlich ein Berliner. Ich neige also wie alle Berliner eher zur Aufsässigkeit und Schnoddrigkeit. Ich teile ihre Skepsis, ihre Frivolität, ihren zersetzenden Witz, ihren dauernden Hang, die großen Sachen etwas herunterzuholen, herunter auf den Teppich: Nu laß doch die Luft raus, bleib auf dem Boden, der trocken und spröde und ziemlich sandig ist. Berliner haben keine gotischen Seelen, und ich frage mich also: Was kann denn ein Berliner in Nürnberg sehen? Was hast du nun wirklich mitgenommen?

Also, Blick auf Nürnberg, jetzt zum erstenmal Blick von der Burg, vom schönsten Punkt, Panoramablick, Postkartenblick, weit und festlich, verschwenderisch schön, anmutig und heimelig – so sagt man doch? So hätten Sie's doch gern? Was siehst du?

Ich sage: Ich sehe die Dächer, die Türme, die Kirchen der Stadt. Es liegt Sonne über Nürnberg. Es blühen die Bäume, die Sträucher, es leuchtet der Himmel: blau – wie denn sonst? Ich sehe das deutsche Idyll, das ihr aufgebaut habt, ich sehe es, wie ihr es wollt: ein Giebeltraum, ein Bürgertraum, die Welt, eine gotische Gartenlaube. Ja, so rechtwinklig und traut, so handgestrickt sollte die Welt wohl sein – doch so ist sie nicht. Ich sehe also Deutschland bei euch, im Spiegelbild. Ich sehe mein Vaterland, ziemlich präzise verkleinert, lupenrein, in der Stadt. Ihr seid schon sehr deutsch, das ist einzuräumen. Ich sehe auf euren Dächern unsere Geschichte liegen: den Traum vom Reich, dem ersten, dem zweiten, dem dritten, und wie es zerbrach, das Reich. Da hinten sind doch schon die Grenzen der DDR, nicht wahr?

Zerbrochenes Haus, zerbrochenes Vaterland, verspielte Größe, das sehe ich bei euch. Ich sehe Deutschland in Europa und wie das nun alles verrutscht und schief liegt in seinen Grenzen. Ich sehe die verspätete Nation, die so tüchtig, so modern, so verzweifelt angestrengt ist – wie ihr. Deutschland, ein Land voller Komplexe und Herrlichkeiten – wie Nürnberg. Ich sehe all das Vermurkste und Steckengebliebene unserer Tradition und wie man sich jetzt draus zu lösen versucht: langsam. Deutschland, ein Wirtschaftsriese, ein politischer Zwerg? Das seid ihr doch auch. Ich sehe das Land, das die schönsten Kirchen baute, die größten Kriege führte, die tiefste Musik machte, die meisten Juden verbrannte – seid ihr das nicht auch? Und natürlich ist die Geschichte vom Sündenbock, vom schlechten Gewissen der Stadt im Grunde eine sehr deutsche Geschichte, und natürlich ist euer Kummer mit Altbayern ein deutscher Kummer – im Fernsehen zum Beispiel. Und natürlich ist dieses dumme Gefühl, es zwischen München und Hannover nicht so richtig geschafft zu haben, politisch ein deutsches Gefühl heute, zwischen den Völkern. Es gibt ja mindestens drei Deutschland heute. National sind wir auch ganz schön steckengeblieben durch Hitler, wenn man an die Engländer, die Franzosen, die Skandinavier denkt. Na, und so weiter.

Also, das zum Beispiel könnte man mitnehmen aus der Stadt als Fremder: Spiegelreflexe. Gib doch den Spiegel mal her aus dem Schatzkästlein, bitte. Spieglein, Spieglein an der Wand – was ist denn zu sehen im deutschen Land?

Ortszeit

Warum das immer wieder? Ob es ein unstillbarer Rest von Jugend, von Entdeckerlust, also von Pfadfindergeist ist? Ob es ein erotischer Prozeß ist: sehen, erfahren, verstrickt werden, Eroberung und Besitznahme – diese tiefe Leidenschaft der Ortsbestimmung? Immer wieder diese Erfahrung seit Jahrzehnten: Du kommst in eine Gegend, die du nicht kennst, sagen wir Regensburg oder Nürnberg, Kiel oder Flensburg – unbeschriebene Blätter für dich. Und plötzlich diese verrückte Neugier, diese Entdeckerlust, diese unendliche Hoffnung, die man mitbringt. Alle Depressionen zu Hause vergessen. Reiz der Veränderung, Reiz der Begegnung; natürlich ist da etwas Erotisches, ein Hauch von Donjuanismus im Spiel. Man möchte die neue Gegend erobern, umarmen, nur weil sie neu, noch unentdeckt, noch richtig fremd ist, also ein Ort der Hoffnung.

Und wie immer bei solchen Eroberungen hat man diesen geschärften Blick, eine Wachheit der Sinne, die nur in der ersten Begegnung so intensiv ist. Anderswo ist es doch immer anders, nicht wahr? Flensburg zum Beispiel: Man sieht, man fühlt, man riecht die dänische Grenze. An der Hotelrezeption sieht man eine junge Familie stehen, ein Ehepaar mit Tochter, und weiß sofort: Das können nur Dänen sein, natürlich. Der weißblonde Strohkopf des Mädchens, die Mutter, die ein Zigarillo in der Hand hält, diese behäbige, satte, sehr selbstbewußte Art, mit der der Vater zwei Zimmer mit Bad verlangt. Ihr Deutsch ist guttural, etwas zu tief in der Stimmlage. Und dann geht man zum erstenmal durch den Hafen, der eher klein und verspielt erscheint, wie alles in Dänemark. Hier kündigt sich's an, diese solide, wohlgeordnete Welt Skandinaviens, die bei aller Modernität merkwürdig konservativ ist. Wie geht das zusammen: Fortschritt und Konservatismus? Wo kommt das her? denkt man, auf all die Schiffe im Hafen blickend.

Natürlich ist das nur der erste Augenblick, sozusagen der erste

Angelwurf. Nanu? Etwas hat angebissen, hat eingehakt in den tiefen Wassern der Fremde, und nun kannst du nicht mehr weg. Nun mußt du diesen Fischzug ziehen, ganz. Du wirst bleiben: zwei, drei Wochen, die Stadt, die Gegend, die Leute in Augenschein nehmen. Vielleicht ist es bei anderen Autoren anders. Bei mir setzt nun eine intensive, fast pedantische Phase topographischer Extraversionen ein. Der Preuße in mir kommt hoch, der alles gründlich, ganz zuverlässig, am besten generalstabsmäßig erkunden will. Also ein Stadtplan her, zunächst einmal Lagevermessung. Es ist wie bei einer Belagerung: Wie kommt man nun rein? Ich war einmal zwei Wochen in Nürnberg und lief durch die Stadt, nicht wie ein Besucher, lässig, eher wie ein Reporter, ach, wie ein Hund, der an jeder Ecke etwas zu beschnuppern hat: Was riecht man hier? Diese gotische Altstadt, schön und gut. Aber was steckt nun hinter diesen anmutigen Fassaden der Geschichte? Wie leben die Leute denn nun wirklich heute in Nürnberg? Ich fuhr zu Grundig und Quelle, ich besichtigte Fabriken und Hinterhöfe, ich war in den Lagern der Gastarbeiter und der Fahrenden. Nicht um der ehrwürdigen Stadt eins mit dem nassen Lappen der Sozialanklage auszuwischen – das vielleicht auch. Es trieb mich einfach diese Leidenschaft der Ortserkundung um, die, wenn sie mehr als Feuilleton und schöner Augenblick sein will, sehr bald übergehen muß in Arbeit, Detailforschung, Sachinformation, also in das Geschäft des Recherchierens, hierin durchaus dem des Journalisten verwandt.

Jeder Ortsschreiber ist ein Reporter und Rechercheur, jedenfalls zeitweise. Er muß viel mehr wissen als das, was er dann später schreiben wird. Es beginnt also diese Phase planvoller topographischer Extraversionen. Wer ist nun wichtig hier in der Stadt und was? Mit wem mußt du sprechen? Ja, natürlich, der CSU-Stadtrat, auch der SPD-Bürgermeister stehen auf der Liste, aber alle meine Erfahrungen gehen dahin: Je höher der Rang eines Einwohners in der Sozialpyramide der Stadt, um so allgemeiner, formelhafter, unergiebiger werden seine Auskünfte. Du mußt deinen Augen vertrauen, deinen Ohren. Was hört man denn so? Wichtiger als alle Volksbäder, Stadtbibliotheken und Grünanlagen, die dir der Bürgermeister empfiehlt, ist vielleicht die Art, wie der Bademeister im Volksbad dir den Schlüssel abnimmt, die Kabine aufschließt, wie verdrossen, wie menschenfreundlich er's macht. Wichtig ist immer der Hauptbahnhof, eine Kneipe, ein Schulhof. Sprich mit den Taxifahrern, den Geschäftsleuten am Ort; einiges ist dabei herauszubekommen. Geh gegen sechs Uhr abends hier in die Sauna, hör einmal zu, was die Männer so bei fünfundneunzig Grad Hitze schwitzend miteinander reden, da kommt etwas durch ihre Poren, ganz nackt. Allein die Sprache, der Dialekt am Ort. Da ist alles zu hören.

Und es gehört zu meinen privaten Übertreibungen, daß ich in solchen Wochen auch nichts als Geschichtsbücher lese. Ich liege um Mitternacht im Hotel im Bett, auf der Bettdecke vor mir lauter Historienbücher, Stadtgeschichte. Die Geschichte der Nürnberger Kaufleute und Handwerker, die ihrer Künstler und Juden, was immer hier wichtig war in der Stadt – man muß alles wissen. Wahrscheinlich wird man es nie gebrauchen, trotzdem. Geschichte ist wie der Rahmen zu einem Bild. Da hängt die Gegenwart drin.

Und unweigerlich kommt der Ortsschreiber dann auch an jenen Punkt, wo die Stadt ihn nach unten zu ziehen beginnt wie Undine. Er ist jetzt etwas bekannt am Ort, hat Kontakte, wird eingeladen, sitzt abends beim Wein. Da ist der Stadtbaurat, der Apotheker, der Staatsanwalt, der Chirurg, und jeder hat ihm ein anderes Bild der Gesellschaft zu offerieren, andere Klagen, andere Sorgen, wie verwickelt hier alles ist. Natürlich, jede Stadt fällt in Gruppen, Parteien, Lobbys auseinander, die alle ihre Händel miteinander haben und ihn nun zu beeinflussen suchen. Sie sehen das ganz falsch. Sie müssen das in Wirklichkeit so sehen. Bei uns ist alles viel komplizierter; da steckt doch in Wirklichkeit der dahinter. Wußten Sie das nicht? Unversehens sitzt man im Heimatdampf, im Klatsch und Tratsch der Familien, lauter Lokalgeschichten, und kennt sich nicht mehr aus. Wie war das, und was hat der gesagt? Die Provinz hält dich nun umschlungen: warm, liebevoll, fest. Sie ist zäh und zieht dich auf den Bodensatz runter: Heimaterde. Man ist etwas ratlos und benommen und staunt, wieviel Ortsgeschmack, wieviel Lokalstolz, wieviel Liebe zur regionalen Eigenart in unserem technischen Zeitalter noch immer lebendig sind – wesen, sagt man wohl. Es west so viel Grund. Jetzt schmeckst du Provinz. Da ist sie nun: eng, eigenbrötlerisch, ziemlich dickfellig. Aber bitte: War es nicht das, was du suchtest, der Geschmack dieses Orts?

Irgendwann muß man sich dann losreißen, wieder frei machen von so viel Umklammerung. Ganz aus der Nähe sieht man ja nichts; es verschwimmt. Man muß Abstand und Überblick gewinnen; also Trennung und Abschied, Rückzug, wieder etwas donjuanesk: Ihr kriegt mich nicht. Ich halt mich da raus, ich gehe, ich habe genug. Und dieses tuend, wieder zurückfahrend, heimkehrend auf der Autobahn, fragt man sich schon: Was war denn nun wirklich wichtig? Was hast du erfahren? Was ist denn dein Eindruck? Sag es heraus! Ich meine, es hat keinen Sinn, heutzutage noch objektive Ortsreportagen zu schreiben. Zu schreiben: Die Stadt hat hunderttausend Einwohner. Sie wurde 780 gegründet und lebt von der Schiffahrt und von der eisenverarbeitenden Industrie. In dieser Art können's der Baedeker oder das Fernsehen heute viel besser. Als Topograph, meine ich, muß man heute den Mut zur subjektiven Perspektive haben. Man muß sehr viel Objektives gesehen, erfahren, gesammelt haben, aber das alles dann rücksichtslos so darstellen, wie es sich einem selber darstellt, wie es sich spiegelt im eigenen Kopf, in der Erinnerung, höchstpersönlich. Man muß den Mut zum eigenen Ich haben – vor so viel Welt.

Nein, ich werde jetzt nicht die berühmte Frage stellen, auf die doch schon Fachleute, die Literaturkritiker warten: Ob diese Art Ortsbeschreibung denn noch einen Sinn habe? Ob der Reiseschriftsteller nicht eine ausgestorbene Figur sei, literaturhistorisch gesehen? Ob das nicht im Zeitalter des individuellen Massentourismus und des Fernsehens überholt sei?

Ich gehe nicht ein auf diese Fragen des kritischen Selbstmitleids. Als wenn nicht auch das Gedicht, der Roman, die Erzählung vorbei und passé seien, die Kunst am Ende und die Literatur tot, wie man hört. Alles liegt doch immer in der Krise, geht eigentlich nicht mehr, ist vorbei – bei uns. Mag sein. Ortszeit? Das ist wie mit der Liebe, von der auch alle sagen, daß sie vorbei sei. Was schert das die zwei, die sich lieben, nicht wahr? Man tut seine Sache, das ist es.

Man kommt an, man steigt aus dem Auto, der Bahn. Man riecht eine fremde, neue Welt, die einen ruft und entzückt. Diese geschärften Sinne plötzlich, diese spitzen Ohren jetzt, wie ein Hund, der lauscht. Was hörst du denn? Was siehst du hier? So etwas wird immer bleiben. Es wird immer Menschen geben, die ausziehen, um von der Welt zu erzählen. Es wird immer Menschen geben, die sich zu Hause erzählen lassen. Die Welt ist zu groß. Sie ist ein Brunnen. Man kann ihn nicht ausschöpfen. Man kann seine Wasser nur kosten – becherweise. Wie schmeckt denn die Welt? Ich sage: Immer anders, überall.

II Lesezeit

Hyperion an Bellarmin

Neulich beim Kramen, cher Bellarmin, fand ich doch tatsächlich den letzten Brief, den ich Dir damals schrieb – noch aus Griechenland. Ich muß damals vergessen haben, ihn in den Kasten zu werfen. Mein Gott, wie die Zeit vergeht – wahnsinnig. Geht es Dir auch so? Ich las diesen Brief noch einmal. Es hat mich geschüttelt. Was war ich doch damals für ein Kind, ein Narr, ein richtiger Spinner, ein Seelchen, süßholzraspelnd. Wenn das so weitergegangen wäre mit mir, wäre ich wohl in der Psychiatrischen gelandet – alles so zart und empfindsam, fast wie ein Mädchen. Ich schrieb Dir damals tatsächlich: »Ich wollte nun aus Deutschland wieder fort. Ich suchte unter diesem Volke nichts mehr, ich war genug gekränkt, von unerbittlichen Beleidigungen, wollte nicht, daß meine Seele vollends unter solchen Menschen sich verblute.«

Ist das nicht grauenvoll, auch stilistisch? Wie wir doch älter werden, wie Wein; man wird immer besser dabei. Ich will Dir nur sagen: Daraus wurde nichts. Ich ging nicht mehr raus. Mit Griechenland bin ich ohnehin fertig, seitdem die Obristen dort herrschen. Ich bin für Freiheit. Also, wir sind nach Berlin gezogen, ins freie Berlin, versteht sich. Didi ist immer noch bei mir. Wir haben übrigens vor zwei Jahren geheiratet. Es ist vernünftiger auf lange Sicht, auch steuertechnisch. Ein kleines Bengelchen ist übrigens auch da, sehr lieb. So weit also, so gut.

Ja, das wundert Dich, teurer Bellarmin, nicht? Ich muß Dir sagen: Ich fühle mich wohl hier in der Stadt, richtig zu Hause – in Deutschland, endlich. Es war ja unerträglich geworden mit meiner Naturschwärmerei, damals, dieses Göttergerede zuletzt. Ob es nicht doch eine Neurose war? Didi meint das. Sie war mal in einer Analyse hier in Berlin. Seitdem nennt sie sich auch nicht mehr Diotima. Morgens, nach dem Frühstück im Bett, lesen wir manchmal gemeinsam Freud. Im Augenblick lesen wir ›Jenseits des Lustprinzips‹. Sie hat mir meine larmoyante Schwarmgeisterei damals als einen kaschierten Mutterkomplex erklärt. Jedenfalls war ich blind. Es war ganz falsch von mir, immer so über die Deutschen zu klagen, vom himmlischen Stuhl meiner Einsamkeit herab. Didi hält das für gekränkten Narzißmus. Jedenfalls muß ich sagen: Ich bin runter vom hohen Roß, bin jetzt ganz unten und fühle mich richtig zu Hause und wohl hier in Charlottenburg. Das ist mein Element.

Du kennst es, ja? Die Stadt ist modern und schön wiederaufgebaut. Es sieht glanzvoll hier aus – von vorne. Du weißt von unserem Europa-Center? Prima, sagen die Leute. Aber das ist nur das eine. Manchmal, so an Montagvormittagen, wenn ich über die Kantstraße gehe und die alten Leute mit ihren Dackeln über die Zebrastreifen schlurfen sehe, dann lacht mir das Herz. Man spürt, wie hier etwas langsam mürbe und morsch wird, so schön porös. Zarte Fäulnis und wie es schon leicht in den Fugen kracht: Deutschland. Ich liebe dieses süßliche Aroma des Verfalls. Es macht mich leicht und beschwingt. Vorne alles Chrom und schöne Glanzfolie, dahinter schimmelt schon etwas. Wenn man die Ohren spitzt, hört man die ersten Käfer krabbeln. Einmal wird die Stadt von Insekten beherrscht werden, da bin ich sicher. Schon jetzt sieht man erste Anzeichen in den Gesichtern der Menschen. Sie tragen zu dicke Brillengläser hier. Du wirst sagen, das sei wieder so richtig deutsch an mir. Ich kann es nicht leugnen. Melancholie und schöner Verfall – das zog mich hierher. Du wirst sagen: Du bist ja ein Bennjünger geworden, Hyperion. Ich kann es nicht ganz bestreiten. Der Geruch in diesen miesen Destillen hier, die Gesichter der Rentner, all das verschüttete Bier in der Stadt und dann die Bahnhöfe, die es nicht mehr gibt – nur noch Erinnerungen, manchmal davon redend, bei Aschinger nachts um zwölf, wie doch der Görlitzer Bahnhof früher war. Siehst Du, Bellarmin, das ist für mich Deutschland. Hier fühle ich es zwischen den Fingern zerfallen wie Mürbekuchen. Wie Deutschland, das Reich, das wir einmal liebten, hier in die Binsen geht, das ist schon sehr schön und stilvoll für Feinschmecker der Nation.

Erschreckt es Dich, cher ami, zugleich zu hören, daß ein Wunder mit mir geschah, fast so ein Wunder wie damals mit Dorian Gray? Didi meint, es sei meine gute Erbmasse. Also, ich bin noch immer – mein Gott, wie soll ich es sagen? Ich werde ja richtig schüchtern. Ich schäme mich fast. Also, die Leute sagen, ich sei noch sehr hübsch, sehr adrett, eine kleine Schönheit. Man sieht mir die Jahre nicht an. Ich kann mich durchaus noch für Ende Zwanzig verkaufen, jedenfalls nachts, wenn ohnehin alle Katzen grau sind. Hast Du mal den Film ›Flesh‹ gesehen? Kommt so etwas auch zu Euch nach Tübingen? So ungefähr mußt Du Dir mich vorstellen: oben sehr breit, in den Hüften sehr schmal, beinah athletisch. Meine Kunden sagen immer: Wunderbar, diese Berliner Jungens. Wenn die wüßten! Allerdings habe ich mir meinen schwäbischen Dialekt abgewöhnt – ich berlinere jetzt richtig. Wir aber hier in Berlin tragen keine bunten Bänder im Haar. Ich bin immer abends von zehn bis zwei unterwegs am Zoo. Das reicht dann für die Familie, gut und gerne. Wir werden uns übrigens am Wannsee noch ein zweites Apartment nehmen. Didi schläft immer so unruhig. Und dann der Kleine. Das stört alles, wenn ich mit meinen Leuten komme.

Aus mir, Bellarmin, ist also ein Lumpenhändler der Liebe geworden, so ein Laufbursche am Bahnhof Zoo. Aber glaube nicht, daß ich das nur aus Geldgründen tue. Es ist auch immer etwas kritische Reflexion am Werk. Glaub mir, da bin ich wie früher. Was meinst Du, was im Laufe eines Monats so durch meine Hände geht? Wie man da Deutschland sieht, inwendig, etwas faulend? Du weißt doch, das reizt mich. Die kommen alle hierher, die Herren aus Köln und Düsseldorf, aus Bonn und Frankfurt und wollen sich einmal so richtig austoben. Sie leiden unter ihren Familien, natürlich. Berlin ist die Große Freiheit geworden, Berlin ist der schöne Sumpf. Hier will jeder anders sein als in der Republik. Siehst Du, davon lebe ich.

Am schlimmsten sind natürlich immer die Kerle, die auf Spesen kommen, die aus den Ministerien, der Stadtverwaltung, die vom DGB. Die sind so knickrig. Die hätten am liebsten noch Belege und Quittungen abgezeichnet für die Steuer, widerlich. Am nettesten finde ich immer die Männer der Kirche. Die sind recht großzügig, spendieren auch etwas, sind triebschwach. Bloß faseln sie hinterher manchmal von Liebe. Das ist lästig. Ich führe übrigens Buch, so eine Art Tagebuch meiner Kunden, nur stichwortartig. Didi meint, daraus könne einmal ein Roman entstehen, so ein großer Abgesang auf das deutsche Bürgertum, meint Didi. Aber ich bin da nicht sicher. Ich bin eigentlich auch mit der Literatur fertig. Reales entzückt und verzaubert mich. Ich träume manchmal von einer Tankstelle, die wir an der Avus mieten sollten, später einmal und nicht weit von Eichkamp. Da ist Zukunft drin: in Ausfahrten aus Berlin.

Cher Bellarmin, das wär's in Kürze. Ich hoffe, es geht Dir gut in Tübingen. Was machen die Kinder? Hast Du noch immer diese Professur für Poetik? Ist das nicht auf die Dauer doch ziemlich langweilig? Ach, Bester, Freund der Jungend, Bellarmin, was ist aus unseren zarten Blütenträumen von damals geworden? Ein deutscher Professor in Tübingen und so ein Lumpensammler der Liebe in West-Berlin. Bös hat uns die Zeit mitgespielt, nicht wahr? Trotzdem: ich lebe. Ich schmecke den schönen Geschmack des Verfalls. Ach, schmeckt das gut, das Ende. Nächstens mehr. Herzlichst Dein Hypi.

Die Arbeit des Schriftstellers

Jeden Werktagmorgen dieses Rauschen, dieses Brodeln, Strömung und Kraft in der Luft, so zwischen sechs und acht in der Frühe. Ich höre es manchmal im Halbschlaf. Die Stadt erwacht. Sie erhebt sich, fährt zur Arbeit, findet sich zusammen zum täglichen Leistungsprozeß. Banken, Versicherungspaläste, Kaufhäuser, Verwaltungstürme, all diese neonstrahlenden Hochhäuser unserer modernen Bürokratiegesellschaft – alles Treffpunkte, wo man zusammenkommt. Man geht gemeinsam ans Werk. Es wird überall im Team, in der Gruppe, im Kollektiv gearbeitet heutzutage, Hand in Hand, wie man sagt. Gruppendynamik fängt die Unausgeschlafenen und Lustlosen auf und pendelt sie langsam ein ins Soziale. Die Sekretärin kocht Kaffee, sie erwähnt das Fernsehprogramm gestern abend, der Chef revanchiert sich mit dem Fußballspiel. Ich meine, es hockt so viel Nestwärme selbst in kahlen Bürozimmern, manchmal auch Mief. Immerhin, er wärmt. Spätestens um zehn Uhr morgens sind alle existentiellen Anfechtungen niedergekämpft in der Gruppe. Spätestens bei der ersten Konferenz ist man seiner Aufgaben, Absichten, also seiner selbst wieder sicher. Die Gruppe heilt.

Ich frage: Wo sind die Gruppe, das Team, die helfende Hand für den Schriftsteller? Zugegeben, er kann länger schlafen, es reißt ihn kein schriller Wecker aus halber Nacht. Dafür geringe soziale Kontakte schon morgens. Selbstzweifel beim Aufstehen. Texte von gestern gehen ihm beim Rasieren duch den Kopf. Ob das so richtig war? Statt ins Büro wird er höchstens zum Briefkasten gehen. Die Post ist sehr wichtig für den Schriftsteller. Sie hat für ihn immer noch etwas von der hochdramatischen Rolle des Boten in der griechischen Tragödie, und er ist ihr idealer Kunde, der Post meine ich, nicht der Tragödie. Morgens holt er die Briefe an sich heran, abends steckt er seine eigenen Briefe mit Manuskript in den Kasten, ein- oder zweimal in der Woche ein Telegramm, häufige Telefonate, viel Ferngespräche dazwischen. Schon deshalb kränken ihn die erhöhten Postgebühren tiefer als andere. Er hat niemanden, auf den er Mehrkosten abwälzen kann.

Keine Gruppendynamik und Nestwärme; vorwiegend schriftliche Verhältnisse schon vormittags. Zeitungen lesen, Briefe beantworten, eine Einladung bestätigen, einen Senderechts-Vertrag unterschreiben, der mit dem unverschämten Satz beginnt, rückseitig: »Der Vertragspartner räumt unserer Anstalt die ausschließlichen sowie zeitlich wie räumlich unbeschränkten Rechte ein, sein Werk in unveränderter, bearbeiteter und umgestalteter Form ...« Na, und so weiter. So etwas hilft nicht auf. Es kränkt am Morgen. Wetterfühligkeit stellt sich ein. Ein leichter Kopfschmerz, ein leichtes Ziehen in der linken Schulter. Wird es heute überhaupt gehen, das Schreiben? Wird dir etwas einfallen? Zwei Leserbriefe helfen weiter, richten ihn auf, trösten ihn eine Weile. Zwei Leserinnen, die mit demselben Satz beginnen. Die eine auf grünem Papier aus Augsburg, die andere auf lila Papier aus Hildesheim. Lieber Herr, beginnen beide wie im Chor, noch nie habe ich einem Schriftsteller persönlich geschrieben. Ich überwinde mich jetzt. Ich muß einfach – in ihrem Fall.

Ich will sagen: Der Vormittag tröpfelt sich hin. Er verzieht sich, rutscht weg mit Vorläufigkeiten. Es ist etwas tief Asoziales in jedem wirklichen Schriftsteller. Ich weiß, was ich sage und wie schlimm das ist, heutzutage. Es zieht sich zusammen, will sich nicht ausgeben, will bei sich bleiben. Selbstauferlegte, zarte Gefangenschaft beginnt. Er tut dies und das noch und spürt doch schon die Verweigerungsprozesse, die in Gang kommen, jetzt. Er löffelt seine Suppe zum Mittag merkwürdig schweigsam. Er wird immer stiller, glasiger, abwesender, auch gereizter. Der Hund stört ihn plötzlich oder die Sonne, die zu hell scheint. Er sehnt sich nach Dämmerung, also Rückzug. Er läßt die Jalousien herunter. Sein Außenverhalten nimmt leicht rituelle, ja zeremonielle Züge an, würde ein Psychiater diagnostizieren: die Schuhe im Schlafzimmer ordnen, die Bleistifte gerade legen, das Telefonbuch an seinen Ort zurücktragen. Winzige, liebenswerte Zwangsneurosen, die sagen: Ich bin schon weg, ich gehöre euch nicht mehr. Ich schreibe schon – irgendwo.

Die Arbeit des Schriftstellers dann. Es soll hier nichts idealisiert oder romantisiert werden. Es soll nur gesagt sein: Sie bleibt die Tätigkeit eines radikal einzelnen. Keiner tritt für ihn ein. Ich wiederhole diesen Satz, denn um ihn geht es. Kein Mensch tritt für ihn ein – am Arbeitsplatz. Weder Weltrevolutionen noch Elektronengehirne haben an der Tatsache etwas ändern können, daß der Schreibende allein ist, wenn er schreibt. Allein und eben nicht auswechselbar wie andere. Er hat keinen Vertreter für seinen Arbeitsplatz, wie doch jeder Bürochef, jeder Postsekretär, jeder Chirurg seinen Vertreter hat, zum Beispiel an Krankheits- und Urlaubstagen. Wer vertritt ihn bei seiner Novembergrippe? Es wäre natürlich schön, wenn er manchmal, ermüdet von all dem Schreiben, überreizt von all dem Tee und dem Nikotin, zu seiner Frau sagen könnte: Jetzt schreibst du einmal vier Seiten weiter, Liesbeth. Ich geh in die Sauna. Du wirst dieses Kapitel schon irgendwie zu Ende kriegen, ja, Liesbeth? Das eben geht nicht, wie man weiß. Die Literaturkritik würde es merken. Sie würde monieren; mindestens Marcel Reich-Ranicki würde schreiben: Manchmal fällt dieser begabte Prosaist völlig ab. Es liest sich dann, als wenn seine Frau eingesprungen wäre: schlimm.

Also, so geht es nicht – stellvertretend. Der Schreibende teilt etwas von der Einsamkeit des Langstreckenläufers. Natürlich ist er nicht wirklich einsam. Er ist mit der Sprache zusammen, im Bunde, im Kampf, in einer dauernden, heftigen, wütenden, zärtlichen, eiskalten Auseinandersetzung. Die Sprache ist seine Passion und sein Partner, eine seltsame, tiefe, endlose Liebe. Ein Inzest, denke ich manchmal, ist das Schreiben, ein Schlaf mit der Mutter, unserer Muttersprache. Ihre Laute sind es doch, die wir lieben. Schreiben heißt: zeugen mit der Sprache. Man hat etwas im Kopf oder im Bauch, meistens im Sonnengeflecht, und muß es nun umsetzen, sprachlich. Es beginnt also dieser zähe und verbissene Kampf um Worte, Sätze, Silben, Rhythmen, ein Tasten im Labyrinth der Grammatik, schreiben, hinschreiben, dann wieder drei Wörter durchstreichen, neu ansetzen, verbessern, die Sätze manchmal halblaut vor sich hersprechen, prüfen, ob sie stimmen, musikalisch. Es ist eine viehische Arbeit, Schwerarbeit, gemessen am Kalorienverbrauch. Nur Dilettanten schreiben ja freudig-erregt und leicht. Für den Schriftsteller ist es eine tägliche Tortur, eine böse und zärtliche Selbstbestrafung. Sicher ist Masochismus am Werk. Wer schreibt schon zum Vergnügen? Er hantiert also mit Wörtern auf diese vertrackte und versessene Weise und fragt sich immer nur eins: Ist es das? Geht das so? Ist es wirklich genau das, was du sagen wolltest? Wenn der Schriftsteller eine Ehre hat, so heißt sie: Genauigkeit. Alle anderen Ehren sind ihm schnuppe. Schreiben ist Ausdruckszwang.

Schreiben heißt sich ganz genau ausdrücken. Es geht doch nicht um Wahrheiten, Botschaften, Gesinnungen und Ideologien. Die haben wir sowieso. Die verstehen sich von selbst, heutzutage. Beim Schreiben geht es um Form, um Stil, um Ausdruck, um bleibende Gestalt, verbales Granit: die Prosa Kleists, Büchners Dialoge, ein Gedicht Peter Huchels. Hinterlassungsfähige Gebilde nannte es Gottfried Benn.

Für diesen einzelnen und sein Recht auf sich selbst und sein Stück unaufbrechbare Einsamkeit möchte ich hier plädieren. Es droht allmählich etwas in Vergessenheit zu geraten in dieser Epoche eines fröhlich rotierenden Soziologismus. Die Zeit ist ihm nicht hold. Die Gesellschaft ist an solchen Existenzen nicht interessiert. Die Gesellschaft ist daran interessiert, ihn sich gefügig zu machen, ihn zu sich herüberzuziehen, ihn umzudrehen. Das Fernsehen kommt und fragt: Wollen Sie nicht? Ein mächtiger Blattmacher kommt und fragt: Wollen Sie nicht? Der VS fordert aktivere Mitarbeit in der Gewerkschaftsfrage. Bürgerinitiativen, Roundtable-Gespräche, Kongresse. Es ist kein Mangel an Austausch in diesem Land. Man kann sich hier schon produzieren. Er aber bleibt immer in dieser leichten Abwehrhaltung, irgendwie störrisch. Ja schon, schon wahr, sagt er immer. Das alles ist gut und muß sein. Ich verstehe das. Ich bin doch kein Trottel, kein Spitzwegpoet. Aber glauben Sie mir: Am besten bin ich doch immer allein – allein mit der Sprache. Allein mit der Sprache kann ich beitragen, diese Welt durchsichtiger, etwas heller zu machen, ein ganz klein wenig. Mehr kann ich nicht. Mehr will ich nicht. Mehr ist nicht drin.

Warum schreiben Sie?

Diese Frage, das muß zunächst gesagt werden, ist keineswegs dilettantisch. Sie ist von subtiler und bösartiger Provokation. Natürlich stellt man sich auch manchmal die Frage: Warum machst du das eigentlich, mein Bester? Muß das denn sein? Gibt es nicht bessere Jobs? Bist du nicht etwas von Sinnen, schreibend?

Man hatte zu Mittag gegessen, wortkarg, in sich gekehrt, beinah schon unansprechbar. Ein Schweigen war um einen, hörbar. Man war herumgelungert in der Wohnung, hatte noch einmal in der Morgenzeitung geblättert, lustlos. Man war um den Schreibtisch herumgeschlichen wie die Katze um den berühmten heißen Brei. Man wußte: Da wartet etwas auf dich, deine Arbeit, da mußt du jetzt ran und drückst dich doch noch davor, eine Weile. Und läufst also rum in der Wohnung, weil plötzlich anderes so wichtig wird: die Telefonbücher gerade legen, die Postmappe ordnen, in der Küche die Pflanzen gießen, die Schuhe im Schlafzimmer in den Schrank stellen, nachsehen, ob im Bad nicht das Licht brennt. Lauter Ersatzhandlungen, Ausweichbewegungen, kleine, zierliche Zwangsneurosen, die sich vorschieben, weil du Angst hast. Gib es doch zu: etwas Angst, Schwellenangst davor. Wovor eigentlich?

Es ist ein merkwürdiges, ziemlich abartiges Geschäft, das auf einen wartet: Wörter machen, Sätze reihen, Blätter vollschreiben. Zu Hause allein im Zimmer sitzen, sich abkapseln, auf die Tasten der Maschine einschlagen: Sätze, Sätze, Sätze. Dann wieder zurückfahren mit der Walze, durchstreichen, andere Worte einsetzen. Sind die nun wirklich besser? Was heißt besser? Genauer, präziser, haargenau fassend, was du meinst. Doch, manchmal läuft es; manchmal geht es voran eine halbe Seite, aber dann stockt es wieder. Man sitzt da, brütet vor sich hin, raucht unmäßig viel, trinkt unmäßig viel Tee dazu. Manchmal spürt man den Kreislauf etwas strammer schlagen. Manchmal lutscht man am Kugelschreiber, leckt sich die Mundwinkel, knirscht mit den Backenzähnen, lehnt sich zurück, überliest das Ganze – na ja, so ungefähr. Und tippt weiter und stockt dann wieder.

Von außen betrachtet, von einem Voyeur beobachtet, zum Beispiel gefilmt von einem heimlichen Kameramann, muß dieser Schreibprozeß unendlich verrückt und etwas obszön wirken: eine Onanie im Geist. So mögen Schizophrene im vorgeschrittenen Stadium in ihren Zellen agieren: starrsinnig, monomanisch, tief in eigene Wahnsysteme verstrickt, fremdartige Sätze stereotyp wiederholend. Das strengt übrigens auch an; das macht sehr müde. Das kann pro Tag ein Sporthemd kosten, naßgeschwitzt unter den Achselhöhlen, auch im Winter. Es ist eine viehische Arbeit: schreiben, und wenn man dann tatsächlich etwas Brauchbares zustande gebracht hat, sagen wir drei oder vier Seiten, dann ist man am Abend müde, leer, abgeschlafft, ziemlich fertig. Am besten, man geht jetzt ins Kino, zum Bahnhof, holt sich den ›Spiegel‹, man geht in Bierdestillen. Vor blankgescheuerten Stehtischen mit Fremden über Automodelle sprechen, das tut gut. Präzises über Benzinpumpen, Einspritzmotoren erkunden, das entspannt. Meinethalben auch über Politik oder Hundehaltung. Nur nichts vom Schreiben reden. Bloß das nicht.

Der Sachverhalt stimmt so weit, aber nicht ganz. Er stimmt, aber in all dieser Ausgeleertheit und Abgeschlafftheit ist noch eine andere Erfahrung, eine winzige Beimischung im Untergrund, die mir wichtig ist: Zustimmung. Da ist etwas in mir, das sagt: Okay, in Ordnung, es stimmt. Dieser Tag, mein Guter, war nicht umsonst. Er ist nicht verloren, vertan, verplempert wie so viele Tage sonst. Du bist an diesem Tag dagewesen, du hast deine Sache gemacht; eine verrückte und ziemlich abartige Sache, zugegeben. Immerhin, du bist jetzt im Lot, und deine Welt stimmt, heute abend wenigstens. Abends um sieben ist dann die Welt in Ordnung. Ein Gefühl von Stabilität und Intaktheit stellt sich ein; deine Existenz stimmt, augenblicklich. Man möchte so gern zu sich selber ja sagen können. Man kann es meistens nicht, man ist mit sich ziemlich zerfallen. Das will jeder Mensch schließlich: ja sagen zu sich – und darum schreibe ich, immer wieder.

Nein, es ist also nichts mit den großen Girlanden, vor die Haustür zu hängen: Der Wahrheit zum Sieg verhelfen, die Welt verändern, dem Rad der Zeit in die Speichen fallen, den Deutschen einen Spiegel vorhalten – seht euch mal an! Etwas niederschreiben, um diese Gesellschaft freier, freundlicher, menschlicher zu machen? Das alles sind dröhnende Festglocken, laut und leer, ziemlich hohl. Sie stimmen nicht, wenn ich ganz ehrlich bin. Aufgeschwemmte Moralbäckchen: Wir schreiben doch nur, um die Welt zu verbessern – bah! Feiste Lügen, die einem Evangelische Akademien und Kulturkongresse kopfnickend und ehrfürchtig abnehmen: So hohe Ziele haben Sie? Ja, unsere Schriftsteller, das sind Idealisten. Sie kämpfen für Werte; man mußte das eigentlich mit th schreiben.

Nein, nichts dergleichen. Mögen andere das posaunen. Vor mir selbst muß ich sagen: Es ist einfacher. Ich fühle mich unwohl, wenn ich nicht schreibe. Wenn ich drei Tage zu Hause war und keine Zeile schrieb, suchen mich Minderwertigkeitsgefühle heim. Eine Art Vergiftung, ein böser und schwer kontrollierbarer Selbstvergiftungsprozeß beginnt ganz von unten. Das ist es, das zutiefst. Ich bin ein Neurotiker, neige zu Depressionen, neige zu Aggressionen und fühle mich leicht aus dem Gleichgewicht gebracht, wenn ich längere Zeit nichts tue. Mein Ich, ich selbst bin nicht da. Und wenn ich dann an den Schreibtisch gehe, mich überwinde, mich hinsetze, und es entsteht auf dem Papier etwas, was mir akzeptabel erscheint, dann spüre ich eine Art von

Zufriedenheit, einen Hauch von Glück. Jetzt komme ich hoch, jetzt bin ich da, ich drücke mich aus , ich pumpe mich hoch im Rädersystem der Grammatik, der Sprache. Sagen wir es im Klartext: Es ist Ausdruckslust. Ein Ich findet die Welt.

Innereien, Bauchnabelschau, feinere Neurosenkultur, das sind die tiefsten Antriebe. Aber ist das schon alles? Ist es wirklich nur dieser Mechanismus der Selbsttherapie, Existenz-Onanie? Bist du so solitär? Manchmal gehe ich an Buchhandlungen vorbei. Natürlich guckt man auch, ob die eigenen Bücher ausliegen im Schaufenster. Alle Autoren tun das. Sie geben es nur nicht zu. Es schmerzt mich manchmal ein klein wenig, sie nicht zu finden: meine Bücher. Ich meine, der Buchhändler kann nicht gut beraten sein. Oder hat er gar etwas gegen mich, ganz persönlich? Einmal schrieb mir ein Verleger, er wolle den Rest einer Buchauflage von mir verramschen, ganz billig das Stück. Ich reagierte höllisch gereizt. Ich schrieb einen bösen Brief, der von tiefer Autoren-Verletztheit artig zeugte. Warum liquidieren Sie nicht auch mich, mein Bester? schrieb ich. Sie bringen mich um, wenn Sie meine Sachen wegschmeißen. Wer bin ich denn dann? Ramsch!

Ich gehöre auch zu den wenigen Autoren, die sich aufmerksam und engagiert für die Zahl der verkauften Exemplare interessieren. Ich weiß, das ist kein Maßstab: Verkaufserfolg – eher umgekehrt. Aber was mich betrifft, was nur meinen Fall angeht, so komme ich von dem komischen Gefühl nicht los, daß, wenn je ein Buch von mir ein glatter Mißerfolg wäre, ich daran auch mitschuldig sein müsse, irgendwie. Ich würde die ganze Schuld nicht dem Verleger in die Schuhe schieben, sagen, was alle sagen: Der hat ja nichts gemacht für das Buch. Er ließ es liegen. Ziemlich verrückt, sich selber diesen Schuh der Verkäuflichkeit anzuziehen, nicht wahr? Alle sagen doch: Also, mein Lieber, wenn du gute Kritiken kriegst, gelobt wirst, einen kräftigen Vorschuß hast, was schert dich der Rest? Der Rest ist Kommerz. Nicht so ich. So kann ich nicht denken. Es bleibt da ein Rest, wo ich mich mitschuldig fühle.

Es ist so: Ich weiß etwas von mir, meinen Möglichkeiten, auch meinen Grenzen. Ich bin schließlich kein Kind mehr, leider. Ich bin kein Genie, ich bin auch kein Dilettant, ich bin nur ein Schreiber im Augenblick. Du hast vielleicht etwas zu sagen, nicht gerade viel, nichts Umstürzendes, Revolution ist da nicht im Spiel, weder politisch noch literarisch. Immerhin: Etwas, eine Winzigkeit von der Welt hast du erwischt, einen Zipfel gesehen, erfahren. Das sollte nun dasein, jetzt, hier, unter uns. Ich möchte natürlich die Leute erreichen, sie ansprechen, gehört und bedacht werden, und aus der Tatsache, daß ich traurig und ziemlich enttäuscht wäre, wenn das mißlänge, muß ich rückwirkend schließen, daß da offenbar noch mehr als nur Selbstheilung und Ausdruckslust am Schreibprozeß mitwirken müssen. Was mag es sein?

Ich glaube, ich möchte mit der Welt in Verbindung treten: Kommunikation, Austausch, Kontakt. Ich möchte ab und zu richtig dasein in der Welt wie die anderen auch: unverstellt, ehrlich, komplett. Das gelingt nur im Wort, das kann ich nur in der Sprache, das erreicht sonst nie im Leben dieses äußerste Maß an Intensität und Wahrhaftigkeit. Ich kann mich nur durch die engen Maschen der Sprache nach draußen zwängen, ganz. Darum schreibe ich.

Zwei Briefe, S. betreffend

Eigentlich fing es ganz harmlos an. Er saß mir gegenüber, Samstagabend. Er zündete sich eine Roth-Händle an; es war also ein kritischer Einzelgänger, ein Mann, der weiß, was er will. Ich schwenkte das Whiskyglas. Das leichte Geklicker der Eiswürfel gibt ein angenehmes, strenges Gefühl des Wohlbehagens. Man kennt das. Es ist ein Gefühl von Leder, von Holzhaus und Waldeinsamkeit. Er blies den Zigarettenrauch nachdenklich aus. Der Rauch fing sich im Whiskyglas, zog stille Kreise, senkte sich auf die Eiswürfel nieder, lag auf dem Whisky – rauchzart. Plötzlich sagte er, mit dieser energischen Gebärde an der Zigarette ziehend, die bei Zigarettenrauchern immer eine wichtige Erkenntnis ankündigt: Ich weiß nicht, sagte er, dieser Rummel um Solschenizyn bei uns, mir gefällt das nicht. Das ist doch eine ganz faule Sache. Das ist doch nichts als Kalter Krieg.

Ich weiß, daß ich schwieg, aber etwas nervös wurde, das Whiskyglas etwas bewegter schwenkte, einen Schluck nahm und fragte: Wie bitte? Wie meinen Sie das? Er sagte: Na ja, es mag ja ein großer Schriftsteller sein, es mag ihm auch schlechtgehen drüben, alles zugegeben, aber das müssen wir doch sehen: Dieser Nobelpreis damals nützt hier nur dem Antikommunismus. Die Sowjetunion sollte verteufelt werden. Für alle Kalten Krieger war das doch ein Fressen. Eine ganz faule Sache, dieser Solschenizynrummel bei uns. Finden Sie nicht auch? Pure Geschäftemacherei, bah!

Das war eigentlich alles, mehr nicht. Ich bin auf das Gespräch nicht eingegangen. Ich spürte nur ein untergründiges Ziehen, eine plötzliche Erregung in mir, daß ich dachte: Paß auf, laß dich nicht ein auf dieses Thema, fall nicht in diese Grube – sonst kracht's. Es wird gleich einen riesigen Krach geben, so nachmittags um sechs in unserem Whiskyverein. Ich schwieg also, zuckte die Achseln, sagte mit der unentschlossenen, faulen Gebärde aller Liberalen: Ach, ich weiß nicht, vielleicht, aber man kann das auch anders sehen, vielleicht. Ich wischte das Thema mit vorsichtiger Gebärde vom Tisch wie Brotkrümel. Ich spürte, dies tuend: Für mich sind das alles Bleisplitter, die dringen dir tief ins Fleisch und vergiften alles, diesen Abend, mehr noch, eine Freundschaft. Warum mußt du auch alles so blutig ernst nehmen, jedes Wort auf die Goldwaage legen? Vielleicht hat er es so ernst nicht gemeint? Wir sprachen dann über Unternehmerwillkür, Autorenausbeutung durch glatte Verlegerhand. Das brachte uns näher, versöhnte uns scheinbar. Der Abend jedenfalls war gerettet.

Die Sache hätte erledigt sein können, aber war es nicht – für mich. Sie ging mir nach, wie man sagt, sie verfolgte, beschäftigte, bedrückte mich dauernd. Irgendwo war da bei mir ganz in der Tiefe ein Nerv getroffen; eine feine Verletzung, ganz unten – so etwas wird leicht zur fixen Idee. Man merkt das nach alter psychoanalytischer Erfahrung, nach guter Freudtechnik immer noch am zuverlässigsten im Schlaf, beim Träumen. Ich träumte ein unheimliches Zeug in der folgenden Nacht. Ich glaube, ich stritt, ich prügelte mich mit diesem Freund und beschimpfte ihn maßlos. Dann, aufwachend, schrieb ich ihm einen Brief. Natürlich nicht wirklich, nur einen phantasierten. Sicher geht es anderen ähnlich. Morgens, aufwachend im Bett, noch von Träumen und Schläfrigkeit nicht entlassen, fallen mir immer die besten Argumente, meine schönsten Formulierungen ein. Messerscharf stellen sich frische und böse Brieftexte ein. Bloß gut, daß ich diese Briefe nie schreibe und abschicke. Sie sind wohl doch zu aggressiv und einseitig gehalten.

Ich schrieb also, im Dunkeln im Bett liegend: Lieber Freund, Ihre Worte gestern über Solschenizyns Ruhm hier im Westen haben mich richtig verstört. Was seid Ihr linken Dogmatiker nur für wunderliche Heilige, richtige Glaubensritter. Eure geliebte Sowjetunion, wo Ihr nie lebtet, die Ihr nie besuchtet, über die zu informieren Euch nicht einmal nötig scheint, die haltet Ihr hoch, wie einen Regenschirm. Die kann eigentlich machen, was sie will: unter Stalin Millionen Kommunisten ermorden, mit Hitler sich Polen teilen, die kann in Prag mit eiserner Faust jeden Funken von Demokratisierung austreten, die kann Schriftsteller verhaften, verurteilen, für geisteskrank erklären, unzählige Bücher verbieten – das absolut Gute, das Heiligtum bleibt sie Euch doch.

Sie sind ja kein Einzelfall, schrieb ich in meiner Wut. Hinter Ihnen , mein Bester, sehe ich Hunderte von westlichen Intellektuellen stehen, von Sartre bis Enzensberger und wie sie alle heißen, die Ganzganzlinken. Ihr seid doch nur von einem wirklich überzeugt: daß diese westliche Gesellschaft abbruchreif, erledigt, nur noch kaputtzumachen sei. Austreten wie ein Insekt, eine Wanze, nicht wahr? Ihr seid so felsenfest überzeugt, daß die Freiheit, die wir Autoren hier haben, nur eine Farce des Liberalismus, nur eine Scheinfreiheit, nichtsnütziges Geklingel sei. Ihr fangt ja alle schon laut zu lachen an, wenn ich das Wort Freiheit in den Mund nehme: Scheißfreiheit, feixt Ihr, jetzt fängt der wieder mit diesen Kamellen des Liberalismus an. Aber wenn hier einmal ein mieser Porno für drei Monate unter den Ladentisch muß, dann seht Ihr den Polizeistaat, den Terror kommen, dann riecht Ihr Faschismus. Bitte, warum läßt Euch die Unterdrükkung der Literatur im Kommunismus so kalt?

Ich will es Euch sagen, schrieb ich im Bett, mich maßlos erregend (einsame Hysterien – also so ernst darf man das Folgende auch nicht nehmen). Ich schrieb: Ihr Ganzganzlinken kommt mir vor wie Frauen, die liebend sehr masochistisch empfinden. Sie kennen das russische Sprichwort: Mein Mann liebt mich nicht – er schlägt mich nicht? Im Grunde verachtet Ihr diesen Staat hier, weil er Euch nicht schlägt, sondern so grenzenlos frei läßt. Im Grunde bewundert Ihr die Sowjetunion, weil sie ihre Intellektuellen in so harte Zucht nimmt. Im geheimen sehnt Ihr Euch alle nach Unterwerfung, nach Druck, nach harten Ruten, die Euch leidend Lust machen würden. Nicht wahr, was muß das für ein großer Zuchtmeister und strenger Vater sein, der mit Autoren so umspringt wie etwa mit Biermann, mit Havemann? Das findet Ihr ganz in der Tiefe, durchaus unbewußt, imponierend. Das würde Euch ganz neue Auftriebe geben, so schweigend zu leiden, in Eurer masochistischen Heimstruktur. Ihr wollt doch gar nicht die Freiheit. Ihr habt Angst vor ihr. Ich frage mich nur: Wer ist denn hier abbruchreif?

So, jetzt war der Dampf abgelassen. Ich schlief wieder ein,

erholte mich sichtlich. Ich fühlte mich am nächsten Morgen deutlich besser. Aggressionsabfuhr nennt man das in der Sprache der Psychologen. Das Thema blieb, aber seine dynamische Aufladung war erloschen, gottlob. Ich war sehr erfrischt am Morgen, sah wieder klarer, nüchterner, sachlicher und dachte, durch die Stadt gehend: Also so geht das auch nicht. Man darf das nicht sagen, nicht so. Psychologisch mag vieles richtig sein, aber wohin führt dich das, politisch? Man steht ja plötzlich auf der falschen Seite. Man spielt sich zum Herold und Bannerträger der freien Welt auf. Das ist doch auch wieder ein Mißverständnis. Man gerät in ganz falsche Fronten und sieht sich plötzlich als Verteidiger unserer westlichen Kaufmannsmoral, die ja so großartig auch wieder nicht ist. So einen Brief würde die Springerpresse gern drucken, nicht wahr? Ein bedenkliches Zeichen. Paß auf, daß dir nicht dieser leichte Rechtsrutsch geschieht, dem viele Liberale ausgesetzt sind, den Linksradikalismus abwehrend. Wenn du so weitermachst, sind es eigentlich nur noch zwei Schritte, dann bist du bei dieser mystischen Freiheitstrompete, die der Freiheitsglocke in West-Berlin akkordiert. Irgendwie wird man dann auch den Krieg in Vietnam mit unendlicher Bedenklichkeit, mit Schmerzlichkeit, privat hinnehmen. Die Freiheit ist doch unteilbar, und irgendwie hängen Berlin und Saigon doch zusammen. Also das geht nicht. Diese Position ist auch unannehmbar für dich. Verfluchter Liberalismus; ach, ist das schwer. Du mußt einen neuen Brief schreiben. Du mußt dir alles noch einmal kaltblütig durch den Kopf gehen lassen. Wie ist es denn?

Tage später schrieb ich ihn dann, etwas zögernd, mehrfach durchstreichend, nachdenklich. Ich schrieb ihn natürlich nicht wirklich. Ich dachte nur beim Abendbrot, die Schmalzstulle kauend: Du müßtest vielleicht schreiben: Lieber Freund, Ihre Worte neulich zum Thema Solschenizyn sind mir sehr nachgegangen. Ich habe die Sache beschlafen, hin- und herbedacht, ich möchte Ihnen folgendes antworten: Was Sie über Geschäftemacherei mit Solschenizyn hier sagten, so haben Sie wahrscheinlich recht. So ganz appetitlich ist das nicht. Ich sehe zwar noch keinen Rummel um den Dichter. Ich finde die publizistische Auseinandersetzung bei uns eigentlich auf gutem Niveau. Aber sollte er eintreten, dann haben Sie recht: So etwas ist immer widerlich. Alles übrige, was Sie sagten, halte ich für falsch. Es sind lauter Klischees, die unsereinen, wenn sie von links kommen, natürlich immer noch zusätzlich erbittern. Links sollte doch immer durch eine zusätzliche Reflexionsstufe gegangen sein. Das vermisse ich bei Ihnen. Was heißt denn hier Kalter Krieg? Den gab es zu Adenauers Zeit. Mindestens seit dem Moskauer Vertrag, den Willy Brandt abschloß, gibt es ihn nicht mehr, nicht mehr als Staatsdoktrin, und wie Strauß und Genossen den Fall Solschenizyn für sich ummünzen, ist belanglos. Die schießen doch mit ganz anderen Kanonen.

Aber was soll das heißen: Nützt nur dem Antikommunismus? Ist das unsere Schuld? Wollen Sie denn einen Kommunismus verteidigen, der seine Schriftsteller so behandelt? Wenn die Unterdrückung abweichender Schriftsteller integral zum Kommunismus gehören sollte, dann bin ich natürlich »anti«, aber das glauben wir doch alle nicht. Das müßte man abschaffen können, ohne deswegen den Sozialismus gleich aus den Angeln zu heben. Ich finde es notwendig, gut und heilsam, daß dieser Defekt im Sozialismus im Westen an die große Glocke gehängt wird. Ich weiß, daß in dieses Geläute ganz mühelos auch der Chor der ewig Gestrigen einstimmen kann, aber das soll mich nicht ernstlich stören. Ich meine: Wo Unterdrückung ist, soll auch immer gesagt sein, daß Unterdrückung sei. Ich kann Ihre Meinung nicht teilen. Ich halte den Ruhm Solschenizyns hier für eine richtige, mehr noch: für eine heilsame Sache. Es ist für die Sowjetunion sehr heilsam, zu merken, daß ihr solche Torheiten an der Peripherie (denn mehr ist Kultur ja nicht im Westen und Osten) nur schaden. Vielleicht lernt sie daraus wieder ein Stückchen. Es gibt nämlich auch Lernprozesse im Sozialismus – nicht wahr?

Traum von der Verfolgung

Ich weiß es wohl. Es klingt etwas zynisch in einem Land, das gerade in dieser Sache seine eigene, böse Vergangenheit hat. Es war einmal das Land der Verfolger, der Verfolgten, der Mörder und der Ermordeten. Das muß zunächst gesagt sein. Trotzdem: andere Zeiten, andere Sitten. Eine neue Gesellschaft, jetzt unsere Bundesrepublik, sehr stabil, sehr liberal in den siebziger Jahren. Es beschleicht mich hier manchmal dieser uralte Traum aller Schriftsteller, ihre tiefste Sehnsucht, ein Herzensgeheimnis, für andere Zeitgenossen schwer verständlich. Ich träume, man verfolgt mich. Bitte, warum verfolgt man mich nicht?

Ich sehe nicht ganz ohne Neid, wie junge Leute bei uns, Studenten etwa, die früher namenlos, unbekannt ihr kärgliches Butterbrot zwischen zwei Vorlesungen in Gießen oder Hannover verzehrten, zu repräsentativen Persönlichkeiten der Zeitgeschichte aufsteigen, blitzschnell. Man kennt sie mindestens aus dem ›Spiegel‹. Es sind Autoritäten im Widerstand. Sie haben das kostbare Glück, zu verfolgten Anarchisten zu gehören. Vielleicht nicht gerade zum harten Kern. Immerhin: Es hebt. Es hebt kolossal.

Ich erinnere mich an Professor Mandel. Welch ein Glück für ihn damals, geht es mir durch den Kopf. Offen gesagt, ich als Nichtsoziologe kannte seinen Namen früher nicht. Ich wußte nichts von seiner Existenz und mit mir, vermute ich, ungefähr sechzig Millionen. Aber seitdem dieser emsige und etwas tückische Genscher ihm damals in Frankfurt die Einreise verbot, ist aus diesem Brüsseler Intellektuellen kurzfristig eine Persönlichkeit der Zeitgeschichte geworden, die mich nachdenklich macht. Wie macht man das nur?

Wenn man es richtig einrichtet, meine ich manchmal, muß es Früchte tragen. Donnerstagabend die Verfolgung bitte, bitte nicht früher, nicht später, also so rechtzeitig, daß sie Freitagabend schon in der Tagesschau gemeldet, Sonnabend noch ins aktuelle Feuilleton kann. Man kann dann sicher sein, daß im Laufe der nächsten Woche der Verfolgte in allen TV-Magazinen prangt, aus allen Lautsprechern spricht: ›Monitor‹, ›Report‹, natürlich auch Löwenthal. Sie stürzen sich alle auf ihn, vielseitig. Es herrscht ja Stoffmangel in solchen Sachen. Es passiert zu wenig Unrecht in dieser Republik. Endlich wieder ein Fall. Jetzt aber ran: Wollen Sie die Republik stürzen, Herr Professor, und bitte, mit wieviel Gewalt? Bitte noch etwas genauer: Belieben Sie die Revolution bei uns mit oder ohne Grundgesetz zu machen? Mit oder ohne Arbeiterklasse und wann, bitte, ungefähr? Der Mann ist über Nacht ein kleiner Lenin geworden, ein Lenin in dürftiger Zeit. Man müßte ihm einen plombierten Zug nach Berlin zur Verfügung stellen, meine ich manchmal. Jetzt ist er doch wirklich wichtig. Er hat das alles nur Genscher zu verdanken. Wem sonst? Der brachte ihn raus wie einen politischen Hit, einen TV-Star. Also? Verfolgt müßte man sein, nur ein bißchen natürlich.

Man kann dasselbe Phänomen auch unaufwendiger, bescheidener, also literarischer haben. Manchmal schicken mir Verleger ein Buch ihrer Produktion ins Haus. »Vorsicht, Strafsache!« steht mit drohenden Lettern auf dem Buchumschlag. Die Staatsanwaltschaft Rüdesheim ermittelt! Ja, was ermittelt sie denn?

Hat wieder eine fromme Seele im Rheinland Anstoß genommen an dem jüngsten Pornowerk, dieser bunten Orgasmus-Sequenz, die wir doch brauchen für unsere linke Sozialaufklärung? Welch ein Glück für den Verleger, geht es mir wieder durch den Kopf: zwanzig Titel, die alle nicht recht von der Stelle wollen, und jetzt dieser Titel, der verfolgt wird, hoffentlich. Hoffentlich stellt die Staatsanwaltschaft ihre Ermittlungen nicht vorzeitig ein, denn damit wird jetzt der Markt angeheizt: Der Verlag ruft eine Pressekonferenz ein, er gibt eine Erklärung an dpa, er sammelt Unterschriften, eine Petition nach Bonn, der Verleger spricht abends im Fernsehen – ein wunderschöner Wirbel entsteht nun. Es herrscht fast Buchmessenstimmung. Der Titel ist durch. Er wird auf der Bestsellerliste stehen. Ich frage mich manchmal: Wo kann man solche Staatsanwälte mieten? Sie arbeiten besser als alle PR-Büros.

Also, mein Traum: Ich möchte auch mal verfolgt werden. Ich – nicht immer die anderen. Schließlich will jeder mal an diese Krippe ran. Jeder möchte einmal sagen können: Diese Scheißrepublik – und dann abkassieren. Also, ich träume, Traum Nummer eins: Ich fahre mit dem Auto nach West-Berlin. Das Unwahrscheinliche tritt ein. Es ereignete sich, was ich immer nur hoffte in tiefstem Unbewußten, aber nie erreichte: Die Volkspolizei nimmt mich fest, trotz des Grundvertrages. Ich muß nach Bautzen für ein paar Wochen. Was passiert nun? Was werden die Zeitungen schreiben? Wird es auf Seite eins oder nur im Feuilleton notiert? Ein wichtiger Unterschied, wie man weiß. Wird mein Verleger eine Sonderseite im ›Börsenblatt‹ einrücken: Der soeben verhaftete Autor. Wir verkaufen, wir verkaufen weiter, solange der Vorrat reicht? Ach, ich vermute, diese Affäre wäre gar nicht aufwendig. Opfer der DDR stehen nicht hoch im Kurs gegenwärtig. Sie fallen dauernd im Wert. Eine Meldung, eine Notiz, das schon, aber sonst? Der Markt ist gesättigt. Das gibt nichts Neues mehr her. Das kann nur ein Irrtum sein, oder die DDR wird schon ihre Gründe haben. Der wird schon irgendwelchen Dreck am Stecken haben, wird man munkeln. Also Schwamm drüber. So geht das nicht. Merke: Kommunisten dürfen Autoren verfolgen. Warum denn nicht, nicht wahr?

Man muß im Kapitalismus verfolgt werden, das ist es. Wir leben in einer offenen, sehr liberalen, ach, in der freiesten Republik, die wir je hatten als Deutsche – dieser Popanz, dieser Mumpitz, diese liberale Verschleierung der wahren Herrschaft muß gestürzt und entlarvt werden. Ich träume also, Traum

Nummer zwei: Ich sitze und schreibe und denke. Ich bin mit einem neuen Buch befaßt: sehr tief. Ein ernster und böser Text, hochbrisant, sagt man, dabei doch luzid in der Sprache. ›Tupamaros Superstar‹ ist der Titel: eine feine Verbindung von Sprengstoff und Jesuswelle. Ich bin so beschäftigt, der Welt mein Aufstandsmodell zu verdeutlichen, und während ich das tue, während das Manuskript wächst und wächst, stellen sich merkwürdige Vorzeichen ein: Im Telefon knackst es manchmal. Man weiß doch. Die Briefe an mich treffen mit leichter Verspätung ein. Öfters gehen welche verloren. Gehen sie wirklich verloren? Vor meiner Haustür steht manchmal ein Mann in einem Ledermantel. Wenn ich heraustrete, macht er Notizen. Wie das? Einmal kam ich nach dem Mittagessen aus der Stadt zurück in die Wohnung. Meine Manuskripte lagen anders. Wie das? War jemand da? Hat sie jemand abgelichtet? Auch die Putzfrau schweigt seit einigen Wochen hämisch. Sie lächelt böse.

Bedrückende Vorzeichen, ja schon, aber merkwürdig: Mir geben sie Auftrieb, irgendwie. Es steift den Rücken. Es beflügelt mich. Ich werde innerlich mehr – moralisch. Mein heimlichster Traum geht in Erfüllung. Es geht eine inwendige Kraft davon aus, zu wissen, du schreibst nicht irgendwas, was ohnehin niemand will, was sowieso liegenbleibt, sagen wir an der kritischen Grenze von dreitausend Stück. Nein, du schreibst jetzt etwas, was wichtig sein muß, was Aufmerksamkeit, wachsendes Interesse, Staatsinteresse erregt. Man beobachtet dich. Man läßt dich nicht mehr aus den Augen. Der Mann im Ledermantel verfolgt mich jetzt schon auf der Straße ganz schamlos. Auch mit dem Auto sind die Verfolger nicht abzuschütteln. Manchmal fühle ich mich schon wie Richard Kimble: auf der Flucht.

Ich teile das meinem Verlag mit, diskret natürlich. Der Verleger gibt es an die Presseabteilung. Die Presseabteilung an dpa. Es treffen Reporter bei mir ein, diskret natürlich: erst die von der Boulevardpresse, dann die von Funk und Fernsehen. Ich gebe dauernd Interviews, fast wie Ernest Mandel. Abends sehe ich mich zum erstenmal in ›Aspekte‹ sprechen. Ja, sage ich, es gibt Kräfte in unserem Land, Kräfte im Hintergrund, denen mein neues Buch sehr peinlich ist. Man will es mit allen Mitteln verhindern. Man verfolgt mich auf Schritt und Tritt. Und Schmieding, der lächelnd und ernst zugleich, nicht ohne Sorge neben mir sitzt, fügt bekräftigend hinzu: Das sollte uns doch sehr nachdenklich stimmen, meine Damen und Herren. Wieder ein Fall von Verfolgung. Die Zeichen mehren sich.

Und ich brauche nun gar nicht dieses tiefe, sicher auch etwas perverse, weil deutlich masochistische Glücksgefühl zu beschreiben, das mich erfüllt, wenn die Macht dann zuschlägt – blitzschnell. Autoren haben immer etwas von Frauen: Mein Mann schlägt mich nicht – er liebt mich nicht. Ich träume also: Genscher was here. Dieser emsige, tückische Innenminister hat alles gerichtet. Mein Buch ist fertig. Es liegen die ersten druckfrischen Exemplare bei mir auf dem Tisch, hundert Exemplare. Und so gründlich, so wirklich perfekt, wie unsere Polizei heute arbeitet: Eine Hundertschaft Polizisten ist angesetzt und stürmt zu nachttrunkener Zeit – es ist sechs Uhr morgens – die Treppe zu meiner Wohnung empor. Sie stürmen wie eine Meute wilder Wölfe, so träume ich eitler Träumer, sie schnaufen und brüllen, sie atmen so schwer, weil ich doch so hoch wohne. Sie knirschen vor Leder, Schaftstiefel knarren. Gewehrkolben klappern, auch Handgranaten am Gürtel. Eine Truppe rückt gegen mich an. Nachbarn werden wach, stürzen heraus. Ach so, ach so, rufen alle, wir sahen das lange kommen. Was macht der Kerl auch immer da oben so allein in seiner Wohnung? Das mußte ja einmal so enden. Ist er ein Intellektueller? Na also, na bitte – faßt zu. Und ich, ich eitler Träumer, höre die Hundertschaft im Flur rufen: Das Buch, das Buch, sein neues Buch, wo ist es denn? Und ich stehe dann da, im Schlafanzug, noch etwas verschlafen, engelhaft sozusagen, und sage mit der engelhaften Verschlagenheit aller Demokraten: Aber, meine Herren, aber aber. Wir leben in einem Rechtsstaat. Wollen Sie bitte gütigst Ihre gerichtlichen Dokumente vorweisen? Darf ich auch an das Grundgesetz erinnern? Paragraph – ja, welcher Paragraph ist es denn? Ich muß mal nachschlagen, ein Moment, bitte!

Ich wachte dann auf, ich war etwas in Schweiß gebadet, ich war erschöpft und enttäuscht. Es war niemand da. Es hat niemand geklingelt. Auch im Flur war alles ruhig, tiefster Frieden. Ich ging durch die Wohnung – alles lag still und friedlich im ersten Sonnenlicht. Ein blitzblanker Himmel, ein Morgenidyll. Ich wußte: Du schaffst das nicht, du eitler Träumer. Du hast Zwerenzgelüste. Was denkst du? Du wirst schon was schreiben. Man lebt ja sehr ruhig und beschaulich in Schreiberklausen. Der Verleger wird's nehmen, schließlich und endlich. Wir machen ja eigentlich nur noch Politik und Science-fiction, wird er schreiben – aber bitte, wenn Sie wollen. Er wird zögernd, sehr vorsichtig disponieren. Man wird gerade über die Runden kommen. Mehr ist nicht drin, hierzulande.

Es blüht uns kein Mandelbaum in der Freiheit, uns Schreibtischtätern. Es will uns hier niemand die Dornenkrone, das Essigtuch reichen. Man verfolgt uns nicht. Schwer erträglich, für unsereinen.

Das verhaßte System

Eine merkwürdige Erfahrung ist das, seit einigen Jahren. Eine Frage, die mich immer wieder bewegt, die mir täglich neu über den Weg läuft und die mich allmählich etwas gereizt, um nicht zu sagen rabiat macht. Ich stelle sie öfters des Abends im stillen Kreis unter uns, uns Intellektuellen. Ich frage: Was bringt euch eigentlich so auf? Was habt ihr denn?

Eine Antwort kriege ich nie. Die meisten hören nicht zu, was verständlich ist. Zuhören wird immer schwerer. Manche hören auch weg, andere verstummen einfach, noch andere beginnen plötzlich mit erregter Stimme von Angola oder Martinique zu erzählen, sehr detailliert die Ausbeutung dort zu beschreiben. Fürchterliche Tatsachen, dringend veränderungswürdig, wohl wahr – nur: Was hat das mit meiner Frage zu tun? Ich sprach von nahen und überprüfbaren Verhältnissen: der BRD und ihren Dichtern zum Beispiel. Schweigen, Achselzucken, etwas Gelächter. Die Sache wird weggewischt mit einer Serviette, wird heruntergeschluckt mit einem Whisky und ist dann vergessen – vom Tisch, wie man sagt. Man kommt also nicht weiter so. Ich stelle die Frage noch einmal: hier.

Ich bin ein Bürger der Bundesrepublik. Am Anfang, zu Adenauers Zeiten, als die Namen Brentano und Globke in Bonn etwas galten, schien sie mir ziemlich suspekt, beinah fremd: Der Rheinstaat, von dem Kurt Schumacher sprach. Aber dann wurde sie doch besser langsam, mit sinkender CDU-Macht. Sie mauserte sich ganz beträchtlich, wurde beinah glaubwürdig im ersten Erwachsenenalter, nach zwanzig Jahren. Jedenfalls, seit der sozial-liberalen Koalition fühle ich mich mit ihr identisch – als Staatsbürger. Ich würde diese BRD gern die erste deutsche Republik nennen, die akzeptabel ist, auch für den Geist. Ich würde sie gern meine Republik nennen. Sie ist noch lange nicht fertig, noch gar nicht perfekt, im Zweifelsfall aber doch wert, erhalten, ja verteidigt zu werden. Man muß nicht stolz darauf sein. Nach

Hitler sind nationale Gebärden immer noch suspekt – in Deutschland. Immerhin, manchmal, drinnen oder draußen, möchte ich mich zu dieser Republik doch bekennen dürfen, in Grenzen natürlich. Ich möchte zu ihr ja sagen: Ja, ja; ja, aber. Natürlich sind auch gleich Einwände anzumelden. Das versteht sich im Stand eines Intellektuellen.

Jetzt kommt der Haken. Das Problem beginnt. Natürlich kann ich das, wenn ich's wollte, in Bonn oder Bad Godesberg, wo's niemanden interessiert. Ich kann es nicht mehr in meiner Zunft, in meiner Berufsgruppe, im Kreis unserer westdeutschen Intellektuellen. Der Geist geht jetzt andere Wege, radikal. Ich komme da kaum mit, bleibe deutlich zurück. Man macht sich nur Feinde, wenn man irgendwo in Hamburg, Frankfurt oder München im Saal aufsteht, wo dreihundert Literaten, Jungsoziologen, Lektoren, Lyriker, Jungfilmer versammelt sind und förmlich zittern vor Protest, vor flammendem Widerstand. Sie sind immer so wütend dagegen. Wenn man da also aufsteht, verstößt man gegen ein Tabu unserer literarischen Republik, etwa dies sagend: Ich weiß nicht, ich bin eigentlich anderer Meinung. Ich finde diese Republik so schlecht nicht, wie ihr sie hier macht. Nicht so schlecht, daß es sich nicht lohnen würde, sie besser zu machen – mit Reformen. In der Wurzel möchte ich diese Gesellschaft doch bejahen. Es ist hier noch vieles zu ändern, das schon. Trotzdem: Dies ist der freieste Staat, den wir je hatten. Ich sehe, Schweden vielleicht ausgenommen, keinen besseren. So etwas wird in meinen Kreisen niemand zu sagen wagen, öffentlich. Er hätte nur mit brüllendem Gelächter zu rechnen, mit einem etwas fatalen Heiterkeitserfolg.

Nicht die Leute, die Bürger dieser Republik, wohl aber meine Kollegen und Zunftgenossen, unsere westdeutschen Intellektuellen, also immerhin die Fackelträger der Nation, und auch manche, die so am Drücker herumsitzen in den Kulturmaschinen, sehe ich wieder einmal reihum damit beschäftigt, dieser Republik den Bund aufzusagen, mit Zorn, ach, mit blankem Haß. Sie haben den Handschuh wieder geworfen, diesmal sozial. Das »System« ist in Acht und Bann getan. Sie prangern es täglich an. Na bitte, na schön, das ernährt auch seinen Mann, die Unterdrückung, die Ausbeutung, die Unmenschlichkeit, den neuen Faschismus hierzulande an die Wand zu malen. Man lebt ja nicht schlecht dabei, in München-Schwabing zum Beispiel.

Es muß jedenfalls ein furchtbares Unglück sein, als Zeitgenosse der siebziger Jahre zufällig in diese BRD verschlagen worden zu sein. Wir sind zwar ein Einwandererland, eine Hoffnung für viele Fremde ringsum, aber alle Kunstproduktionen beweisen mir eigentlich das Gegenteil. Schriftsteller, Filmer, Fernsehleute zeigen mir täglich, daß nichts als »Herrschaft« hierzulande herrscht. Die Herrschaften sind Kapitalistenknechte, Prügelpolizisten, Unternehmerschweine, Dollarimperialisten, von den Folterknechten der Werbeindustrie zu schweigen. Bitte, so tönt jetzt die Melodie jener Kunst, die »Wirklichkeit reflektiert«, wie's im Jargon heißt, also »fortschrittlich« ist. Ich bin nicht so sicher. Manchmal geht es mir schon wie Willy Brandt, der im Wahlkampf zu den Herren der CDU/CSU etwas ratlos sagte: Ich weiß gar nicht, von welchem Lande Sie eigentlich reden. Es muß sich um ein anderes Land handeln, dessen Unglück Sie beschreiben. Vielleicht Spanien? Die Bundesrepublik kann das doch nicht sein – im Ernst?

Also? Der Handschuh ist geworfen, wieder einmal in Deutschland. Sie sind jetzt alle mächtig beschäftigt. Mit Revolution, mit Systemüberwindung und Kaputtmachen, jetzt, wo die »Revolution« auf den Straßen und in den Universitäten eben zur Ruhe geht, selbst Jusos das Wort Systemüberwindung nur noch klein schreiben. Ach, unser immer verspäteter Geist: Ob Enzensberger oder Walser im mählichen Seniorensessel, ob Kroetz oder Buch im Jugendstand, ob das nun ›Kursbuch‹, ›Kürbiskern‹ oder ›Konkret‹ heißt – wer »in« sein will, up to date, muß diese Republik, die immerhin von über neunzig Prozent ihrer Bürger herzlich bejaht wird, jetzt mit schönem Dreck beschmeißen. Was Gerhard Zwerenz vor Jahren einmal sächsisch-leichtfüßig »die Lust am Sozialismus« nannte, ist jetzt tatsächlich mächtig im Kommen – in meinen sonderlichen Kreisen. Wer zur Intelligenzija gehören will, zu ihrer herrschenden Klasse im Augenblick, muß mindestens ein Sozialist sein, besser ein profilierter Marxist, am besten ein ehrlicher Kommunist alter Haut. So etwas wie Thälmann wäre schon schön – für Literatur-Kongresse. Die Dichter würden jubeln, niederknien. Nur das schlägt zu Buch im Augenblick.

Ich frage mich: Woher kommt das? Woher kommt eigentlich der Haß auf dieses »System«? Durch welche Wirklichkeit, welche Erfahrung ist er gedeckt? Dieses Wirtschaftssystem, etwas zu allgemein und undeutlich als »Kapitalismus« definiert, befriedet mindestens neunzig Prozent der Menschen hierzulande wie noch nie – aber man darf es nicht mehr sagen, in meinen Kreisen. Es hat seine Fehler, seine unausgeräumten Ecken, seine skandalösen

Randerscheinungen, die man verändern muß durch Reform und auch durch Druck. Aber von der Wurzel her ist es doch tauglich, sehr effizient, unerhört produktiv und beweglich. Wahrscheinlich das einzige System, das sich dauernd reformieren läßt – durch Druck. Es befriedet schon sehr weite Gruppen, trotzdem wird es als unerträglich, als schlechthin unmenschlich erlebt von unseren Dichtern, den besten sogar. Ich räume das ein. Die Aktien der westlichen Welt fallen dauernd auf den Börsen der Literatur. Sie standen noch nie so tief. Man wird kaum einen Dichter hier finden, der etwa den Mechanismus der Marktwirtschaft, von dem wir doch alle leben, in Wirklichkeit akzeptiert. Sie sind radikal dagegen. Wogegen, bitte? Und womit ist das gedeckt? frage ich wieder.

Andererseits: Unsereiner, nur mit Wirklichkeit, nur mit krudem Alltag befaßt, nicht gerade eine Schnecke, wohl aber auch ein Kriechtier in Europa, seit etwa zehn Jahren reisend, von Frankfurt nach Moskau, von Frankfurt nach Warschau oder Prag oder Magdeburg, also ein Reisender in Bürgerglück, auch etwas utopisch, sammelt seine Erfahrungen. Da kommt auch etwas zusammen in Sachen Sozialismus. Es ist ja nicht so, wie uns manche Rechten, wie es uns die Strauß und Dregger über »den Osten« gern weismachen wollen, immer noch: daß dort nur ein Gefängnis und Armenhaus für die Völker Osteuropas betrieben werde. Natürlich sind das Märchen des Kalten Krieges, bayerische Bierbrauer-Phantasien. Aber es ist wohlbegründet und nach zehnjährigen Erkundungen und Grenzgängen in Osteuropa vielleicht doch erlaubt zu sagen: Einen praktikablen Schlüssel zur Entwicklung und weiteren Beförderung unseres hochindustrialisierten Europas bietet der bekannte, praktizierte Sozialismus nicht. Warum redet ihr eigentlich dauernd davon, man müßte hier sozialistische Verhältnisse einführen, damit das Leben erträglich werde? Diese Rede ist durch keine Erfahrung gedeckt. Seid ihr blind?

Es gibt fortschrittliche Elemente im Sozialismus. Jedermann weiß das: die Bildungs- und Aufstiegschancen von Arbeiterkindern, die Rolle der Frau, der Kindergärten, na, und so weiter. Da gibt es schon Elemente, die nicht zu verachten sind. Aber alles in allem gesehen, wirft das Wirtschaftssystem, Sozialismus genannt, wenig ab für alle. Da ist nicht viel Spannkraft drin. Es hält den einzelnen und die Gesellschaft tief unter dem Niveau ihrer tatsächlichen Leistungs- und Produktivkraft. Darf ich das sagen? Kann ich das aussprechen, ohne nun selbst mit Dreck beschmissen zu werden? Ich meine, es sind nur Erfahrungen. Man kann darüber diskutieren, aber man darf sie ins Auge fassen. Es kann mir doch kein Mensch einreden, daß die Menschen in Brünn untauglichere Bürger seien als die in Bayreuth, daß die Leute von Schwerin untüchtiger seien als die von Lübeck. Warum, darf ich das auch fragen, sehen die Menschen hier fröhlicher, selbstsicherer, eben doch glücklicher aus, die Jugend auch bunter, viel schwungvoller als »drüben«, wo einem der langsame Gang, die allgemeine Müdigkeit, das Rentner-Tempo der ganzen Gesellschaft so sehr ins Auge sticht? Glück wird da immer verordnet, von oben. Es ist ja wohl kein Kalter Krieg, wenn ich sage: Die Farbe des Sozialismus ist nur in der Hoffnung rot. Wenn der Sozialismus dann da ist, geht sie leider ins Grau über.

Der Sozialismus mag, ganz gegen alle Prophezeiungen von Marx, in den unterentwickelten Agrarnationen Asiens und Südamerikas seine Chance haben. Ich räume das ein und wäre dort auch sein Kombattant. Aber hier, in Europa? Eine merkwürdige Mischung aus Kindergarten und Altersheim entsteht hier, sozialistisch. Man wird unentwegt erzogen und ist leidlich versorgt. Aber mehr ist nicht drin für einen erwachsenen Staatsbürger, höchstens Parteikarriere. Das trägt nicht weit, bleibt immer unterlegen, holt nie auf, nie ein. Von Überholen spricht keiner mehr. Es handelt sich hier in Europa um eine Untertanengesellschaft: nicht preußisch – russisch-orthodox, diesmal. Warum muß ich das sagen? Jedermann weiß das. Nicht unsere Intellektuellen.

Jetzt wieder meine Frage, andersherum: Woher dieses kindliche Gottvertrauen in Sachen Sozialismus? Woher dieser Kasperglaube, Freiheit und Wohlstand würden schon herausspringen aus dem Kasten, wenn man nur alles vergesellschaftet? Das soll ein anderer, freundlicherer, humanerer Sozialismus werden, sozusagen meiner, ganz persönlich? Sozialismus ganz privat, ganz wunderschön? Daß ich nicht lache. Wenn einmal Gesellschaft wirklich zusammen ist in Kollektiven, Kommunen und Kohorten, ist dieser Haufen immer von rüder Gewalt. Da wird der einzelne immer abgewürgt und fertiggemacht. So etwas liegt doch im Wesen kompakter Majorität. Und so etwas Zartes soll auch noch wachsen zwischen NATO und Warschauer Pakt? Dafür wollt ihr die Massen auf die Barrikaden schicken? Da werden schon beide Ordnungsmächte dafür sorgen, daß das schön erblühe. Ich meine, das ist nun wirklich Literatur, nicht Politik. Ihr müßtet da übrigens auch noch die Arbeiter fragen, nicht wahr? Haben die eigentlich in eurem Sozialismus auch Stimmrecht?

Woran also liegt es, daß ein Gesellschaftssystem, das sich durch nichts als Krisen, Mangelwirtschaft, handfeste Autoritätsstrukturen und gelegentliche Volksaufstände hervorhebt in Europa, gleichwohl immer attraktiver und faszinierender wird für meine sonderlichen Freunde? Wo kommt so viel Blindheit her? Worin ist es begründet, daß an den Börsen der Literatur die Aktien eines ungenauen Sozialismus jetzt rapide steigen, noch nie so hoch gehandelt wurden, etwa in Verlegerkreisen? Ein Blick auf die Schaufenster der Buchhandlungen zeigt es. Da kommt von Marx bis Rosa Luxemburg, vom Kommunistischen Manifest bis zu Stalin noch einmal die ganze alte Geschichte hoch und läuft und läuft wunderschön. Ich habe nichts dagegen. Ich bin ja der Liberale, also für radikale Freiheit. Ich frage nur: Steht denn die Wahrheit nur in alten Büchern, die man übrigens im Antiquariat nebenan auch haben kann, für Pfennigpreise? Sagt denn die Praxis des Sozialismus nichts? Ist seine Geschichte stumm, nicht zum Sprechen zu bringen? Ist denn gar nichts zu lernen aus Wirklichkeit? Erfahrung – schlägt sie nicht zu Buch? Warum macht eigentlich eine freie Republik den Geist so sehnsüchtig, so unzufrieden, so von Herzen unglücklich und etwas aufsässig, richtig rebellisch? Sie verachten doch dieses Land, weil es ihnen die Chance einer noch nie dagewesenen Freiheit gibt. Sie sehnen sich offenbar nach der starken Hand, Sozialismus genannt. Mein Mann schlägt mich nicht – also liebt er mich nicht. Ist es das?

Manchmal meine ich, es ist der alte deutsche Idealismus, der hier wieder hochkommt. Daß hier wieder nach diesem Götterhimmel, dem absolut Reinen Ausschau gehalten wird, das schon im 19. Jahrhundert die Dichter Deutschlands in Aufruhr und heiliger Verkündigung hielt, nur jetzt marxistisch. O heiliges Herz, Sozialismus. Mögen auch Opfer fallen. Was zählt das, nicht wahr? Es geht doch ums Ganze. Was war das denn immer bei uns, der Idealismus? Daß wir eine unausrottbare Vorliebe für die Idee, aber nicht für die Wirklichkeit hatten. Daß wir immer das Ganze sahen, aber nie das gewisse Detail. Daß wir immer die Menschheit erlösen wollten, der Mensch mag dabei vor die Hunde gehen. Daß wir immer die ganze Freiheit erstürmen wollen, dafür gern ein bißchen Unfreiheit in Kauf nehmen. Es wird ja nur ein bißchen Unfreiheit werden. Bestimmt nicht mehr. Es geht eisern ums Prinzip in Deutschland. Hier herrscht Hegels Geist, unausrottbar.

Natürlich hatte man sich das früher anders vorgestellt. Ich erinnere mich an stille, verschneite Wintertage in Berlin-Eichkamp, als ich mich ernst und zum erstenmal tief über Papier beugte, fest entschlossen, ein deutscher Dichter zu werden, nicht Offizier, wie es damals gewünscht, auch Mode war. Ich war damals siebzehn und wußte natürlich noch nicht genau, was nun kommen würde.

Dürer hing bei uns an der Wand, die ›Betenden Hände‹. Die ›Unbekannte aus der Seine‹ hing an der Wand, etwas bläßlich in Marmor. Sie sei aus Paris, hieß es zu Hause. Nietzsche hing in meinem Zimmer an der Wand, ein preußischer Schnauzbart in zierlichem Goldrahmen. Hölderlin stand auf meinem Schreibtisch, in Büchern. Mama saß im Sessel daneben und nickte nicht ohne die liebende, stolze Teilnahme deutscher Mütter damals – in so delikaten Fällen. Sie war mit Recht etwas besorgt, meines Höhenflugs wegen. Tatsächlich schrieb ich damals einen steilen Künstlerroman um Vincent van Gogh. Das »um« war das Wichtigste. Ich glaube, das Werk hieß »Wahnsinnige Glut« und war denn auch so: zum Zerreißen, zum Herzzerreißen. Eine Art ›Hörzu‹-Roman vor Fernsehzeiten. Hör zu, Mama: Und Vincent ließ den Pinsel fallen. Bitte?

Also das und manches mehr blieb der Welt erspart: den Leuten und mir. Es ist kein deutscher Dichterjüngling aus mir geworden. Es kam manches dazwischen damals. Andere wurden berufen. Immerhin, man schreibt. Man ist im Gewerbe tätig. Man hat auch seine Einfälle. Man tippt tatsächlich täglich Papier voll, immer wieder. Man hat seine Meinungen. Man hat zu diesem und jenem ein kritisches Wort, eine ernste Ermahnung, einen hämischen Witz zu verkaufen. Schlichtere Sachen, als man sich damals träumen ließ, ironisches Kleinvieh, ein Bauchladen moralischer Resonanz, der manchmal etwas vibriert vor Bosheit und lacht.

So ein Papiergeschäft, schmalerer Einzelhandel, wirft auch seine Groschen ab. Das ernährt auch seinen Mann und erfreut Leserherzen: lauter Laufkundschaft da und dort, im Radio, in einem Feuilleton, in Journalen und Monatsschriften, die an Kiosken hängen. Es bilden sich kleinere Grüppchen, die manchmal stehenbleiben, die sagen: Wie schön, wie nett, nur mehr! Wer sind Sie eigentlich, mein Herr? Es kommt also Echo zurück: Schreiber-Echo, Leser-Echo. Ganz resonanzlos ist es nicht, das

Gewerbe der Einsamkeit am Schreibtisch zu Hause. Oder täusche ich mich? Gibt man vielleicht nur seinem Affen Zucker zu schlecken? Natürlich gehört die Eitelkeit mit zum Geschäft. Woran erkennst du es trotzdem, was man Resonanz nennen darf? Von Publizität will ich nicht sprechen. Also Schriftsteller-Echo?

Es fängt mit den Irren an, meine ich. Das fiel mir auf. Man glaubt gar nicht, wieviel alleinstehende und kontaktfrohe Schizophrene es hierzulande gibt, die auf literarisch gehobene Publizistik ansprechen, jedenfalls auf meine. Sonderbar. Sie schreiben diese wunderlichen Briefe, die erfahrene Psychiater sofort mit einem spröden Lächeln beiseite legen. Ist da wieder ein Schub im Gang? Also typisch schizophren – manieriert, abstrakt, verschroben-leer, fast wie unsere Soziologensprache, aber noch etwas mehr: irre. Die Briefe sind irre lang, irre kurz. Die Regelmäßigkeit des Posteingangs bestürzt. Schon beim Öffnen des Briefkastens morgens sieht man sein blaues Kuvert einem zärtlich entgegenfallen. Es hat es besonders eilig. Da ist er ja wieder, mein Freund. Seit drei Wochen schreibt er mir regelmäßig. Manchmal sind es längere Werke. Manchmal ist nur ein Zeitungsausschnitt zugesandt, auf dem man Josef Neckermann reiten sieht und das Wort zugefügt wurde: Hallo, hallo! Manchmal wird er auch unverschämt. Es stehen auf zartblauem Papier nur die Worte: Du Kerrl, du Kerrl!!! Was meint er mit dem doppelten r und den drei Ausrufezeichen?

Einer – es war aber doch wohl ein anderer, so vermute ich – versucht es seit letzten Sommer telefonisch. Er hat sich auf wortlose Gespräche spezialisiert, eine sublimere Form des Kontakts, die mich an sich interessieren könnte: Formfragen. Irgendwie muß ich bei seiner Lektüre in sein Wahnsystem geraten sein. Seitdem ruft er regelmäßig an, ein- bis zweimal am Tag. Die Häufigkeit schwankt, hängt auch von der Wetterlage ab, merkte ich. Bei Tiefs geht sein Bedürfnis zurück. Bei Hochlage ist er fatal gesprächig – auf seine Art. Nimmt man den Hörer ab, so ist er sofort an seiner heimtückischen Art des Schweigens zu erkennen. Hallo, hallo? rufe ich. Hier bin ich! Wer ist denn da? Er atmet aber nur schwer wie ein Asthmatiker; er röchelt leise. Weiter nichts. Manchmal klingt es auch wie Schnarchen. Manchmal scheint er auch nach Kinderart einsame Seifenblasen zu pusten. Dann rauscht es leise im Hörer. Es gibt einen zarten Knall, dann wird aufgelegt. Manchmal kichert er auch nur und hängt ein. Ich frage: Sind das keine Vorzeichen?

Gleich nach den Irren kommen die Germanisten, nach meiner

Erfahrung. Es ist, publizierend, schlechterdings unmöglich, ihrer Aufmerksamkeit zu entgehen. Sie halten Kontakt in grammatikalischer Fürsorge. Man muß bei den Germanisten die Philologen, die Lexikonleute und die Übersetzer unterscheiden, doch geht das im Posteingang durcheinander. Die Lexikonleute schikken Fragebogen. Meist etwas ausgeblichene Großformulare, aus Oxford oder Ost-Berlin, zum Aufklappen wie Generalstabskarten. Unter 27b stellt sich die Frage: Bitte alle Bücher angeben, in denen Sie als Koautor mitwirkten. Erscheinungsjahr? Erscheinungsort? Herausgeber? Wieviel Seiten? Wieviel Auflagen? In welcher Sprache wurden die Bücher übersetzt? Wo sind sie im Ausland erschienen? Bitte fügen Sie Rezensionen bei, steht in Klammern, auch fremdsprachige. Man kommt also ins Schwitzen. Man hat zu tun, auf Antwort gesonnen.

Ein Übersetzer schrieb mir neulich einen sehr delikaten Brief aus Oslo, ein einziges Wörtchen betreffend. Er schrieb: Wir rätseln hier in Oslo oft über das Wort »Striese« nach, das bei Ihnen Seite 97, Zeile 7 von unten gebraucht wird. Das gibt es doch gar nicht im Deutschen. Es steht nicht im ›Duden‹ – also? Es gibt im ›Duden‹ Strizzi und Striezel. Ist das ein Gebäck oder ein Strichjunge? Oder handelt es sich einfach um den immer seltener werdenden Fall von dichterischer Freiheit bei Ihnen? Ich antwortete: Es ist schlimmer als Strichjunge, mein Herr. Es ist Adolf Hitler gemeint. Wir sagten damals, wenn er auf Parteitagen röhrte und schluchzte und schrie: Er spricht ja wie Striese. Das war mal ein Volksschauspieler, ein Schmierenkomödiant, ich glaube aus Mannheim.

Schlimm sind für mich die Literaturwissenschaftler. Sie bestürzen durch ihre hervorragende Bildung. Wußten Sie wirklich nicht, daß Ihr Thema schon 1911 von Maximilian Harden genauso abgehandelt wurde? Ist Ihnen dieses Werk tatsächlich bei Ihren Vorstudien entgangen? Oder darf man von Beeinflussung sprechen? Ach, meine Vorstudien und Beeinflussungen, wertester Herr, schrieb ich, die erlebe ich meistens auf Hauptbahnhöfen, in verräucherten Kneipen, in Warenhäusern und an noch schlimmerem Ort, um mit Brecht zu sprechen.

Das Schlimmste sind sicher die professionellen Philologen. Sie sind wie Logarithmentafeln: furztrocken. Die können dreihundert Seiten lesen, ganz unbetroffen. Selbst Mord und Totschlag rauscht an ihnen vorbei wie Wind. Aber dann stoßen sie auf ein Komma, ein feineres Adjektiv, auf ein überraschendes Plusquamperfekt: dieses poetische »hatte gehabt«, das ich so liebe, des besonders distanzierten Verzögerungseffekts wegen. Und über dieses Plusquamperfekt schreiben sie einem tatsächlich drei Seiten, engzeilig, eingeschrieben und per Eilboten. Der Eilbote der Deutschen Bundespost weckt mich Punkt sieben Uhr morgens aus tiefstem Schlaf. Ein Eilbrief, der Herr! Bitte, sagte er atemlos und ist schon wieder im Davoneilen. Später, um zehn oder noch später, öffnet man den Brief. Nach einigen Einleitungsworten steht der ernste Satz geschrieben, ob man denn nicht wisse, daß an dieser Stelle nur das Imperfekt regiere. Es sei ein ganz unverständlicher Fehler. Vom Inhalt des Buchs hat er offenbar nichts wahrgenommen. Bücher sind für solche Philologen wie Schulhefte, reines Rohmaterial zum Korrigieren, zum Fehlersuchen. Das sind die Steißtrommler des Plusquamperfekts, wie ich sie nenne. Reine Fach-Idioten. Kein Wunder, wenn bei uns schon zwölfjährige Schulkinder linksradikal werden. Na, was denn sonst?

Ich gehe zu den Freunden über, dem kleinen Kreis der Lieben. Täusche ich mich, wenn ich meine, daß sich hier auch etwas umstrukturiert? Es gibt alte Bindungen, die halten, unverändert. Am besten halten die, die nie eine Zeile von einem lesen würden, also die der gehobenen Analphabeten. Es sind ›Bild‹-Leser. Auffälliger ist die Verlustquote, der Drop-out alter Kumpane, die lange mitzogen. Wo kommt das her? Da geht immer auch etwas kaputt zwischen Menschen. Freundschaften verstummen, versacken, versanden. Sie kommen höchstens noch in kleinen, bösen Pfeilen hoch, die leise schwirren und zischen, mehr nicht. Eine feinere Art der Giftigkeit ist zu spüren, in Nebensätzen, in hingeworfenen Begrüßungsformeln, sich irgendwo treffend, auf einem Kongreß, in einem Funkhaus, zwischen zwei Türen schlenkernd. Ach du, du mit deinen Sachen da immer. Du bist ja fast wie Frau Sibylle geworden. Nur sehr viel billiger, nicht wahr? Was kriegst du denn so pro Stück? Ist das der Rede wert? Ist es Kritik, Gram, die Bitternis und Trauer aller Hinterbliebenen? Es ist ziemlich höhnisch, läßt also auf verborgenen Schmerz schließen. Schreibend muß man jedenfalls immer auch mit Feinden rechnen, mit Verächtern, mit einer kleinen Kohorte von verschworenen Gegnern. Das ist unvermeidlich. Das gehört mit zum Gewerbe. Das stellt sich von selbst ein, an einem bestimmten Punkt. Das ist traurig, aber keineswegs trostlos, wie ich finde. Es ist, als wenn ein schon stumpfgeschriebener Bleistift wieder zart angespitzt würde. Feindschaft provoziert und macht produktiv. Sie macht messerscharf – scharf wie ein Rasiermesser.

Haß kommt ganz unglaublich dem Stil zugute. Man kennt das von Karl Kraus. Haß spritzt die galligste, also die beste Tinte aus. Mir ist jeder Schriftsteller, der keine Feinde hat, tief verdächtig.

Ja, und schließlich die Börse, die Leute vom Bau, das Gewerbe Druck und Papier, was man so Zunftgeflüster, Marktgespräch und schönen Klatsch nennt. Jeder Autor ist eine Aktie, die an den Börsen der öffentlichen Meinung und der Meinungsmacher gehandelt wird. Wie steht denn sein Kurs heute? Für den Betroffenen ist das meist nur aus Distanz und indirekt spürbar: Stimmungsbarometer. Ich möchte den Kursverlauf als nachgebend bezeichnen. Das windet sich wie eine Schlange, wird gehandelt wie eine Siemens-Aktie; mal etwas höher, dann niedriger. Eine Zeitlang wird man nur mäßig gehandelt. Die Börse ist depressiv. Dann rutscht der Kurs langsam nach oben. Es gibt Phasen euphorischer Wertschätzung, ja Liebe aller zu allen, die wunderbar sind. Es wird dir jetzt alles aus der Hand gerissen. Die Sache ist ziemlich irrational, wie das Börsengeschäft selber. Aber dann setzt die Gegenbewegung ein. Es gibt nach. Es ergeht einem wie dem Dollar. Man wird niedriger gehandelt. Man sinkt ständig im Wert – wieso eigentlich? Der Dollar mag sich das auch manchmal fragen – gleichwohl. Der Markt hat seine Gesetze. Soll man sagen: Spekulanten? Einer hat es jedenfalls gefunden, herausgebracht: Finden Sie nicht, daß er nachläßt? Haben Sie nicht das letzte von ihm gelesen? Wie schwach, nicht wahr? Nein, er ist nicht mehr das, was er früher war, ganz am Anfang. Sein erstes Buch, das war ein Start. Das versprach etwas. Aber man weiß ja, wie das mit Anfängerwerken ist. Es wird immer nur schlechter. Ach, erwidert der andere, der noch etwas subtiler ist, ich weiß nicht so recht. Im Grunde war er doch schon immer so. Sie können alles, was Sie jetzt monieren, auch schon in seinen Anfängen finden, spurenhaft. Man hat es nur nicht bemerkt, damals, nicht wahr? Ende der Durchsage. Börsenschluß.

Ja, so ist das – Schreiber-Echo. Es ist ein Auf und Ab, ein Kommen und Gehen. Es mischt sich wie auf dem Schulzeugnis früher das Lob mit dem Tadel. Ein bißchen wird man geschätzt und ein bißchen verachtet als Schreiber. So ist das. Und manchmal fragt man sich natürlich auch: Indem du dies schreibst, mein Lieber, dies referierend so ernst als Publizisten-Bilanz – bist du da nicht auch mit drin im Beziehungssystem, in diesen schönen Wahn-Ideen, die du bei anderen Leuten feststellst? Warum nimmst du das alles so irre ernst? Man ist damit wieder beim Anfang: den Irren. Hier schließt sich der Kreis endlich.

Fernsehzeit

Früher, das ist sicher, war auch das anders. Wenn früher der Abend kam, Dunkelheit über die Stadt fiel, wenn man seine Arbeit, sein Tagespensum erledigt und hinter sich hatte – war man dann nicht ein freier Mensch? Was hat man nicht früher alles gemacht am Feierabend, nicht wahr? Ins Kino gehen, Freunde besuchen, rumhocken in Bars, versacken im schönen Sumpf. Oder zu Hause mit seinen Lieben in Ruhe essen, reden, streiten – der Streit war früher einmal, neben dem Skat, die beliebteste Freizeitbeschäftigung im deutschen Familienkreis. Streit kann beleben, erfrischen, tiefere menschliche Bande knüpfen und ist überdies ein guter Zeitvertreib, auch billig, meistens kostenlos, wenn nichts kaputtgeht dabei. Ich will sagen: Früher war man zwischen sieben und zehn des Abends noch sehr glücklich dran. Man war wie ein Kind, das spielen gehen darf mit seinen Murmeln. Open end hieß jeder Abend.

Seit Jahren beobachte ich immer besorgter, wie so freie Sitten schwinden, wie uns die Leine immer kürzer gehalten, der Riemen noch etwas enger geschnallt wird. Es werden uns immer feinere, immer strengere Fesseln um unsere schönen Freizeitgelenke gelegt. Ich merke das seit Jahren an meinem Telefon. Früher riefen abends die Freunde an – nach dem Abendbrot. Man kennt diese netten und menschenfreundlichen Überraschungen, Menschen, die gar nichts wollen, nur plaudern: Hallo, wie geht's denn, und was macht ihr heute abend, und regnet es bei euch auch so? Nur das. Das war einmal. Heute haben sich alle Anrufe der Freunde auf eine präzise Uhrzeit eingependelt. Sie beginnt exakt neunzehn Uhr eins und endet schlagartig neunzehn Uhr neunundfünfzig, so daß diese eine Stunde voll schöner, schöpferischer Beredsamkeit ist. Dann aber nichts mehr. Schweigen, große Pause.

Aufschlußreich ist auch der Verlauf, die Dynamik dieser Gespräche. Es beginnt normal, locker und fröhlich, wie auch früher nach sieben. Schon um halb acht aber werden die Anrufe deutlich straffer, gezielter, auf klare Themenkreise begrenzt. In die Gespräche, die zehn vor acht beginnen, kommt schon etwas von

Hast, von überstürzter Eiligkeit. Die Leute sprechen jetzt wie aus einer Telefonzelle vom Münzautomaten, sie reden auch lauter ins Mikrophon, so als riefen sie aus Rom oder Stockholm an, obwohl es nur aus Darmstadt kommt. Und plötzlich erstirbt das Ganze, geht in die Brüche. Die Uhr ist noch etwas vorgerückt, und alle Probleme, die eben noch schwierig und weiträumig waren, großer Entfaltung bedurften, klappen einfach zusammen wie Taschenmesser. Man spürt Unruhe, Hastigkeit, Verdrossenheit auf der anderen Seite, überstürzte Bemühungen, Schluß zu machen. Es wirkt beinah unfreundlich, wie der andere einem gerade noch atemlos zuruft: Also, ich muß jetzt abbrechen, leider, ja, auf Wiederhören, danke. Dann knackt es hart in der Leitung, und ich weiß: Fernsehzeit, natürlich. Jetzt kommt ja die Tagesschau. Es ist wie mit dem Sex. Niemand sagt's, und alle tun's. Ich auch. Auch ich sehe die Tagesschau dann.

Es hat sich unser Leben ein bißchen verändert im Zeichen der Fernsehuhr, ein sanftes Diktat, sehr streng. Ein neuer Knigge wäre zu schreiben: ›Vom Umgang mit Fernsehmenschen‹. Es wäre zunächst zu beschreiben, wie taktlos, wie anstößig, wie unzüchtig es ist, zwischen zwanzig und zwanzig Uhr achtzehn bei Mitmenschen zu klingeln, zu klopfen, vielleicht nach zwei Eiern, aushilfsweise, zu fragen. Später verzweigen sich die Interessen. Ich bin in der Lage, schon vom Verhalten meines Telefons her klar die Programmarten zu erkennen. Am Montag, wenn frische politische Magazine kommen, herrscht Totenstille. Niemand klingelt auch an der Haustür. Plaudert aber Professor Grzimek mit seinen Äffchen, so setzen erste Weltkontakte wieder ein. Überhaupt läßt der Bann kurz vor zehn deutlich nach. Schon um halb elf kann man wieder seine Freizeitbeschäftigung aufnehmen: essen, reden, streiten.

All diese vielen, strengen Fernsehzeiten, auf die man schon vorausschauend Rücksicht nehmen muß – beim Dating. Versucht man sich zu entziehen, so geht es einem wie früher in der Schule beim Schwänzen der Turnstunde: Irgendwo hat man ein schlechtes Gewissen, das bleibt. Wie oft saß ich bei einer Party, in einer Abendrunde bei schlechtem, etwas verquältem, mühsamem Kontakt und dachte bestürzt: Jetzt läuft doch diese Reportage über Maos revolutionäre Massen, jetzt spricht doch Martin Walser über Politik – ein wichtiges Thema, daß du das wieder versäumen mußt! Verlustgefühle. Und all die leergefegten Straßen der City, wenn Kriminalserien, Mondlandungen, Könige kommen. Ich erinnere mich, wie ich im Sommer beinah einen

Unfall gebaut hätte, weil ein Freund zum Spiel um die Fußballweltmeisterschaft rasch noch nach Hause gefahren werden wollte. Er trieb und hetzte mich über alle Gelbampeln der Stadt, es ging um Minuten. Es war, wie wenn man einen Zuckerkranken, schon ohnmächtig, ins Krankenhaus transportieren würde. Es ging um Leben und Tod, jedenfalls für mich, den Fahrer. Später dann, ich wieder zu Hause, im Herzen der City allein und zu Hause, nicht fernsehend, hörte ich einen Schrei. Ach, es war ein Schrei, den ich nie vergessen werde. Er kam aus den Häuserschluchten der Innenstadt, die still und tot dalag wie eine Mondstadt. Es war, als wenn alle Türen aufsprängen, alle Fenster der Stadt zerbrächen, Schrei von Millionen, Volkes Schrei. So haben die Deutschen selbst Hitler nicht zugejubelt. Das erste Tor für uns. Und ich dachte wieder: Hörst du? Das ist Fernsehzeit.

Das Fernsehen war da

Zunächst fängt es ganz harmlos an, dialogisch. Zunächst ist nur mit winzigen Fatalitäten beim Telefonieren zu rechnen, Kommunikationsschwierigkeiten, die man gern hinnimmt als Heimarbeiter. Es schrillte um neun Uhr früh das Telefon, eine unglaubliche Zeit. Bitte, warten Sie, bleiben Sie am Apparat, ich verbinde, hatte das Mädchen gesagt. Aber dann klappt das nie, das Verbinden, Durchstellen genannt. Man kann mich nicht durchstellen. Nur dieses stumpfe, traurige Knacken im Apparat. Der mächtige Mann, der mich wünschte, hat sich plötzlich verlaufen, er hat noch drei andere Gespräche laufen, dazu einen Film im Studio. Hat er sich aus dem Staub gemacht? Wir rufen zurück, sagt das Mädchen, wir suchen noch.

Nach einer Stunde neuer Anruf. Der mächtige Mann ist jetzt da, es wird durchgestellt, er will eben »Schönen guten Morgen« sagen, da kommt eine Stimme aus der Zentrale dazwischen: Wir haben Moskau in der Leitung, Doktor, sagt jemand sehr breit. Wir rufen wieder zurück, sagt das Mädchen, und einen Augenblick hört man den Redakteur sich mit Moskau warmplaudern: Wie ist denn das Wetter bei Ihnen, Kraske? Dann Knacksen, Schweigen, Funkstille: Keine Wetterdurchsage Ost für mich.

Aber dann klappt es doch im Laufe des späteren Vormittags, und der mächtige Mann setzt einen präzis ins Bild: Nein, keine große Sache. Wo denken Sie hin. Die Sendung ist doch schon Montag. Nur ein ganz kurzes Statement. Sie kennen das? Was sagen Sie? Nein, Sie brauchen nicht ins Studio zu kommen. Wir machen das bei Ihnen in der Wohnung. Die Atmosphäre ist viel intimer, lockerer, für Sie doch bequem. Was? Ja, natürlich farbig. Ich bitte Sie. Nur nichts ablesen, frei sprechen, ja? Worüber? Ach, darüber? frage ich. Das war doch eine große Sache, über dreißig Seiten lang? Es genügen uns drei Minuten, sagt der mächtige Mann mit Bescheidenheit. Also morgen um elf? Um elf kommt das Team, sind Sie einverstanden? Danke, danke sehr, Ende der Durchsage.

Ja, und dann kommen sie tatsächlich am nächsten Tag. Ich habe es oft durchgemacht, leidgeprüft, welterfahren, etwa ein dutzendmal. Ich kenne die Szene. Sie ist bühnenreif, aber niemand beschreibt sie. Wenn das Fernsehen ein dutzendmal bei dir in der Wohnung war, sagen alle Erfahrenen, ist sie hin, kaputt, muß total renoviert werden. Es ist alles locker und brüchig geworden. Kalk rinnt von den Wänden. Es ist, als wenn eine Naturgewalt durchs Haus raste, ein Hurrikan, der deine Wohnung mürbe und windschief macht. Dabei, wie gesagt, fängt alles so harmlos an; auch wenn sie dann kommen, am nächsten Tag.

Daß sie sich verspäten, verstehe ich. Um elf war das Dating. So kurz vor eins trifft meistens eine Dame ein, die nicht mehr ganz jung, aber burschikos ist und sich mit dem Wort »Buch« vorstellt. Es ist nicht das Skriptgirl, sondern die Autorin des Drehbuchs, das sie fest in der Hand hält. Das Buch ist sehr groß. Die Dame ist immer erstaunt, daß noch niemand da ist vom Team. Sie sieht sich forschend um: Wo bleiben die bloß? Ich darf doch mal telefonieren? fragt sie, nervös nach der Uhr blickend. Jetzt beginnt bei ihr die Schwierigkeit, durchgestellt zu werden. Aber während das noch versucht wird, tauchen sie auf, tropfenweise. Es tauchen diese jungen, sehr markanten, ungemein sensiblen Gestalten auf, die man sofort als Künstler erkennt: der schnittige Bart, die langen Haare, das bleiche, sehr magere Gesicht, die Cordhose, der sehr grobe Pulli, ein roter Schal um den Hals – Naturgenies, also Künstler. So sehen heute die Beleuchter, die Kabelträger, die Tonleute aus. Sie sind sehr nett und hilfreich, das ist einzuräumen. Sie bringen dieses Flair der großen Kultur mit in die Wohnung, das mir immer fehlt. Sie fassen sich doch kürzer als Mitscherlich heute früh? fragen sie besorgt. Ich verspreche das, während sie ihre Kabel, Lampen, Kisten und Kameras unten im Fahrstuhl verstauen.

Das Fersehen ist da, so verbreitet es sich im Haus wie ein stolzes Gerücht. Was? Wo denn? Ach, da? Die übrigen Fahrstuhlbenützer treten ehrerbietig zurück. Sie laufen fünf Treppen zu Fuß. Platz für das Fernsehen, sagt jemand gebieterisch. Platz da. Welches? forscht ein Kundiger mißtrauisch. Das Erste oder das Zweite? Ach, diese schiefen, betrübten Gesichter immer, wenn ich dann ironisch sagte: das Dritte. Einmal sagte ich auch: Haben Sie denn nicht die knallroten Schals gesehen, diese Sozialistengesichter? Die kommen von Adlershofen, vom Fernsehfunk Ost.

Nach etwa zwei Stunden sieht die Sache für unsereinen schon fortgeschritten, fast imponierend aus. Das Mobiliar ist abgeräumt. Es hat sich alles in ein kleines Studio verwandelt, so meint man als Laie. Am Anfang stolpert man noch etwas über Strippen und Kisten. Man stößt sich an vielen Scheinwerfern, die wie Giraffen dastehen, so hochbeinig. Licht an! ruft jemand aus der Küche. Eine Lichtflut, grellweiß und weißblau, flammt auf, aber dann gibt es einen Knacks. Es wird stockduster. Die Sicherungen sind durch! ruft der aus der Küche; es klingt beinah fröhlich. Fernsehleute sind hoffnungsfroh. Sie glauben stets an das Gute der Technik. Die Operation wird also viermal wiederholt. Es werden die Anschlüsse im Schlafzimmer, im Flur, im Bad durchgeprobt – ob die nicht stärker sind? Als sie dann beim fünftenmal wieder durchbrennen, sagt einer: Jo, wir müssen die Drei A holen. Geh doch mal runter, Jo.

Am Anfang machte ich den Fehler, das Team in solchen kritischen Pausen durch kleine Erfrischungen aufzumuntern. Ich meinte, ich sei ihnen als Gastgeber das schuldig: bei Laune halten. Ich würde heute abraten. Sie trinken alles weg, im Laufe der Zeit. Erst den Whisky, dann den Cognac, dann den Wodka, natürlich in kleinen Schlückchen nur. Währenddessen wird telefoniert. Es stellt sich nämlich immer in vorgerückter Stunde heraus, daß etwas fehlt, eine Birne, eine Schaltung, ein Filter. Etwas fehlt immer. Einmal stellte ein Team nach dreistündigen Vorbereitungen bei mir fest, daß es doch nur Schwarzweiß-Material im Kasten habe, nichts Farbiges. Ein rasendes Telefonieren begann. Sie haben doch nichts dagegen? Die Leute waren aus Baden-Baden, wußten aber im Rhein-Main-Raum erstaunlich viel Zulieferfirmen zwischen Mainz und Wiesbaden, die nun »abgefragt« wurden. Wieder dieser Optimismus, der nicht ruchlos ist – nach zwei Stunden war tatsächlich das richtige Filmmaterial da, die Prozedur begann wieder. Licht an! rief einer. Dann brannte die Sicherung durch. Und ich reichte den letzten Wodka – damals noch.

So zwischen fünf und sechs Uhr nachmittags kann man rechnen, daß es ernst wird – mit den drei Minuten. Die Dame mit dem Buch hat sich mühsam aus dem Sessel erhoben. Sie schwankt etwas. Sie hat Ringe unter den Augen. Ach, ich hätte doch nichts trinken dürfen, klagt sie, meine Leber. Ich muß nach Bad Mergentheim. Also, jetzt ran, jetzt ziehen wir's durch, bitte auf Handzeichen, fügt sie hinzu. Wenn die Kamera läuft, gebe ich Ihnen das Zeichen. Nein, rücken Sie mit dem Oberkörper nicht so weit vor, halten Sie die linke Schulter etwas zurück, bewegen Sie den rechten Arm nicht. Sie dürfen den Kopf nicht wenden – direkt in die Kamera sehen. Sie müssen die Hände unten behalten – und bitte ganz natürlich jetzt. Und nicht so laut sprechen. Wir übersteuern sonst. Man ist gespannt. Freudige Erwartung bei mir, daß es nun gleich vorbei sei – das Ganze. Licht flutet wieder auf, rasend hell, eine Klappe fällt. Statement vier zum erstenmal! ruft jemand. Ton läuft! ruft der Tonmann. Abfahren! ruft jemand. Und während ich eben versuche, intelligent und locker, starr und natürlich zugleich zu wirken und außerdem noch Gescheites zu sagen, fällt das Ganze wie ein Teufelsspuk, wie ein böser Zauber schon wieder in sich zusammen. Plötzlich ist wieder Nacht. Es ist ganz dunkel und still im Zimmer. Das Team sitzt reglos und still. Betet es? Es ist, wie wenn sie gelähmt wären. Niemand sagt einen Ton. Sie hocken alle wie Buddhas da auf dem Teppich. Bedrückendes Schweigen. Nach einer sehr langen Denkpause sagt der Kameramann: Es hat keinen Sinn, Jo. Wir müssen die große Zweieins holen. Die gibt uns ganz andere Brauntöne. Ich kriege den Hintergrund sonst zu flach.

Es wird also nach der großen Zweieins gefahndet. Merkwürdigerweise sind alle Fernsehutensilien weiblichen Geschlechts – wie Schiffe. Das Team hat sich wieder locker niedergelassen. Der Kameramann telefonierte sehr energisch, und ich reichte kleine Erfrischungen: Häppchen, die ich in der Küche garnierte – damals noch. Mit Hackfleisch und Zwiebeln. Inzwischen war es fast zwanzig Uhr: Fernsehzeit. Daran war heute nicht zu denken: die Tagesschau. Der Lichtmann hatte sich zusammen mit dem Tonmann über meine bescheidene Sammlung pornographischer Bücher hergemacht. Sie fanden die Aufnahmen ungewöhnlich, vom Fotografischen her. Manchmal feixten sie auch. Die Buchdame blieb längere Zeit auf der Toilette für sich. Nahm sie ein Erfrischungsbad? Für die Zweieins, die irgendwo stärker sein muß, wurden Starkstromanschlüsse fällig. Man telefonierte mit der Hausmeisterin, die kam, die aber erst wissen wollte, ob sie vom Ersten oder vom Zweiten seien und wann es käme: präzis – der Kinder wegen. Dann wurde im Keller ein Starkstromanschluß offeriert.

So gegen halb zehn am Abend war alles auf das Beste gerichtet. Man hatte zwei Türen aushängen müssen, der neuen Kabel wegen. Man hatte in die Wände ein paar kräftige Nägel geschlagen für Zusatzlampen. Die große Zweieins war da. Sie sah wunderschön aus, mattbraun und zartglänzend wie ein Reh, nur sehr viel größer. Wirklich ein Mädchenauge – sehr weiblich. Die Buchdame kam aus dem Bad. Sie wirkte erfrischt. Der Kameramann steckte sich in der Küche ein letztes Häppchen zu. Ton und Licht schlossen meine pornographischen Bücher schmatzend. Also, jetzt ziehen wir es knallhart durch, sagte die Buchdame burschikos. Mehr Licht! rief einer aus der Küche. Es klang mir wie Goethe, sterbend. Tatsächlich strahlte jetzt alles überirdisch weiß auf. Es war ein himmlisches Licht, und nichts knallte durch.

Und ich nahm mich wieder zusammen, saß brav und verängstigt auf meinem Stuhl, versuchte wieder gespannt und locker zugleich zu sein. Ich dachte an all die falschen Bewegungen, die nicht sein durften. Ich schnurrte meine Sätzchen runter. Ich war erstaunt, wie gut es ging. Einmal verhaspelte ich mich, aber nur etwas. Ich redete fröhlich weiter und fand einen guten Schluß, genau als drei Minuten, zwölf Sekunden um waren. Es war eine wunderschöne Pointe, mein Schluß. Was man eben braucht bei Statements. Ich glaube, ich sagte: Die Wahrheit ist eben unteilbar, wie die Freiheit. Man kann sie nicht kleiner haben. War das nicht vortrefflich? Es waren alle befriedigt, beglückt. Na, wunderbar, sagte der Lichtmann. Da haben wir's ja im Kasten, sagte die Buchdame burschikos. Es gibt viel schlimmere Situationen, sagte der Kameramann und lachte. Es machte mich nur das Schweigen des Tonmanns mißtrauisch. Er hockte in der Ecke auf dem Teppich, fuhr das Band immer hin und her. Es zischelte nur, und er sagte dann in das allgemeine Glück der Aufbrechenden hinein: Ich weiß nicht, der Pilotton war am Anfang nicht da. Die ersten drei Sätze fehlen. Wir müssen das Ganze noch einmal machen, ja?

Also, ich will nur noch sagen: So gegen elf in der Nacht waren die drei Minuten fertig. Ich war etwas streng und frostig geworden zum Schluß, auch gereizt, obwohl die Fernsehleute froh und zufrieden schienen. Ich war auch müde. Es ist nur noch nachzutragen: Mein Statement kam dann am Montag. Es war deutlich gekürzt: nur noch eins dreißig, wie mir schien. Es schien mir trotzdem zu lang. Ich fand es fast überflüssig – als Fernseher.

Führergeschichten

Er ist sehr betulich und besorgt ums Weltgeschäft, menschlich, finde ich, in unmenschlicher Zeit. Man sollte ihm endlich ein Denkmal setzen. Er ist doch der neue Führer, ein Dolmetsch schlimmer Geschehnisse: Linksradikalismus oder Rechtsradikalismus, Umweltverschmutzung oder Städtesanierung, Filmförderungsgesetz oder Verbrechensbekämpfung – er moderiert das alles mit sicherer und umsichtiger Hand. Kommt das von moderato: also mäßig, gemäßigt? Er bringt alles ins rechte Gleis. Er kommt unerhört pünktlich zu uns nach Haus, des Abends nach Tisch. Ein neuer Hausfreund, könnte man sagen, Hebels Kalendermann heute. Meiner ist es. Er ist die gelungene Mischung aus Onkel und Ober, geht es mir durch den Kopf, wenn ich ihn im Zimmer begrüße. Einerseits soll er ja, wie alle guten Onkels, die Fernsehmenschen etwas anwärmen, tätscheln, eben verführen – zur Politik, den öffentlichen Sachen. Ein Mensch trägt Konflikte vor, beinah intim. Andererseits muß er die Speisen auf- und abtragen, das nächste Thema servieren, einen eleganten und raschen Bogen finden, wie man zum Beispiel vom klassenlosen Krankenhaus auf Schiebungen im Sport kommt, in dreißig Sekunden, also in knappster Zeit. Ich finde, mancher hat schon die Wendigkeit erstklassiger Kellner, etwa wenn er dann sagt, die Krankenhausreste zusammenkratzend: Tja, meine Damen und Herren, offen gesagt: Nicht nur das Krankenhaus ist bei uns krank – auch der Sport scheint von einem schleichenden Bazillus befallen. Er hüstelt dann etwas, der Bazillen wegen.

Der Moderator moderiert also. Er führt durch die Sendung, wie man sagt. Ja, wie führt er denn? Er sitzt da, ernst, aufmerksam. Meist ist sein Gesicht etwas gespannt, manchmal trotz aller Scheinwerfer leicht verdüstert. Man spürt, daß er in solchen Augenblicken die Last der Erde trägt, wie Atlas. Er ist so besorgt und entschlossen. Was ist bloß jetzt wieder passiert in der BRD?

geht es mir in solchen ersten Augenblicken heiß durch den Kopf. Ist schon wieder ein Bundestagsabgeordneter wankelmütig? Schon wieder einer mit Gewissen? Droht der Schah von Persien mit einem neuen Staatsbesuch? Er wird doch nicht? Warum blickte der Führer sonst so unheildrohend? Aber dann ist es meistens doch allgemeiner Art. Der Führer setzt an, holt tief Luft, sagt: Guten Abend, meine Damen und Herren. Es gibt Dinge in unserem Lande, die doch sehr nachdenklich stimmen müssen, jedenfalls den kritischen und mündigen Staatsbürger. Schon wieder will der Bundestag in Bonn seine Diäten erhöhen. Wir sind der Sache nachgegangen. Elke Hajo berichtet. Dann fällt die erste Klappe. Manchmal fällt sie auch nicht. Dann gibt es dumme Sekunden.

Natürlich, ich weiß: Man muß unterscheiden, differenzieren. Jeder macht's anders. Es gibt so viele Führer heutzutage. Häufig wechselnder Verkehr sozusagen im TV-Bereich. Es gibt diese und jene, sone und solche, Rückwärtssorger und Vorwärtssorger wie Proske zum Beispiel. Man kann sie nicht in einen Topf werfen, obwohl man natürlich auch seine speziellen Freunde hat. Am besten gefallen mir immer die beiden aus Köln vom ›Monitor‹, dieser Pappschachtel, die sich so kompliziert aufklappt. Die haben etwas von Max und Moritz. Sie sägen Bretter an, heimlich. Sie sind intelligent, lässig-beherrscht, etwas mokant im Ton. Ein Lächeln ist möglich. Sie sind die Ausnahme in Deutschland. Typischer ist dieser finstere Mann von ›München Report‹. Neues aus Finsterwalde, denke ich immer. Er läßt mit seinem Spitzbart schon ahnen, was wir einmal, wenn Franz Josef Strauß am Ruder sein sollte, unter Publizistik der freiheitlich-demokratischen Grundordnung serviert bekommen werden: die Wahrheit der Dunkelmänner.

Kein Wort über Löwenthal, aber doch dies: Ich sah einmal in ›Pardon‹ eine Karikatur von ihm, die ich seither immer zwanghaft sehe, wenn er auftaucht im ZDF. Vom Kopf bis zur Tischhöhe sah man ihn original, wie er eben ist: zivil, ernst, betrübt, auf das tiefste beunruhigt, durch das wüste Treiben der Linken. Unter dem Tisch aber zeigte die Karikatur das, was uns die Fernsehkamera immer unterschlägt: Der Mann trug eine straff geschneiderte Wehrmachtsuniform, Reithosen mit Schaftstiefeln und blitzenden Sporen dazu. Unter dem Tisch war es ein richtiger großdeutscher Major, immer noch befaßt mit dem Dreißigjährigen Krieg, dem Feldzug der Deutschen gen Osten. Doch lassen wir das. Führergeschichten. Man soll nicht personalisieren. Ich komme zur Sache zurück. Es handelt sich also beim Moderator um einen neuen Typus in unserer Publizistik, sozusagen die jüngste Gestalt in dem ehrwürdigen Berufsstand der Journalisten. Neben so klassischen Ressortmenschen wie dem Leitartikler, dem Reporter, dem Nachrichtenredakteur, dem Kunstkritiker ist seine Gestalt ganz nach vorne getreten, etwas bizarr: der Hausfreund im kolossalen Massenzeitalter. Es umgibt ihn Wichtigkeit, die Aura der Prominenz. Er leuchtet weit im Land. Er ist von märchenhafter Publizität, solange er dasitzt und seine Sprüche klopft. Er ist ja der letzte Mensch im elektronischen Zeitalter, der einzelne, der Besondere, auf den es doch ankommt zuletzt. Es geht ohne ihn nicht, wirklich nicht. Man braucht dieses Paßbild, das begrüßt, redet, bedenkt, einschränkt, ausweitet und eben servieren, überleiten kann. Wir leben in humaner Zeit. Alles Große und Weltbewegende wird uns auf so appetitlichen und bunten Tellern zu Hause am Bildschirm gereicht wie Kotelett mit Kartoffelsalat. Ich meine, so eßbar, so schmackhaft in kleinsten Häppchen. Magazinitis heißt das, und der Moderator kaut vor. Er ist eine Krankheit der Publizistik heute in Funkhäusern. Es geht ein Gerücht durch das Haus, die Flure, TV-Zimmer: Wir machen ein neues Magazin, noch eins, ja? Au fein! Es kann gar nicht genug geben von solchen bunten Speisekarten der Zeitgeschichte. Wer moderiert? Wen nehmen wir denn für unser neues Magazin »Welt im Wandel – Streiflichter am Rande des Zeitgeschehens«? Also, wer führt durch den ganzen Salat?

Anderswo mag es anders sein, zum Beispiel in Amerika. Dort ist man lockerer, sportlicher, fröhlicher. In Deutschland ist es so: Der Mann muß ernst und seriös wirken, grundsolide. Er muß einen ordentlichen Jackettanzug tragen. Deutsche Ordnung und Treue müssen aus seinen Augen sprechen. Er wird also mittleren Alters sein. Man muß das Familiäre, den Hausvater spüren, der sich sorgt. Er muß Sympathieträger sein, den I-Faktor haben. So etwas wie Professor Grzimek wäre schon gut, etwa für ›Panorama‹. Es geht Vertrauen von solchen Männern aus. Er kann einen Bart tragen, aber es muß deutlich ein Bart alter Schule sein, kein Revoluzzerbart. Irgendwie muß er ausgewogen wirken, der Moderator. Es wird ja von den Staatsverträgen verlangt: Ausgewogenheit. Man muß es deutlich sehen können, wie er während der Livesendung kunstvoll auf beiden Schultern trägt, eben auswiegt, einerseits, andererseits. Journalistische Sorgfaltspflicht heißt das auch. Es kommt immer so beteuernd und anklagend aus dem Mund von Rundfunkräten. Nicht wahr, wo bleibt die Sorgfaltspflicht?

Ja, und dann muß er auch jenen human touch haben, den Günter Gaus damals schmerzlich vermissen ließ. Der guckte kalt wie ein Hecht. Das liegt uns nicht. Das konnte nichts werden. Der Moderator muß dieses ganz private Betroffensein, das Stirnrunzeln individueller Besorgtheit erkennen lassen, das den Zeitläufen tiefer, qualvoller nachforscht als andere Zeitgenossen. Nichts nimmt der Moderator leicht in Deutschland, alles tief und ernst. Wir sollten das nicht zu leicht nehmen, meine Damen und Herren, muß er nicht ohne Strenge im richtigen Schnitt zwischen zwei Einspielungen so sagen können, daß es der Familie zu Hause schwer wird ums Herz. Schon stöhnt der Vater, greift nach dem neuen Bier. Schon springt die Katze vom Vertiko. Sie hat gut lachen. Sie versteht nicht, was der Mann meint, wenn er sagt: Ich sehe da etwas auf uns zukommen. Es steht uns da eine Entwicklung ins Haus. Widersteht den Anfängen, sagten die Alten.

So durch und durch moralisch, so gefestigt und weltläufig zugleich müßte der Mann sein, der das neue Magazin moderiert. Und zum Schluß müßte er ganz leicht und befreiend sagen können: Ja, das wäre es also für heute abend, meine Damen und Herren. Ich danke Ihnen fürs Zuhören. Ich wünsche Ihnen noch einen guten Abend. Dann zieht sich das Paßbild diskret zurück. Es flimmert die Absage durch. Es entsteht nun jene Stille und Leere im Haus, die immer eintritt, wenn ein guter Mensch plötzlich verschied. Der Hausfreund ist weg, der Führer hat sich aus dem Staub gemacht. Wo ist er hin?

Manchmal frage ich mich in solchen Augenblicken leichter TV-Frustration: Was macht er jetzt, der große Mann? Ob er mit dem Bus, der U-Bahn nach Hause fährt? Das ist wenig wahrscheinlich, seiner Berühmtheit wegen. Er würde dasitzen wie Greta Garbo in der New Yorker Subway: von allen Blicken belästigt. Sicher hat er einen BMW mit zugehängten Fenstern, der ihn in rasender Eile nach Hause fährt, vielleicht mit Blaulicht. Er gehört ja zur Weltelite, die man auf Flughäfen VIP nennt: very important persons.

Zu Hause aber wird seine Frau sagen: Ich weiß nicht, Gerhard, du warst heute irgendwie anders. Wie soll ich sagen? Frau Klöpfer von nebenan meint das auch. Was war denn mit dir? Und er, einschlafend schon, tief erschöpft: Ach, laß doch, Hermine, laß sein, laß gehen das Treiben der Welt. Ich bin es müde. Ich hatte die falsche Perücke auf, die mit dem Linksscheitel. Auch auf unsere Studiofriseure ist kein Verlaß mehr. Die werden auch immer linker, jetzt. Gute Nacht.

Schöner sehen

Natürlich war es bei ihm zunächst genau wie bei den meisten Zeitgenossen: Zunächst war er strikt dagegen. Er hatte lange protestiert. Er hatte gesagt: Was, so einen riesigen Bonbon soll ich mir in die Wohnung stellen? Diesen Tuschkasten reicher Leute, der unsere ernste Welt zuckersüß aufschminkt? Also noch mehr Verlogenheit in der Information? Man weiß doch, wieviel der Farbfilm der großen Schwarzweiß-Tradition gekostet hat – an Wahrhaftigkeit. Nein, diese nüchternen, grafisch klaren Lineaturen meines alten Apparats entsprechen in einer sehr elementaren Weise unserer Weltverfassung, auch politisch gesehen. Schwarzweiß-Fernsehen ist das Richtige, das Angemessene für unsere Gesellschaftsverfassung, die man als Grau-in-Grau bezeichnen muß. Oder? Leben wir vielleicht nicht in einer finsteren Welt?

Merkwürdig, nicht wahr, was für außerordentliche moralische Aspekte man bemüht, wenn man sich gegen ein kleines Stückchen Fortschritt wehrt. Man wird dann ganz prinzipiell als Deutscher und reißt letzte Weltgründe auf, scheut auch Martin Heidegger nicht: den Satz vom Grund. So hatte er sich auch vor fünfzehn Jahren gegen das Fernsehen überhaupt gewehrt. Er hatte damals als Zeitungsleser und Radiohörer etwas vom Ende des lesenden Zeitalters, von der neuen Massenverführung durch Bilder gemurmelt. Er hatte sogar etwas sehr Intelligentes und Prinzipielles über Reizüberflutung publiziert. Damals war das Mode, wie heute Sozialismus. Seitdem war er ein treuer Schwarzweiß-Fernseher geworden. Er hatte sich fünfzehn Jahre lang gern überfluten lassen, in Grenzen. Natürlich: Kulturkritik ist schon recht, aber des Abends bei einem spannenden Krimi oder bei einer scharfen politischen Diskussion vergißt man das eben zu Hause. Leider ist das Fleisch schwach, auch bei Fernsehern.

Es war auf jeden Fall ein denkwürdiger Tag gewesen, als sie ihm den ersten Farbfernseher ins Haus gebracht hatten. Es war genau drei Monate her. Er hatte sofort gespürt, als er das erste

Testbild farbig aufleuchten sah: Das ist nicht irgendein Tag deines Lebens. Es ist ein Einschnitt, ein Ereignis, ein Red-letter-day, wie die Engländer sagen. Später einmal wirst du daran zurückdenken. Von jetzt an kommt etwas Neues in deine Welt; dein Leben wird anders, bunter, farbiger werden, vielleicht fröhlicher. Es hatte etwas von Weihnachten, also vom bunten Glanz des Heiligen Abends, als die Techniker dann die Antenne durchgeschaltet hatten und plötzlich mitten in eine Kindersendung des ZDF hineingeraten waren. Es war siebzehn Uhr fünf gewesen; er würde den Augenblick so bald nicht vergessen: zu Hause die bunte Welt. Er sagte ah und oh, wie bei einer Weihnachtsbescherung, als Kind, damals. Ah, ist der Himmel blau, oh, ist die Wiese grün! Das ist ja ganz toll. Das gibt ja ganz neue Informationsserien zu Hause. Man sieht plötzlich Perspektiven, kann Vordergrund und Hintergrund unterscheiden und sieht viel mehr auf dem gleichen Bild fürs gleiche Geld. Das ist ja keine Mattscheibe mehr: ein Zauberkasten. Es war wohl Goethe, der ihm rechtzeitig einfiel am Ort: Frankfurt am Main. Du wirst jetzt endlich Goethes Farbenlehre lesen, dachte er. Seine Mutter hatte sich manchmal mit ihr beschäftigt. Das hielt ihn ab. Tja, meine Herren, hatte er etwas bildungsbürgerlich triumphierend zu den beiden Technikern gesagt, als die dann gehen wollten, am farbigen Abglanz haben wir das Leben! Die hatten ihn etwas dumm und mißtrauisch betrachtet. Tatsächlich hatte er vor lauter Entzücken vergessen, ihnen ihr Trinkgeld zu geben.

Große Gefühle und Gemütserhebungen halten nicht lange. Es sind nur Wallungen, wie Schaum; der wird bald sauer. Es handelt sich, psychoanalytisch gesehen, um eine infantile Regression. Man weiß, daß dem Kleinkind über die Farbimpression die Gefühlsskala vermittelt wird, mehr nicht. Seit drei Monaten betrieb er nun Farbfernsehen und war zu einer ersten Bilanz gekommen. Es war eine merkwürdige, kritische Bilanz mit manchen Widerhaken und einem Rest Teufelei. Warum schreibt niemand darüber? dachte er. Millionen von Menschen haben heute das Fernsehen farbig, aber wer informiert die Öffentlichkeit über die Veränderungsprozesse beim Sehen? Die Industrie bestimmt nicht. Es stellt sich eine ganz neue Ordnung und Wertskala her, ein anderes Programmverhältnis. Bei ihm war es so.

Die merkwürdigste Erfahrung für ihn war: Der Mist im Programm war auf einmal interessant, wunderschön. Er hatte früher ›Bonanza‹, ›Die Leute von der Shiloh Ranch‹, ›High Chaparral‹

und wie das Zeug hieß, nie eines Blickes gewürdigt. Auch US-Krimis hatte er nur gelegentlich und mit mäßigem Widerwillen gesehen. Ach, all diese vorfabrizierten Konsumklischees der amerikanischen TV-Industrie, die bei uns dauernd abgespult werden, hatte er immer sehr nachdenklich gesagt, daran erkennt man heutzutage die mißliche Lage unterworfener Völker, die rücksichtslose Herrschaft der Siegermächte. Früher wurden die Frauen der Besiegten weggeschleppt oder wenigstens vergewaltigt, von Zeit zu Zeit. Heute muß die unterworfene Nation die Fernsehproduktionen der Siegermacht kaufen und von Freitag- bis Sonntagabend sehr andächtig betrachten. In der DDR ist das dasselbe, nur andersherum, und natürlich: So sinnlosen Massenkonsum wie die Amerikaner können die Russen gar nicht machen. Die sind in ihrer Schwerfälligkeit immer noch besser.

Der neue Farbfernseher bewies ihm jetzt, wie falsch dieses Vorurteil war. In Farbe waren die US-Krimis und -Western hinreißend, wunderschöne Bildergeschichten, die man in ihrer Klischeehandlung gar nicht mehr registrierte. Man nahm sie als Story nicht mehr wahr, sondern sah nur Farbsequenzen, Symphonien in tausend Nuancen, deren dauernder Wechsel reizvoll in Atem hielt. Er erinnerte sich an all die Viehherden, die Cowboys, die Reiter, die braun und schlank durch die Berge jagten – phantastisch war der Natureindruck jeder Außenaufnahme. War das nun Tarzan oder irgendein Indianerfilm gewesen? Er erinnerte sich an Kahnfahrten auf stillem Wasser, tief und blau, also tiefblau war der See. Ein stolzer Held stand nackt und braun im Boot. Es ging an uralten Bäumen, Eichen, Tannen vorbei: Blau spielte ins Grün über. Das Gelb und Rot von Seerosen. Sonnenstrahlen brachen sich in den Baumkronen, kamen in vielen Reflexen vom Wasser zurück. Und bei Hawaii-Filmen entzückte ihn natürlich das pazifische Licht, das heller, gleißender noch als in Kalifornien ist und das strahlend und knallhart über allem lag. Das Mörderauto: rot, so rot, so wunderschön purpurrot, wie eben nur Hawaii-Blumen oder Mörderautos sein können. Also ich, hatte er damals gesagt, ich kapituliere. Ich bin fasziniert von der Schönheit des Mistes. Ich seh mir jetzt nur noch Krimis und Western im Fernsehen an. Mein Motto heißt: Je schlechter, um so besser.

Der Widerhaken, das Bedenkliche beim Farbfernsehen. Er spürte einige Hemmungen, es auszusprechen. Es grenzte an Zynismus. Es war wieder die verkehrte Ordnung: Das Schreckliche war eigentlich das Schöne. Er mußte an Rilke denken. Hatte er das nicht früher als Student in den ›Duineser Elegien‹ gelesen, von der Schönheit des Schrecklichen? Er hatte es damals nie recht verstanden. Jetzt begriff er es plötzlich. Als er zum erstenmal einen riesigen Großbrand in Farbe sah – ich glaube, es waren die Ölraffinerien zwischen Frankfurt und Wiesbaden, die an einem Sonntagabend in hellen Flammen standen, rechtzeitig –, war er vor Entzücken aus dem Sessel aufgesprungen, war in die Küche gejagt, hatte nur plötzlich gerufen: Nun komm, nun komm doch endlich, laß doch das verfluchte Steak! So eine schöne Katastrophe habe ich noch nie gesehen in meinem Leben. Immerhin bin ich Kriegsteilnehmer: Monte Cassino 44, Frühjahr, und da war schon was los – damals.

Sie standen dann beide vor dem Bildschirm, wie gebannt. In roten, in gelben und ockerbraunen Farbtönen quollen gewaltige Feuerwolken durchs Zimmer, unten ölschwarz, oben weißgelb und glühend, und dazwischen gab es eine Farbpalette von Rosa bis Grün, die jeden Maler entzücken müßte. Fabelhaft, riefen sie beide, einfach toll! Es war ein hinreißendes Bild, wie die Feuerwehr Wasser hellblau einschoß, wie Verletzte abgetragen, wie Ärzte bemüht wurden und wie dann noch ein neuer Öltank frisch explodierte und sich neue, gewaltige Feuerwolken gen Himmel schoben: ein großes Stück frei Haus. Er dachte: Das ist doch viel spannender als gestern abend der Hochhuth im Stadttheater. Also ich, sagte er wieder, ich kapituliere. Ich geh nicht mehr ins Theater. Ich sehe mir nur noch Katastrophen in der Tagesschau an. So etwas kommt fabelhaft: Orkane, Überschwemmungen, Erdbeben, Brände; auch Verkehrsunfälle auf der Autobahn waren in Bunt viel eindrucksvoller. Blut ist schon ein sonderbarer Saft, sagte er. Blut kommt sehr gut in Farbe: tief dunkelrot.

Der Rest Teufelei beim Farbfernsehen? Der muß jetzt auch noch heraus. Er grenzt nicht mehr an Zynismus. Er ist unmoralisch, aber es war seine Bilanz, seine Erfahrung als Mitglied der großen deutschen Fernsehfamilie. Also, sag es, wenn auch zögernd: Die Bilder aus Vietnam waren immer so stark. Die Tagesschau ist ja nicht komplett farbig, wie man als Schwarzweiß-Seher immer glaubt. Der Sprecher ist es, zartrosa, aber viele Einspielungen waren dann plötzlich schwarzweiß. Er merkte das erst jetzt und fühlte sich jedesmal, wenn diese Umschaltung plötzlich kam, etwas betrogen – frustriert, sagt man heute. Es war eine Verarmung, eine Art Liebesentzug. Die Filmsequenzen aus Vietnam entschädigten reich. Bonn kam immer schwarzweiß, Vietnam in Farben – wieso eigentlich? Die Aufnahmen vom fernen Schlachtfeld waren nicht grell und dramatisch wie der Brand der Ölraffinerien bei Wiesbaden. Sie waren eher zurückhaltend, pastos, nur zart andeutend: ein Grün, das sanft und dunkel zu dämmern schien, ein Himmel, nicht schreiend blau, sondern blauviolett bis matt, eben pastos verwischt. Darin dann die gelben Strohhüte, die braunen Bambustragen der Flüchtlinge, die einen schwerkranken Alten mitnahmen. Es wirkte alles zart und gedämpft. Man sah eine andere Kultur, ein anderes Volk, Licht im fernen Osten und wie diese Schönheit eines stillen Landes, seine zarte Gebrechlichkeit zerbombt wurde. Also, ich kapituliere, sagte er wieder. Ich kann das bald nicht mehr sehen. Das sind ja Cézannebilder, so schön. Der Vietnamkrieg als Louvrebesuch. Er hatte inzwischen zugelernt: Kriege sind ganz große Stoffe fürs Farbfernsehen. Kriege sind ungemein günstig. Sie kommen gleich nach Pucciniopern. Macht uns das hoffen?

Bekenntnisse eines Kinogängers

Manchmal, sehr oft ist das nicht, bin ich zufrieden mit mir, ein bißchen. Ich klopfe mir manchmal des Abends, während ich der City zustrebe, selbst auf die Schulter und denke: Also, darin bist du nicht schlecht, nicht wahr? Du bist ein guter, treuer Kinogänger, immer noch. Die Rolle sitzt. Du bist genau das, was sich unsere Filmemacher erträumen: das ideale Publikum, naiv und passioniert, süchtig nach Bildern. Du bist an allem Neuen und Gewagten interessiert, aber auch der gekonnten Konvention nicht abgeneigt; auch Krimi und Western sind möglich, in Grenzen.

Ich liebe also das Kino, ungefähr so, wie mich das Theater kalt läßt, und trabe zwei- bis dreimal die Woche abends los, mache mir ein paar schöne Stunden, wohl wissend: Im Kino hat man mehr vom Film. Hat man im Kino mehr vom Film?

Nein, es wäre falsch, mich deswegen für einen Professionellen, für einen heimlichen Cineasten zu halten. Das Ungewöhnliche meines Falles ist, daß mich auch ausschweifende Kenntnis so vieler Filme innerlich nie weitergebracht hat. Ich steige nie auf in die Klasse der Fachleute. Es interessiert mich nicht: ob Filmförderungsgesetz oder nicht, ob Berlin, Venedig, Moskau richtig programmiert waren oder nicht – das mögen andere entscheiden. Irgendwo muß man auch naiv, ein purer Liebhaber und idealer Kunde sein, nicht wahr? Das bin ich – vor Kinokassen. Und als ich vor einiger Zeit zum drittenmal bei Frida Grafe las, daß die Filme Godards eigentlich keine Filme mehr, sondern etwas noch Höheres: Metafilme, seien, da habe ich kurz entschlossen die ›Filmkritik‹ abbestellt. So etwas verwirrt und verängstigt mich: Metafilme. Meint sie Betafilme? Cineasten sind schrecklich. Sie sind zu klug und machen aus unserem bunten Abendvergnügen eine komplizierte Wissenschaft, die anstrengend ist. So ernst nehme ich es auch wieder nicht. Sternchen – ja. Ob etwas empfehlenswert oder langweilig sei, soweit lasse ich mich gern beraten. Soweit vertraue ich, mehr nicht.

Trotzdem, ich bin nicht unkritisch, nicht unreflektiert. Es würde meiner Rolle als ideales Publikum widersprechen. Ich mache mir auf dem Heimweg durchaus meine Gedanken. Ich überlege mir zum Beispiel, warum mich Bergmanfilme immer so wütend machen: eine Art Edelfaschismus, und warum ich trotzdem hingehe, immer wieder. Ich überlege mir, warum ich die meisten Streifen der deutschen Jungfilmer so leicht durcheinanderbringe, hinterher, in der Erinnerung. Sie haben alle etwas sehr Farbfrohes und Unbekümmertes. Man sieht immer ein Liebespaar fröhlich springen und albern: im Badezimmer, auf Wiesen, im Bett oder auf Großstadtstraßen, durch Gummilinsen. Ein Hauch von Pepsi-Cola tanzt mit. Es beschäftigt mich, warum dieser mutige und böse Martin Sperr ein so hilfloser Schauspieler ist. Im Fleischmanns ›Jagdszenen‹ steht er immer wie ein Schauspielschüler aus Straubing da und weiß dann nicht, wohin mit seinen Händen. Die Unterarme sind wohl zu lang?

Etwas vergrämt mich seit Jahren. Ich darf es doch sagen in meiner Rolle als Publikum, obwohl es so banal und vordergründig ist, daß kein Cineast sich damit befassen würde? Ich darf es doch sagen, was sicher auch andere Kinogänger bedrückt und belästigt: Das alberne Beiprogramm in Deutschland, das sollte man endlich abschaffen. Das ist längst schlachtreif, es stinkt nach Fäulnis und verdirbt uns Treuen immer mehr den Geschmack am Abend, ein Ärgernis. Hat man im Kino wirklich mehr vom Film? Ich meine nicht das Stückchen Werbung, die Reklamedias, die uns zum Möbelhaus Müller, zum Wienerwald oder zum Erwerb von Silberbesteck animieren. Solange die Leute ins Kino strömen, ihren Platz suchen, mag das im Zwielicht ruhig sein, obwohl ich natürlich nervös werde, wenn ich zum drittenmal in einer halben Stunde die Atika-Werbung anlaufen sehe: Es war schon immer etwas teurer. Das verhärtet, setzt unbewußt Widerstände. Kaufen würde ich das Zeug nicht. Ich meine diesen aufwendigen und dröhnenden Leerlauf, die Sperrzonen eines kolossalen Nichts, die man bei uns durchlaufen muß, um endlich an seinen Film gelassen zu werden wie ein erschöpftes Wild an seinen Bach.

Die sogenannten Vorfilme zum Beispiel, die man früher Kulturfilme nannte. Ob noch aus dieser Zeit mein Groll kommt? Es ist einzuräumen, daß man die Muttergottesschnitzer aus Südtirol oder das Königsgeschmeide aus der Schloßkrypta jetzt seltener serviert bekommt. Die feierliche Stimme des Sprechers war immer so, als wenn Mathias Wieman ›Faust‹ zitierte: ganz angehoben. Aber ist das, was man jetzt feilbietet, all diese Jerrys und Tommys, diese Zeichentrickfilme, nicht pure Zeitverschwendung, pittoresker Leerlauf? Das war einmal, als die Polen, die Jugoslawen, die Tschechen damit begannen, verspielt und originell. Jetzt sind es müde Nachgeburten, Zeitdiebstahl.

Deutsche Wochenschau dann, von mir seit Jahrzehnten gut zweimal die Woche betrachtet – was ist das? Ich meine nicht nur die Walfischrobben aus Spitzbergen, die Affen aus Grzimeks Zoo, die sich tatsächlich so herzig vermehren. Das ist uralter Ufa-Zopf, etwas moderner frisiert. Ich meine den Kurzbericht über Kunstavantgarde, der deutlich erkennen läßt, wie sehr wir die Mitte verloren; die Bilder vom herben Herbsttreiben der Jäger: Hali, Hala; und gleich danach die Bilder aus der DDR – ›Eisenach zum Beispiel‹. Eisenach heute. Die Wochenschau ist immer so erstaunt, daß tatsächlich alles wieder aufgebaut ist und daß dort die Leute laufen, leben, auf der Straße gehen. Das Leben geht weiter, sagt dann der Sprecher, auch für die Brüder drüben.

Ich bitte, vor allem auf die Texte zu achten; sie sind wichtiger. Das Positive, weitblickend Zuversichtliche ist mir verdächtig. Zwar ist viel Unruhe, viel Ungemach und Leid in der Welt, zum Beispiel Vietnam (man sieht, wie verwundete GIs in ein Rotkreuzflugzeug getragen werden), aber schließlich und endlich – Schnitt (man sieht jetzt Oberbayerisches), es siegt doch der Frühling, der Krokus am Bach, die Damenmode und unsere Demokratie. Dann kommt meistens noch ein Bericht über Entwicklungshilfe. Ein Afrikaner steigt vor der Berliner Mauer aus einem Mercedes und blickt lange und besonnen in die Zone, vom hohen Holzpodest. Ich will sagen: So harmlos ist das gar nicht, was jetzt im Zeitalter der Tagesschau so herzig unpolitisch dahergetrabt kommt. Dahinter steckt schon Konzept. So ungefähr wollten doch immer Gott und Rainer Barzel, daß die Welt aussähe: Deutsche Wochenschau.

Danach wird dann immer Mon Chéri und Langnese Eiskrem gereicht. Man muß den süßen, gräßlichen Schwachsinn der Schleckerei-Industrien über sich ergehen lassen. Das Licht geht an. Man soll sich jetzt Lustzufuhr verschaffen. Jemand stößt mich an, bittet mich, dieses Paket Eiskrem weiterzureichen. Ja, die alte Dame da hinten, die kriegt's. Sind wir denn Babys, zum Lutschen ins Kino gekommen? Ein bißchen Süßigkeit vor dem bitteren Kern. Ich sah neulich so viele Leute nachdenklich lutschen. Dann gab es ›Sterben für Madrid‹.

Dann geht das Licht wieder aus. Der Vorhang öffnet sich zum fünftenmal, diesmal besonders festlich, fast wie in Bayreuth, so daß man hoffen kann, nun begänne es endlich, endlich. Aber nun kommt erst die besondere Programmvorschau: was Sonnabend um dreiundzwanzig Uhr hier in der Stadt läuft. Man sieht dann meistens einen Komiker ins Wasser fallen, ein verwegener Liebhaber bekommt von einer Dame eine knallende Ohrfeige, dann etwas Mittelmeer. Die Kamera fährt jetzt genußvoll unter Palmen. Im nächsten Schnitt zieht sich ein Bettlägeriger die Hose hoch, danach wird ein Banktresor aufgeschweißt. Jetzt springt doch tatsächlich ein Partygast mit Frack in den Swimming-pool. Auch das ist zum Weinen.

Tage ohne Telefon

Als er es hörte, war er entsetzt. Er sagte: Das kann man nicht mit mir machen. Das geht einfach nicht. Das macht mich kaputt, übrigens auch ökonomisch. Ich bin doch ein freier Unternehmer, vom Finanzamt gesehen. Wie soll ich ohne Telefon existieren? Ohne Telefon bin ich aufgeschmissen. Was meinen Sie, wo meine Aufträge herkommen, Fräulein? hatte er der Dame vom Fernmeldebauamt sehr erregt zugerufen, telefonisch.

Es war übrigens sein letztes Gespräch gewesen. Meinen Sie, die Leute vom Funk und vom Feuilleton schreiben noch Briefe? Die telefonieren alle. Nein, hatte er der Dame vom Bauamt kategorisch erklärt, in der neuen Wohnung muß vom ersten Tag an wieder ein Telefon sein, klar? Sorgen Sie bitte dafür, Fräulein!

Ich muß sonst die Post regreßpflichtig machen – für meine Ausfälle. Dann hatte er den Hörer wütend aufgeworfen. Eine Weile hatte er darüber nachgedacht, warum man zu Frauen, die im Telefondienst arbeiten, eigentlich immer Fräulein sagt. Komisch, dachte er, erstarrte Sprache, wahrscheinlich ein Relikt aus der Kaiserzeit. Daran wird sich auch in hundert Jahren nichts ändern.

Der alte Anschluß wurde sofort gekappt. Darin war die Post sehr flink. Es kam ein junger Mann in die alte Wohnung. Er schraubte die Dose an der Wand auf, löste das Kabel, nahm den Apparat fröhlich mit – aus, Ende der Durchsage, kein Anschluß mehr unter dieser Nummer. Er war jetzt kein Fernsprechteilnehmer mehr, ein neuer Stand in der Gesellschaft. Zum erstenmal, dachte er. Er sann nach. Er erinnerte sich. Solche Augenblicke regen schon zur Besinnlichkeit an. Zum erstenmal bin ich seit fünfzig Jahren ohne Telefon, dachte er. Tatsächlich hatten seine Eltern schon 1922 einen Anschluß bekommen. Das war in Berlin gewesen: ein schwarzer Kasten mit Handkurbel und großer, rundgeschwungener Gabel. Wozu eigentlich damals? Immerhin, sein Vater hatte immer mittags um zwölf aus dem Ministerium angerufen, hatte seine Mutter, die leidend war, vorsichtig gefragt: Wie geht es dir heute, Gretel? Und seine Mutter hatte dann mit leiser, leicht verschleierter Stimme eine vorläufige Beschreibung ihres augenblicklichen Krankheitszustandes versucht: Ganz schlecht, Fritz, heute ist es vor allem das Herz. Berliner Gespräche, die manchmal verstummten, manchmal vorzeitig abgebrochen werden mußten – aus Schwäche. Sein Vater versuchte es in solchen Fällen um zwei Uhr noch einmal. Er erinnerte sich, daß seine Mutter, diese Bulletins ausgebend, immer auf der Couch gelegen hatte, wie sterbend. Schon damals war das Telefon ein Segen. Wie viele Heilkundige, Reformhäuser und Apotheker hatte seine Mutter fernmündlich um Rat und Hilfe gebeten! Er sann über die Telefonnummer seiner Kindheit nach. Damals gab es noch vierstellige Nummern in Berlin mit je einem Ortsnamen davor. Westend hieß das bei uns: Westend 93 .. Wie ging das dann weiter?

Ja, das Telefon ist eine Macht. Das muß man erkennen. Es ist nicht selbstverständlich noch leichthin zu nehmen, wie wir meist tun. Am Telefon kann über Leben und Tod entschieden werden. Nicht umsonst gibt es heute eine Telefon-Seelsorge. Der Mensch will immer zum Menschen, das ist es. Es ist ein Kommunikationsinstrument, ohne das wir sehr schnell ärmer, isolierter leben. Man rutscht in die Einsamkeit. Man ist im Häusermeer tief verschollen ohne Telefon. Man ist aus der Gesellschaft herausgefallen, wie junge Vögel manchmal aus dem Nest fallen und dann unten liegen, verschmachtend. Ist es wirklich so?

Er war in die neue Wohnung eingezogen, hoffnungsfroh. Natürlich war kein neuer Anschluß montiert, als er eintraf, obwohl immerhin eine schriftliche Zusage des Fernmeldebauamts vorlag, auch schon die neue Nummer – theoretisch. »Aus arbeitstechnischen Gründen«, hieß es, könne sich die Ausführung der Installation noch länger hinziehen. Anfragen seien zwecklos. »Wir bitten, von Rückfragen Abstand zu nehmen«, stand da. Typisch, dachte er, diese Bürokraten. Er spürte wieder sein altes Mißtrauen gegen den Sozialismus hochkommen, in praktischer Hinsicht. Er war doch sehr prinzipiell. Diese Bummelei ist nur möglich, dachte er, weil die Post bei uns ein sozialisierter Betrieb ist. Die arbeiten stur wie eine Sowjetbrigade. Wenn das Fernsprechsystem privatkapitalistisch organisiert wäre wie in Amerika, wenn es drei oder vier Telefongesellschaften gäbe wie in New York, dann wäre der Anschluß natürlich in drei Stunden verlegt. Es war ein altes, politideologisches Lied. Er sagte immer: Theoretisch und moralisch bin ich durchaus für den Sozialismus. Natürlich ist das die höchste Stufe der Menschheitsentwicklung: die Selbstverwaltung der Produzenten. Nur in der Praxis blieb ich gern noch etwas beim Kapitalismus. Mir geht es wie Sartre: Sozialismus in einem Lande? O ja, aber man muß im anderen Land leben. Es geht leichter, müheloser, schneller im alten Verfahren. Staatsmonopole scheren sich nicht um unsere Privatschmerzen.

Seltsamer Zustand, nun ohne Telefon zu leben: ungetrübte, neue Erfahrung. Kontaktlosigkeit, sagte man wohl. Es war eine Art Sprachlosigkeit und Verstummen, ganz sicher. Er sprach jetzt viel weniger, vor allem abends, wo er gern lange und sehr geistvolle Ferngespräche mit Freunden geführt hatte. Die fernsten Freunde waren ihm immer die liebsten gewesen: Berlin, Hamburg, München. Merkwürdig, daß er mit Freunden in seiner Stadt kaum telefonierte. Es war eine Fernstenliebe gewesen
Man möchte immer zum Hörer greifen, möchte sagen: Laß doch,
funkelnagelneue Wohnung ohne Telefon schon etwas absurd.
– nach Nietzsche. Die gab es nicht mehr. Und natürlich ist eine
ich besorg dir ein Taxi, telefonisch. Na ja. Man muß dann runter auf die Straße, irgend so ein Häuschen suchen. Meistens ist es besetzt, oder der Münzeinwurf klappt nicht, oder die Nummer

ist so maßlos lang – bei Ferngesprächen –, daß die Verbindung plötzlich zusammenbricht, mitten im Wählen. Man versucht es immer wieder, während draußen sich schon langsam eine dunkle Gruppe zusammenzurotten beginnt, die rhythmisch im Chor ruft: Fasse dich kurz! Fasse dich kurz! Und einer droht schon mit Fäusten. Ja, wie soll man sich kurz fassen bei den langen Vorwahlnummern heutzutage? Mit einem Wort: Es ist schon ein böser Rückfall – Sprachlosigkeit.

War das alles? War das tatsächlich seine ganze Erfahrung? Wenn er zurückkam von solchen Kontaktversuchen auf der Straße, hörte er manchmal die Stille seiner Wohnung. Doch, man kann Stille hören, natürlich. Sie klingt ernst, sie klingt tief, und irgendwo ist ein Rauschen dabei, innerlich, also Brunnentiefe. Er trat ganz leise und behutsam auf, um keine Geräusche zu machen. Hörst du die Stille? Es lag etwas Vornehmes, fast Feierliches in den Räumen, das man auch aus Museen und Kirchen kennt. Ist das Frömmigkeit? Schweigen ist immer der Vorhof des Heiligtums, dachte er. Das ist schon sehr eindrucksvoll, so abends zwischen zehn und elf ganz allein in einer neuen Wohnung ohne Telefon zu sein. Gesammeltheit, tiefe Versenkung, meditative Kraft stellt sich ein. Du bist nicht mehr von außen störbar, niemand kann anrufen. Eigentlich sehr vornehm, fast fein. Es liegt ein Zug elitärer Exklusivität in der Luft, wie in Schweigeklöstern. Endlich kommst du einmal zu dir selbst, dachte er. Du wirst in die Tiefe gehen, künftig. Man weiß doch: Alles Große wird aus dem Schweigen geboren. Schöpferisch ist nur die Stille. Es kündigte sich mit einem Wort Wesenhaftes an.

In dieser Zeit war es, daß er wieder zu schreiben begann – Briefe, meine ich, notgedrungen. Was soll man anderes tun ohne Telefon? Man muß Briefe schreiben, viele täglich. Das hat seine eigene Mühsal. Es ist natürlich kein Vergnügen, der Möbelfirma B., statt ihr telefonisch etwas ruppig zu sagen: Ja, ja, gedulden Sie sich nur, ich bezahl das schon, diese Kommode, nun eine lange schriftliche Erklärung zu geben. Geschriebenes bekommt stets einen Ernst, eine Gültigkeit, die man nicht meint. Noch nach Jahrzehnten kann Geschriebenes gegen oder auch für uns zeugen. Geschriebenes ist eben ein Zeugnis. Aber indem er das tat, notgedrungen, fand er, merkwürdig genug, Interesse, Gefallen, ja Vergnügen daran, wachsend. Das war eine absonderliche Geschichte. Er hätte sie sich früher nie zugetraut. Er entdeckte wieder die Lust des Schreibens – an den anderen. Er schrieb jetzt sehr viel Briefe: zehn bis zwanzig pro Tag, so registrierte er mit

Erstaunen und nur mit geringem Unmut. Man muß das ohne Telefon. Was will man machen?

Er entdeckte in der feierlichen Stille, die ihn jetzt umgab, manches Verschüttete – das wahre Alte, sagt man wohl. Er entdeckte das Papier und seine eigene Würde: auf schneeweißem Grund der Welt Zeichen zu geben. Stilfragen wurden vordringlich. Sätze formen, Anreden finden, sich aussprechen, sich mitteilen, artig nach dem Befinden des Partners fragen, warme, aber nicht zu warme Abschiedsbekundungen äußern – wie macht man das? Wir haben das längst verlernt – am Telefon. Die alte, von uns längst vergessene Kultur des Briefeschreibens kehrte in diesen Wochen zu ihm zurück, sozusagen das 19. Jahrhundert persönlich. Was soll man machen? Es war eine schöne und tiefe Entdekkung, Briefe zu schreiben, wie früher einmal. Sie gerieten ihm unversehens immer länger. Was uns doch verlorengeht durch die Technik, dachte er. Ich bin nicht mehr unkultiviert wie unsere modernen Barbaren, die nur nackte Informationen durchs Telefon jagen. Ich bin wie Rilke jetzt. Ich teile mich mit, ich schwinge aus, ich kleide mich ein. Ich beginne große und sehr elegante Bogen zu schlagen wie ein Schlittschuhläufer: Arabesken. Kultur ist das Überflüssige. Er merkte es jetzt. In Briefen kann man sich nicht so barsch austauschen. Man muß nach feineren Formen suchen.

Liebste Gräfin, schrieb er in diesen Tagen an eine Dame in Hamburg (Journalistin), mit der er früher gelegentlich sehr handfest telefoniert hatte, ich habe Ihren Brief vom 8. dieses Monats mit sehr großem Dank empfangen. Mein Telefon ist ja noch immer nicht montiert. Ach, diese Bundespost, dieser Sozialismus in der BRD – scheußlich. Sie wissen ja. Ich möchte Ihnen meinen Beifall aussprechen. Das ist eine große Idee, diese Artikelserie. Wie Goethe sagen würde: exemplarisch, auf die Menschheit gerichtet, nicht im eng Nationalen verharrend. Und dann folgte eine lange Suada, nicht ganz ohne Stil und höhere Artigkeit mit demütigen Kratzfüßchen zum Schluß: Ihr sehr ergebener, dankbar verbundener und so weiter. Auch Hölderlin unterzeichnete ähnlich. Dann schloß er den Brief, frankierte ihn mit eigener Spucke, vierzig Pfennig kamen darauf, wieder ein Heinemannkopf, legte ihn zu den anderen neunzehn Briefen. Er trug das alles noch in der Nacht fort.

Als er ging, hörte er wieder das Schweigen in seiner Wohnung, feierlich. Er dachte: Es ist viel kultivierter jetzt, ohne Telefon. Hab ich auch sonst nichts geschafft im Leben: drei oder vier

Bände nachgelassener Briefe wird man von mir herausgeben können, später einmal. Das ist sicher, wenn die Post weiter so bummelt. Es ist vornehm, lange Briefe zu schreiben. Er erinnerte sich: Auch Friedrich Sieburg hatte das noch getan, auf blauem, zartem Papier, handgeschöpft sozusagen, handgeschrieben. Alle Konservativen schrieben gern Briefe. Er ging durch die stillen Räume und dachte: Warum eigentlich? Briefe sind schön, weil einem keiner widersprechen kann. Große, fließende Gebärde, einsame Selbstdarstellung, kunstvoller Monolog, ziemlich autoritär eigentlich, nicht? Natürlich, am Telefon quatscht einem immer ein anderer dazwischen. Das ist schon sehr schön, sich selbst produzieren – in Sprache.

Später, Gott sei es geklagt (und wie das Leben so spielt), kamen die Männer vom Fernmeldebauamt. Es war nach fünf Wochen. Es war übrigens doch kein echter Sozialismus. Es war eine Privatfirma, von der Post beauftragt. Er konnte nun wieder drehen und wählen und anklingeln. Er spürte, wie er dabei wieder gewöhnlicher wurde, sozusagen volkstümlicher. Jeder konnte ihn jetzt ansprechen, konnte ihm sogar widersprechen. Das war nicht mehr fein.

Das Wegwerfen von Gedrucktem

Gestern morgen wieder Hausputz gehalten. Was doch der Herbst immer hereinweht an Blättern: viel zuviel, will mir scheinen, unheimlich viel. Papier füllt meine Wohnung, bedrucktes Papier stapelt sich überall zu Bergen: Prospekte, Zeitschriften, Magazine, Broschüren, Bücher, ungelesen, kriechen an den Wänden langsam zu neuen Tapetenmustern empor. Dies soll keine Einladung sein für Anarchisten, aber meine Wohnung, das ist sicher, wäre ein idealer Tatort für Brandstifter. Ei, wie das brennen würde alles zusammen, lichterloh, und was dann Platz wäre! Wunderschön!

Ab und zu überkommt mich beim Herumgehen in der Wohnung dieses böse Gefühl der Enge, Bedrängnis durch Gedrucktes – kennt man das? Ich spüre: Du wirst noch ersticken zwischen diesen Papierbergen, die alle schnell und hartnäckig Staub ansetzen. Ich schaffe mir also Platz. Ich räume auf, ich werfe weg. Weg, weg, weg damit, sage ich plötzlich mit großer Entschlossenheit, beinah wütend. Jetzt muß wieder einmal alles weggeworfen werden, was du nicht wirklich brauchst. Meistens ist das im Oktober, dann nach Weihnachten, dann vor dem Urlaub noch einmal.

Man sage nicht, dies sei ein beiläufiges Thema, eine private Sorge. Die Aktion stellt mich vor sehr ernste Entscheidungen, die alle mein intellektuelles Verhältnis zur Gesellschaft, zur kritischen Öffentlichkeit betreffen. Blitzschnell, während ich so herumtapse im staubigen Berg des Gedruckten, muß ich entscheiden: Das ist wichtig – hierlassen; das ist nicht wichtig – wegwerfen. Nach welchen Kriterien handle ich? Wo nehme ich die Maßstäbe her für so existentielle Entscheidungen?

Im geheimen habe ich, wie alle Literaten, einen unheimlichen Respekt vor Gedrucktem. Am liebsten würde ich mich von gar nichts trennen. Unbewußt lebe ich aus der etwas absonderlichen Vermutung, daß jede Druckseite einen Anspruch auf Ewigkeit habe. Leuten, die alles archivieren, sammeln, in Ablagen, in Zettelkästen, in Leitzordnern aufheben, diesen verrückten Bibliothekarsnaturen gehört meine Sympathie, meine stille Bewunderung. Sie behandeln Druckseiten wie heilige Texte und haben wahrscheinlich recht damit. Ich spüre immer Schuld beim Wegwerfen von Gedrucktem. Ein kleiner Mord ist es schon; ein leichter Schmerz ist dabei, aber manchmal auch ein Glücksgefühl, ein Moment der Befreiung, des Aufatmens, wie auch bei blutigen Mördern.

Am mühelosesten geht es mit Tageszeitungen. Daß spätestens am Donnerstag die Tageszeitung vom Mittwoch in den Müllschlucker muß, einfach dahin gehört, ist grausames Journalistengeschick. Nichts ist bekanntlich älter als die Tageszeitung von gestern, obwohl es mir manchmal leid tut um das Feuilleton, vor allem das Wochenendfeuilleton. Irgend etwas will man immer noch nachlesen am Montag oder Dienstag, diesen großen und wichtigen Aufsatz, den man sich weggelegt hat, aber dann ist am Dienstag das Papier schon so gelblich und etwas zerknittert geworden, daß der Text nicht mehr von gleicher Wichtigkeit scheint. Er hat an Bedeutung abgenommen in diesen zwei Tagen. Zeitungspapier altert unheimlich schnell, und nichts scheint mir kurioser und tragikomischer als diese Journalistensitte, in der Ausgabe vom 13. Oktober zu schreiben: ... (vergleiche unseren Bericht vom 7. Mai). Wie soll man denn vergleichen, bitte? Schon am nächsten Tag ist eine Zeitung nur noch als Einwickelpapier interessant. Es schmerzt einen manchmal als Autor, sein hübsches Wochenendfeuilleton schon am Montag morgen beim Gemüsehändler, zur Salattüte gedreht, wieder zurückzubekommen. War es das, was du wolltest?

Komplizierter wird für mich die Situation bei den Wochenschriften. Die ›Zeit‹ zum Beispiel kann man getrost zwei bis drei Wochen aufheben, auf der Couch liegen lassen, gelegentlich einzelnes nachblätternd. Von der dritten Woche an aber altert nach meiner Erfahrung dieses Blatt ganz rapide, rasend schnell und ist schon nach der vierten Woche ein sinnloser Papierhaufen, der etwas zu riechen beginnt wie alte Gardinen nach kaltem Tabakqualm. Also weg damit. Lustvoll ist es für mich, Illustrierte wegzuwerfen. Es ist wie das Abwerfen von Ballast bei Ballonfahrten: wie die Welt leichter und freier wird, wenn man etwa fünf Exemplare des ›Sterns‹ weggeworfen hat – unbeschreiblich. Man ist ein neuer Mensch. Beim Hineinpressen in die Mülltonne spürt man höhnische Überlebenstriumphe: Siehst du, all diese köstlichen Nackedeis und Playboys sind nun schon faltig und tot – und du lebst, frisch und froh. Schmerzlos verabschiede ich mich auch von ›Konkret‹, das mir in der Woche seiner Auslieferung immer von brennender Aktualität, verblüffend revolutionär erscheint. Was die wieder alles aufgedeckt haben im System! Man nehme zehn ›Konkret‹-Exemplare von vor zwei Jahren und blättere sie vor dem Abwurf in den Müllschlucker noch einmal liebevoll durch. Nichts ist ja entlarvender als die Revolution von vorgestern. ›Konkret‹ wirkt jetzt wie ein Märchenbuch, das seinen jungen Tischgenossen immer dieselben Gesellschaftsmärchen auftischt; zeitlose Archetypen kann man finden wie bei Hänsel und Gretel, Archetypen für Halbwüchsige und in der zweiten Trotzphase. Wunderschöne Onaniervorlagen für unsere lieben Söhne – so etwas geht glatt und schlank den Müllschlucker herunter. Wie steht es mit dem ›Spiegel‹? Ich habe es nicht gelernt, von Anfang an den ›Spiegel‹ ordentlich zu sammeln, und werfe ihn also von Zeit zu Zeit in Massen weg und spüre beim Plumpsen der schweren Pakete so etwas wie Glück, mit einem zarten, sehr leichten Verlustgefühl gemischt. Vielleicht hätte man doch diese eine Nummer –? Vielleicht wäre es klug gewesen, gerade diese große Titelgeschichte nicht –? Aber dann ist man doch glücklich über all das, was man künftig nicht mehr wird wissen müssen. Weg!

Jetzt kommt mein spezielles Problem: Monatsschriften. Es ist die Schwelle, bei der ich zu zögern, zu zweifeln, zu stolpern beginne. Ich bin inkonsequent. Haltbares wie Monatsschriften sollte man sammeln. Aber wer kann das jahrzehntelang, und alle? Ich bin doch kein Bibliothekar, nur ein normaler Verbraucher mit seinen Vorlieben und Launen und stehe also jedes Jahr einmal zwischen diesen respektablen Haufen von Monatsschriften, die ich liebe. Der Haufen muß runter, etwas muß weg, und ich will es nun nicht weiter analysieren, warum ich von Zeit zu Zeit, sagen wir, wenn die Monatsschriften fünf oder sechs Jahre alt sind, ganz schmerzlos ganze Haufen des ›Monats‹ weggeworfen habe, während ich alle Ausgaben des ›Merkurs‹ sorgfältig sammelte. Ich bin etwas ratlos, warum ich mich von sehr alten Ausgaben der ›Frankfurter Hefte‹ relativ mühelos trenne, während ich die ›Filmkritik‹ sauber beisammenhalte. Es ist mir nicht deutlich (oder doch?), warum ich die ›Akzente‹ aus den sechziger Jahren mit leichtfertiger Fröhlichkeit der Mülltonne übergebe, während ich das ›Kursbuch‹ hochkorrekt sammle und sauber geordnet im Bücherregal aufstelle. Beim ›Kursbuch‹ habe ich das Empfinden: Das ist nun etwas Bleibendes und Gültiges – für später einmal. Man kann das nicht alles sofort lesen, was da an revolutionärer Praxis verkündet und verordnet wird. Aber wie es verkündet wird, das ist so gekonnt, geschickt, so genialisch in der publizistischen Aufbereitung, daß es später einmal, sagen wir 1990, vorteilhaft sein wird, alle Exemplare zu besitzen: ein bibliophiler Wert, schon heute. So, wie ich auch froh wäre, von Tucholskys ›Weltbühne‹ alle Exemplare zu besitzen. Ungefähr so. So ungefähr.

Jetzt sind wir über der Hürde. Von jetzt an bin ich der Verlierer, der Versager. Ich kann es nicht mehr: wegwerfen, diese wichtigste und notwendigste Gebärde unserer Konsumgesellschaft. Wo wären wir mit unserer Wirtschaft, ohne wegzuwerfen, nicht wahr? Ich versage zum Beispiel schon bei Taschenbüchern, die ja einmal für raschen Verbrauch gedacht waren. Liebe Freunde haben mich da auf etliche Verlagslisten gesetzt, und seitdem strömen diese Taschenbücher wie bösartige Insekten durch alle Ritzen ins Haus, verbreiten sich über die Tische und Stühle, die Schränke und Betten wie intellektuelle Flöhe. Ich bringe es nicht fertig, ich kann sie nicht töten, wegwerfen. Sie sind viel zu schön und aufwendig gemacht. Ich hege und pflege sie also drei oder vier Jahre lang. Sie krabbeln mir auf den Regalen bis an die Decke hoch, vermehren sich unheimlich schnell. Ich greife nach anderen Vertilgungsmitteln und trage sie manchmal kofferweise weg, verramsche sie beim Antiquar. Der Ertrag solcher Expeditionen ist bescheiden, aber man hat nicht das böse Gefühl, eine Untat begangen zu haben. Man kann doch nicht Taschenbücher brutal zerreißen und in den Papierkorb werfen. Warum eigentlich nicht?

Jetzt bin ich am Ziel, dort, wo ich hinwollte, was ich von Anbeginn sagen wollte: Ich bin ein glatter Konsumversager auf dem Verlagssektor. Ich kann das Zeitgemäße und Produktive nicht: Bücher wegwerfen, in den Müllschlucker schicken, obwohl doch mindestens die Hälfte jeder Herbstproduktion das verdiente. Dieses Zerreißen, Umbringen, in die Grube werfen, ich kann es nicht einmal mit Tarzan machen, den ich bestimmt nie lesen werde. Es ist absurd und etwas bedenklich für mich: Ich hebe alle Bücher auf, immer wieder. Es ist sehr unwahrscheinlich, daß ich den Roman eines Südamerikaners aus dem Jahr 1953 noch je lesen werde, ich werde auch Peter de Mendelssohns gewaltige Geschichte des S. Fischer Verlags mit Sicherheit nie durchstudieren. Trotzdem: rein ins Regal. Und dann all die kostbaren Bildbände, die Sammlungen der Ikonen und Fresken des 13. Jahrhunderts, die herrlichen Fotobände von Dresden bis Florenz, die ich mit Sicherheit nie aufschlagen werde, die zentnerschwer immer mehr verstauben. Sie werden stehen, lebenslänglich. Ich werde noch drei- oder viermal umziehen in meinem Leben. Ich werde, zwischen stämmigen Möbelträgern und unzähligen Bücherkisten stehend, bei jedem Umzug hartnäckig erklären: Ja, das muß mit. Lesen werde ich's nie.

Sind nicht auf solche Weise, sich sinnlos vergrößernd, immer unbeweglicher werdend, uralte Tierrassen, Dinosaurier zum Beispiel, schrecklich zugrunde gegangen? Meine Bibliothek, das ist sicher, wird immer mehr wachsen, anschwellen und mir auf den Leib rücken. Einiges werde ich verschenken, verkaufen, ausleihen, hoffend, es nicht zurückzubekommen. Aber die Verlagsproduktion wird machtvoller sein. Die Ökonomie ist immer stärker als das Individuum. Sie wird mich einholen, in die Ecke drücken – nicht wahr?

Einmal, vielleicht 1995, werde ich zu Hause von einem Buch erschlagen werden, wie andere Menschen auf der Straße von einem Dachziegelstein. Er konnte einfach Bücher nicht wegwerfen, wird es dann heißen in knappsten Nachrufen. Das war sein Fehler. Ein gewichtiger Band von ›Kindlers Literatur-Lexikon‹ hat ihn an der Schläfe getroffen, beim Nachmittagsschläfchen. Kein schlechter Tod, will mir scheinen.

Zeit der Napfkuchen

Eigentlich wollte ich nicht, aber dann? Dann ist man doch plötzlich drüben und stellt nicht ganz ohne Verwundern fest, wie die Republik und man selbst sich verändert hat – in ein paar Jahren. Schon am Grenzübergang S-Bahnhof Friedrichstraße leichte Veränderung. Es geht schneller, müheloser, weniger bürokratisch, tatsächlich. Man hat als Westbürger nicht mehr die gemischten Gefühle von früher: die Unsicherheit, diese Sorge, dem Staat vielleicht mit drei Sätzen mißfallen zu haben, die sich nun bös auszahlen werden. Man ist lockerer, entkrampfter beim Überschreiten der Grenze. Und, ehrlich: Auch die Mauer hatte man gleich hinter dem Lehrter Bahnhof kaum noch registriert. Die Grenze ist entmythologisiert. Sie ist beinah normal wie andere Staatsgrenzen.

Allerdings gibt es immer noch Einzelheiten, die mich mißtrauisch machen, etwa die schmucke Grünanlage tief unten im S-Bahnhof Friedrichstraße, haargenau auf der Staatsgrenze: Gummibäume, Zimmerpalmen, kräftige Farne und rote Geranien, dahinter Volkspolizisten, die kommen und gehen – so etwas bleibt immer suspekt. Polizei hinter Geranientöpfen, das ist mir zu deutsch. Diese Balkonkunst im Sozialismus, sage ich, die Grenze überschreitend, die müßte noch weg, ja? So etwas hat man in Krematorien – und im Stalinismus. Die müßt ihr mal abscheren, gelegentlich.

Woran merkt man, daß eine Republik sich entspannt? Was ist das – Normalisierung? In Ost-Berlin, würde ich sagen, eine verblüffende Angleichung an West-Berlin. Es wird immer schwerer, im Straßenbild Unterschiede auszumachen. Die gleichen Hochhaussysteme mit Tiefgaragen, Ladenstraßen, Bürotürmen, die gleichen weißstrahlenden Wohnblöcke, die überall vernünftig und todlangweilig wirken. Zoo oder Alexanderplatz: dieselben imponierenden Tunnelunterführungen, die zu irgendwelchen Stadtautobahnen führen. Komisch, daß sich mit Architektur keine Klassenlage herausputzen läßt. Ein kommunistischer Wolkenkratzer funktioniert haargenau wie ein kapitalistischer, höchstens etwas schlechter.

Und der Passantenverkehr am Alexanderplatz tröpfelt nicht mehr. Er ist fast normal. Es wimmelt von Leuten, auch von Ausländern, von Polen hauptsächlich. Sie stehen rund um den Wolkenkratzer Hotel Stadt Berlin, der mit seinen siebenunddreißig Stockwerken etwas wie Triumph ausdrücken soll, Triumph, das Springerhochhaus an der Mauer endlich geschlagen zu haben. Sozialistische Vorahnung auch, ungewollte Konvergenztheorie: So werden wir alle einmal leben – in Hochhäusern. Die Menschen allerdings sehen immer noch anders aus: Die Älteren sehen verbrauchter, faltiger, einfach müder aus. Man sieht, was sie durchgemacht haben. Die Jungen (nicht alle, aber doch die meisten) haben immer noch jene Bravheit und Korrektheit, die mich an junge Bankangestellte im Kapitalismus erinnert: grauer Jackettanzug, Schlips und Scheitel, die kindliche Fröhlichkeit aufstrebender Lehrlinge im Gesicht. »Die Hausherren von morgen« heißt die junge Generation im SED-Jargon, und präzis so sehen sie auch aus. Ich meine, wie ganz junge Hausherren – in Preußen.

Ja, ich war wieder drüben, unter besonderer Berücksichtigung des deutschen Hauses. Ich forschte nach der Familie, der deutschen Frau und Mutter im Kommunismus, über die doch die Männer der CDU immer besorgt sind: Wie leben die eigentlich? Wie ist das denn mit den menschlichen Erleichterungen? Wie sieht das aus in Ost-Berlin? Erinnere dich doch! Ich sage: Stille, Vergangenheit, Kindheit. Es war eigentlich wie in meiner Kindheit, drüben, also Berlin-Eichkamp 1930. Eine Rückkehr um dreißig Jahre. Diese Ruhe, diese Stille hier überall, wenn man einmal von den Hauptstraßen weg ist. Die Entspanntheit einer Rentner-Republik. Zäune, Gärten, Villen, Siedlungshäuser, grüne Holzläden davor, etwas vergammelt: stehengebliebene Zeit. Ein Gefühl von Dornröschen und Innerlichkeit. Was schläft denn da?

Wenn man klingelt, dauert es länger als bei uns, bis sich die Tür öffnet. Ein Hund bellt, man hört Kinderstimmen. Die Hausfrau öffnet, etwas zögernd, etwas mißtrauisch. Sie hat die großen, irgendwie erstaunten Augen deutscher Bürgersfrauen, die man aus der Malerei des 19. Jahrhunderts kennt: Biedermeieraugen. Es ist, als wenn man sie aus leichter Schläfrigkeit geweckt hätte. Jetzt aber wach werden, Kinder! Besuch ist da, Besuch aus dem Westen! Jetzt kommt mal rein! Im Haus riecht es ganz stark nach besonnter Vergangenheit. Die Holzdielen knarren. Die Bibliothek steht wie vor zwanzig Jahren. Noch immer steht Goethe direkt über Stifter. Ein mächtiger Kachelofen strahlt jene Hitze aus, die die Berliner lieben im Winter. Ein Aschbecher wird gebracht. Auf dem Klavier wird eine dicke Kerze entzündet. In kunstgewerblichen Sachen liegt die DDR ja auch ganz vorne, genau wie in Maschinen. Man wird auf ein müdes Sofa gebeten. Die Mutter geht Kaffee kochen. Die Kinder quäken. Es ist heimelig hier. Die Mutter kommt mit einem schönen Service Meißner Porzellan zurück: weißblau und bauchig geschwungen. Der Kaffee duftet. Ein herrlicher Napfkuchen, wie ihn niemand mehr bäckt im Spätkapitalismus, wird serviert. Man ist nun verpflichtet, dauernd Kuchen zu essen in dieser Republik. Tut man es nicht, wird es leicht als westlicher Hochmut mißdeutet.

Also? Ihr sorgt euch um Deutschland? Ihr meint, das deutsche Bürgerhaus sei in der roten Springflut aus dem Osten zerbrochen? Ich sage: Das findet ihr stark und lebendig nur noch unter den Dächern des Sozialismus. Da gibt es noch Gärten, Rosen, Stachelbeersträucher, Apfelbäume, die liebevoll von der Familie gepflegt werden. Da gibt es des Abends noch Kammermusik, Blockflöte und lange Lesestunden. Da gibt es noch Sonnenuntergänge, die durch das etwas verschmutzte Fenster glasig und versonnen ins Haus stehen, etwa in Stralau-Rummelsburg. Danach wird dann Löwenthal gesehen im engsten Familienkreis, Mittwoch abends, regelmäßig. Es gibt ja diesen spezifischen DDR-Masochismus: einerseits ist es genußvoll, wenigstens einen noch gegen den Kommunismus wettern zu hören auf der Welt, andererseits bestätigt der Mann, was doch auch ›Neues Deutschland‹ schreibt: Die BRD bleibt trotz allem die Hochburg des Kalten Krieges, der Klassenfeind. Man liegt immer richtig.

Es ist also von einer enormen, uns Westdeutsche immer wieder verblüffenden Entpolitisierung des Privatlebens in der DDR zu berichten. Man fühlt sich richtig zu Hause, wie früher einmal. Woran liegt das? Der Staat hat hier alles arrangiert und geordnet. Der Staat hat alles an sich gezogen mit eisernem Griff und verbraucht in tausend Phrasen. Der Staat ist ein kolossaler Besserwisser am Ort. Vietnam? Das hat schon der Staat fest im Griff und erledigt. Es wurde ihnen in der Lohntüte schon regelmäßig etwas freiwillig abgezogen für Nordvietnam, für Fahrräder zum Beispiel. Angela Davis? Alle Schulkinder in der DDR malen und kneten in strengen Schulstunden an vielen Abbildern der schwarzen Revolutionärin. Natürlich kann man danach dann, zu Hause, Menschärgeredichnicht spielen. Spanien? Der Staat hat den Bürgerkrieg 1937 längst zu seiner Sache umfunktioniert. Es war ein Kampf der DDR für die Republik. Und deshalb jetzt diplomatische Beziehungen, natürlich. Mit einem Wort: Der Staat steht ja ohnehin auf der richtigen Seite. Er besorgt schon die linken Weltgeschäfte, und das bedeutet, daß man sich zu Hause wirklich entspannen, ausruhen kann, übrigens mit gutem Gewissen. Hier kann man in Deutschland noch in Pantoffeln schlüpfen. Es ist Zeit der Napfkuchen jetzt in den Häusern der DDR.

Wieder ein anderes Haus, eine andere Tür, eine andere Etage: Intellektuelle, Freunde. Und ich frage wieder, wie ich das immer tue: Wie geht's denn? Was macht ihr denn so? Nicht ganz ohne Neid geht mein Blick durch den Raum. Dieser Kult mit den Antiquitäten hier. Nach langem Suchen, Fragen, Forschen irgendwo zwischen Dresden und Görlitz haben sie sich viele Einzelstücke besorgt: einen Bauernschrank, eine Standuhr, frühes 19. Jahrhundert, einen alten Sekretär, eine schwere Truhe. Man spürt in solchen Augenblicken, in was für billigem Neckermannramsch wir eigentlich leben. Das hier sind Feinschmecker, Individualisten. Ach, sagt die Frau, ich sitze noch immer an meiner Geschichte der Mode. Du weißt doch, dieses große Standardwerk für den Staatsverlag. Das wird noch lange dauern. Und du? frage ich. Der Mann wiegt den Kopf, wehrt mit den Händen ab. Das ist eine sehr langwierige, verzwickte Arbeit, sagt er. Ich übersetze jetzt die Märchen der Mongolei, auch so ein Prachtband. Du weißt doch, wie gründlich und gut bei uns Kinderbücher gemacht werden. Das wird noch lange Zeit brauchen. Er rekelte sich dabei etwas genüßlich auf dem Sofa. Er ruhte sich aus, im Sozialismus. Es war wieder, wie wenn ich ihn aus einem Mittagsschläfchen aufgeschreckt hätte. Ja, ihr habt es gut, sagte ich. Bei uns ist ja alles viel gehetzter und aufgeregter. Mit Rock und Pop sind wir ja gottseidank fertig. Mit Sex und Porno auch. Aber jetzt diese Jesuswelle, die mächtig rollt. Die Nostalgiewelle, die nimmt doch mit. Man kommt zu nichts Solidem bei uns – im Spätkapitalismus. Du kennst doch mein Steckenpferd, mein Hobby, eigentlich meine liegengebliebene Doktorarbeit aus den vierziger Jahren. Ich wollte immer eine gründliche Untersuchung über die Rolle des Adjektivs schreiben – im Spätwerk Jean Pauls. Zu so etwas kommt man nicht in der BRD. Ja, sagte der Mann, hier könntest du das. Das wäre ein Thema – bei uns. Natürlich müßte dabei für die Arbeiterklasse etwas herausspringen, in ein paar Fußnoten wenigstens.

Dann wurden wieder Kaffee und Kuchen gebracht, Marmorkuchen diesmal. Es gab russischen Cognac dazu. Und es wurde nun nicht über Marx und Lenin gesprochen, auch nicht über den Spätkapitalismus und seine perfiden Herrschaftsformen, was man doch müßte unter Intellektuellen. Man sprach vom Fischland. Irgendwo in Mecklenburg mußte da ein stilles, grünes Naturidyll existieren, in dem man Wochenendhäuschen kaufen konnte. Dem Fischland galt ihre ganze Liebe und Sorge. Einmal wurde allerdings auch über Wagenbach gesprochen. Tja, sagte der Mann etwas selbstspöttisch, für den sind wir ja nun schon Dinosaurier. Wie das? fragte ich. Der Mann sagte: Gott, für den sind wir in der DDR nun auch nicht mehr links genug. Ja, das ist wahr, sagte ich beipflichtend, wir im Westen sind jetzt mächtig links. Wir werden täglich linkser.

Und das alles erzähle ich nicht nur, um unsere besorgten Hüter des Hauses zu beruhigen, die Goppel und Strauß, die die ewigen Werte unserer abendländischen Ordnung vom Bolschewismus bedroht sehen. Keine Sorge, ihr christlichen Streiter: Familie, Heim und Herd, diese göttlichen Keimzellen einer schrecklichen Ordnung, stehen drüben sehr fest. Sie sind von manchen Häusern in Paderborn und Münster kaum zu unterscheiden.

Ich erzähle das auch unseren jungen Revolutionären, die jetzt diesen schönen Schaum der Empörung vor dem bärtigen Mund haben. Das ist sehr aufregend: Revolutions-Theater. Ich gönne es euch, aber ich sage euch auch: Wenn einmal der Klassenkampf gewonnen ist, am Tag nach der Revolution – da ist der Bart ab. Da beginnt die Zeit der Napfkuchen, immer wieder.

Aus Prag zurück

Die Tschechoslowakei ist ein nahes Land. Von Nürnberg bis Prag sind es zweihundertachtzig Kilometer, nicht weiter also, als es etwa von Frankfurt am Main nach Nürnberg ist. Geschichte, Kultur und Natur haben Böhmen zum Kernland Mitteleuropas gemacht. Noch heute kommt man dort mit der deutschen Sprache gut durch. Und doch: Es war die Reise in ein fernes, fremdes Land. Entfremdet durch Politik – wir Deutsche kennen das aus der DDR.

Schon gleich hinter Weiden in der Oberpfalz spürt man, noch vor der tschechischen Grenze, wie hier auf der westlichen Seite eine Welt zu Ende geht, unsere. Die Straßen, die immer spärlicher und schlechter werden, der Verkehr, der sich verdünnt und dann ganz verliert. Dörfer, die hart an der Grenze wie entvölkert wirken. Die Grenze zur ČSSR ist heute für uns Bundesbürger schwieriger zu passieren als die Grenze zur DDR. Es bedarf komplizierter Visa-Papiere. Die Grenze war ziemlich tot: höchstens zwei oder drei Autos an den Schlagbäumen zum anderen Staat, Autos, die lange und mißtrauisch geprüft wurden. Sogar beim deutschen Zoll war man zuvor, was die Personalpapiere anlangt, sehr sorgfältig identifiziert worden. Der westdeutsche Zöllner, dem ich leichten Unmut nicht verbergen konnte, konterte mit dem klassischen Satz: Immerhin ist das eine Ostblockgrenze, mein Herr, hier geht es zum Warschauer Pakt – oder nicht?

Die Tschechoslowakei ist heute ganz sicher das unglücklichste Land im sozialistischen Lager. Man kennt und weiß das. Nach den Euphorien der Dubček-Ära, nach dem Einmarsch der Warschauer-Pakt-Mächte ist das Land in eine Art nationaler Depression abgerutscht. Der Nationalcharakter der Böhmen, wenn es so etwas überhaupt gibt, war immer stark gefühlsbetont: himmelhoch jauchzend 1968, zu Tode betrübt 1973. Das etwa ist das Gefälle jetzt. Natürlich geht das Leben weiter. Man mußte sich arrangieren mit jenem Zwangszustand, den die Sowjets die Normalisierung nennen. Es geht sogar wirtschaftlich etwas besser, als man es erwartet hatte; offenbar haben die Russen sehr diskret beträchtliche Wirtschaftshilfen geleistet. Trotzdem spürt man in diesem Land überall die depressive Verstimmung, die man auch Eiszeit nennen könnte oder unglückliches Bewußtsein. Schweigen, Mißtrauen, Skepsis, vor allem unter den Intellektuellen. Auch Angst, auch Zynismus. Ein Schriftsteller wie Pavel Kohout erinnert in der Mentalität des zum Schweigen Verdammten heute verblüffend an Wolf Biermann.

Im übrigen herrscht jene kollektive Entpolitisierung, die für die Massen immer wieder die Form des Überwinterns war. Der normale Prager will heute von Politik nichts mehr wissen. Er lebt extrem privat, nur sich und seiner Familie. Er sucht nach ein paar schönen Möbeln, nach Ersatzteilen, um sein Auto überhaupt in Reparatur geben zu können. Er interessiert sich für Sport und Freizeit. Am Wochenende fährt halb Prag ins Grüne. Irgendwo draußen haben sie alle ihren Garten, ihre kleine Datscha, wo man die kleinen Freuden kleiner Leute genießen kann: den Garten pflegen, schwimmen, angeln gehen. Eine totale Entpolitisierung des Lebens ist zu registrieren. Sie wird offiziell noch gefördert durch den Import miserabler Westfilme aus Amerika und der Bundesrepublik: Je harmloser, je alberner, um so besser erfüllt der Film seine Ventil- und Ablenkungsfunktion. Das Wort Sozialismus, unter Prager Intellektuellen ausgesprochen, ruft jetzt ein ironisches Schulterzucken hervor. Wollen wir nicht bitte von etwas anderem reden? Zum Beispiel von unseren böhmischen Schlössern? Haben Sie eigentlich schon Schloß Dobříš besichtigt?

Ja, und dann kommt man also eines Tages zurück, wieder über diese tote Grenze. Man sitzt plötzlich in Nürnberg, in München oder Frankfurt wieder unter seinesgleichen, also unter westdeutschen Intellektuellen. Man hat einiges nachzuholen an Information, denn westliche Zeitungen gab es nicht drüben. Was ist denn hier eigentlich los bei euch? ›Neues Deutschland‹, das ich morgens immer las, hat nichts berichtet. Es war vollauf mit den Reisen Fidel Castros beschäftigt. Zunächst spürt man, wie tief man abgeschnitten war von unserer Welt. Es drang nichts durch bis Prag, was uns beschäftigt, und umgekehrt ist es genauso, ja noch extremer: Es will hier niemand so ganz genau wissen, wie die in Prag heute leben. Es interessiert eigentlich nicht.

Also plötzlich wieder in einer westdeutschen Party. Man kommt sich zunächst etwas hilflos und fremd vor mit der Erfahrung Prags im Rücken. Hier ist nun alles ganz anders, eigentlich genau umgekehrt: Die Menschen wirken nicht depressiv, melancholisch verstimmt, sondern frei, locker, ziemlich fröhlich, natürlich auch hier mit jenem leichten Einschlag von Zynismus, der nun einmal als Salz zum Intellektuellen gehört. Die Gäste hier reden dauernd über Politik, die große, die kleine. Sie sind unverschämt gut informiert, so will es jedenfalls dem Rückkehrer aus Prag scheinen. Sie wirken sehr frei und befriedet, die Westdeutschen, und doch von einem merkwürdigen Drang zur Veränderung beflügelt. Es ist schon an ihrer Kleidung, ihrer Art, sich zu geben, erkennbar: Sie leben in ziemlich wohlhabenden und glücklichen Verhältnissen und sind doch tief unzufrieden damit. Es wird immer nur von Veränderung im Zimmer gesprochen und daß es so auf keinen Fall weitergehen dürfe. Einer sagt: Sozialismus. Nein, kein Kommunist, ein bürgerlicher Intellektueller sagt plötzlich zu vorgerückter Stunde: Was wir brauchen, ist eben eine sozialistische Gesellschaft, und dieses Wort ruft hier nicht wie in Prag ironisches Schulterzucken hervor, sondern leuchtende Augen, allgemeines Kopfnicken, allgemeine Zustimmung. Übereinstimmung darüber, daß man in einer unerträglichen Gesellschaftsform lebe, die umorganisiert werden muß – zum Sozialismus.

Nein, ich will diese doppelte Optik des Heimkehrers nicht weiterverfolgen. Ich hätte auch nichts gegen einen Sozialismus, der unsere Welt gerechter, humaner, freier macht. Ich bin nur betroffen über das Phänomen der Grenze, das man in der neuen Entspannungspolitik vielleicht doch etwas unterschätzt. Wie wenig die Menschen in diesen hochtechnisierten siebziger Jahren voneinander wissen! Die Menschen in Prag sehnen sich, ich sage nicht: nach dem Kapitalismus, wohl aber nach unseren westlichen Bürgerfreiheiten, die aber vielleicht doch etwas mit diesem System zusammenhängen. Viele Menschen hier, jedenfalls große Teile der Jugend und der Intellektuellen, träumen vom Sozialismus. Wie er dann ausfällt anderswo, schert sie nicht sehr. Das Wort hat etwas merkwürdig Leeres und Fetischhaftes angenommen. Es ist ein Zauberwort hier.

Prag und Nürnberg, zwei Städte in Mitteleuropa, und in beiden träumen die Produktiven, die Unruhigen, die notwendigen Utopisten zwei ganz verschiedene Träume. Insulare Einsamkeiten also. So nahe, so fern; so fremd sind sich die Menschen immer noch im Zeitalter der Mondflüge.

Die Boutiquen der Revolution

Eigentlich kann ich es jedem empfehlen. Wenn man sich als Bürger des Spätkapitalismus einmal mißgelaunt und erschöpft fühlt, wenn man gereizt ist vom Gewühl der City, frustriert von unserem Straßenverkehr – dann sollte man dorthin gehen. Man sollte ein Geschäft aufsuchen, das spezialisiert ist auf Underground. Es gibt diese Boutiquen der Menschheitsbefreiung heute in fast allen Großstädten, meistens im Zentrum, in Nebenstraßen. Der ermüdete und gequälte Europäer wird hier den Balsam einer reinen, ach, einer heilen Gegenwelt finden. Vieles in solchen Läden soll schockieren. Merkwürdig, auf mich wirkt es beruhigend. Underground wirkt auf mich wie Medizin, vergleichbar etwa dem Baldrian, den Hoffmannstropfen, die noch unsere Großeltern nahmen.

In der Frankfurter City zum Beispiel, in einer Nebenstraße. Man ist durch diese glatte, gläserne Monotonie der Zeil gekommen, dauernd an Warenhäusern, Verkaufspalästen, Schaufenstern vorbei – ein öder, immerwährender Ausverkauf unserer Kultur, betätigt von diesen glatten, leeren, etwas zu dick geratenen Gesichtern: den Konsumdeutschen. Drinnen im Hippie-Laden ist solche Heimsuchung rasch vergessen. Schlanke Tröstung erwartet uns. Es ist plötzlich, als wenn man am Río de la Plata oder in Indien wäre: Dschungelwelt; warm, weich, süßlich im Geruch, also Mutterwelt. Wir befinden uns im Sumpfgebiet unserer Hochzivilisation. Es wird alles geboten, was anderswo leicht unterdrückt wird: die vielen kleinen Liebenswürdigkeiten der Revolution, diese süße, herrliche Orgie in linkem Kitsch. Protestzubehör. Eine linke, spirituelle Abart von Beate Uhse – was man eben braucht, um auf die Barrikaden zu steigen, standesgemäß.

Kelleratmosphäre, das schummrige Halbdunkel von Höhlen, das von verborgenen Projektoren aufgehellt wird, die manchmal betörende Farbspiele über die Wuschelköpfe der Kunden kreisen lassen. Ein Tiefviolett herrscht vor, das streng an das Violett der römischen Karwoche erinnert. Vom Tonband neben der Kasse kommt jene ziehende, saugende, monotone Musik, die man heute psychedelisch nennt. Es ist mir immer, als hätte ich sie schon auf arabischen Märkten vom Turm der Moscheen gehört. Ein kräftiger Geschmack von Haschischrauch steht in der Luft, doch dürfte es sich hier im Laden um harmlose Aroma-Essenzen handeln, die man für fünfzig Pfennig in kleinen Tüten verkauft, auch gleich an der Kasse.

Es ist wie in Tausendundeiner Nacht, nur daß die Geschichte, die erzählt wird, politisch ist. Es zeigt sich alles im Maßstab der Weltpolitik. Gleich vorne am Ladentisch, auch neben der Kasse, kann man tatsächlich noch immer die handliche rote Maobibel kaufen, ein immerwährender Bestseller, von dessen Verkaufspegel uns merkwürdigerweise keine ›Spiegel‹-Liste berichtet. Fotos und Plakate, Posters genannt, die überlebensgroß noch immer Che und Ho Tschiminh zeigen, dann aber auch amerikanische Undergroundgötter: halbnackt auf schweren Motorrädern und ganz faschistisch mit ihren SS-Schirmmützen und Naziorden auf schön behaarter Männerbrust. Also der alte Cocteau mit frischem Rockereinschlag: die tödlichen Engel heute.

Dann gibt es Zeitschriften – von sehr weit her. Die ›Peking-Rundschau‹ zum Beispiel, seit kurzem auch (wie das deutsche Fernsehen) in Farbe, schön koloriert. Dokumente zur Kulturrevolution in China, Zeitschriften aus Kuba, die ›Village-Voice‹, das intelligente, freche Wochenblatt der Gammler vom Washington-Square. Wichtig hier ist die kräftige Mischung von Politik und Sex, das, was man heute so treffend die linke Lust nennt. Sie erweist sich, wie mir scheint, nach dem Volkswagen aus Wolfsburg immer mehr als der Verkaufsschlager und Exportartikel der westlichen Welt. Sozialismus und Orgasmus werden sich tatsächlich immer ähnlicher. Arme Rosa Luxemburg, ist man geneigt zu denken, daß sie das nicht begriff: das totale Rot. Die sozialistische Revolution ist eine sexuelle und umgekehrt. Diese Formel hat sich als effektiv erwiesen und schafft die ersehnte Massenbasis. Sie hat Magazine, Autoren und Verleger, die schon am Dahinröcheln waren, inzwischen wieder zu hochpotenten Kapitalträgern gemacht. Das macht die Liebe – eben.

In größeren Hippie-Shops gibt es dann manchmal noch, eine Treppe tiefer, im richtigen Keller, eine eigene Textilabteilung. Die Boutiquen sind hier auf Protestgewänder spezialisiert. Was trägt man eigentlich jetzt, wenn man auf die Barrikaden steigt? Der Unterschied zwischen Männer- und Frauenkleidung hat sich gottlob verwischt. Es ist der Mensch schlechthin, der Mensch im Widerstand. Jeder kann alles tragen, nur jung muß er sein, das versteht sich – herrlich jung. Traue keinem über Dreißig. Es gab nie einen Rat, der verführerischer und dümmer war als dieser. Ratschlag der Reaktion. Irgendwie erinnert er mich an Kinderkreuzzüge. So spricht der Teufel, der den Sozialismus fürchtet: Traue keinem über Dreißig.

Und so treten dann also diese braven, herrlich jungen Verkäufer von Hertie oder Neckermann an ihrem freien Mittwochnachmittag mit Schlips und Straßenanzug als schlichte Normalbürger hier ein, um nach längerem Suchen, Wühlen, Herumprobieren später den Laden als wütende und rabiate Guerillakämpfer zu verlassen. Jetzt also runter mit dem faden, glatten Bürgerzeug. Man trägt jetzt das Rauhe, Wilde, kunstvoll Gezottelte. Das Wölfische im Spätkapitalismus soll offenbar werden. Die Zeit der Blue jeans ist längst vorbei; das war ja der Hochkapitalismus. Cordhosen sind möglich, besser ist blankes Leder. Tierhäute sind im Kommen. Am besten, man nimmt für kühle Sommernächte im Freien eine endlose, pelzgefütterte Windjacke mit hochklappbarer Löwenmähne, die gleichermaßen erschreckt wie vor Regen schützt. Dazu empfehlen sich Schaftstiefel aus hartem, schwarzem oder weichem, braunem Leder, je nachdem. Eindeutige Sadisten können auch Lassos haben, mitunter auch Handschellen. O schöner, starker Widerstand.

Sehr wichtig im Underground ist der Schmuck. Er deutet sich mit den Handschellen an, einer Art Armbänder, die nicht jeder trägt und die politisch klar bezüglich ist. Faschismus-Aspekte der Demokratie werden freigelegt. Der gesuchteste Schmuck im Augenblick sind die dunklen, schweren Eisenketten, mit denen die Polizei bei Demonstrationen das Gelände absperrt. Fetische des Widerstandes, die bei jeder Bewegung böse klirren, die Lage verdeutlichen.

Es fällt auf, wie rasch die Zeichen der Provokation sich verbrauchen. Alle Vietnamartikel zum Beispiel sind fast erledigt. Auch der Protestkonsum ist enorm, hat seine Moden und verschleißt sie dann. Ab in den Reißwolf des Spätkapitalismus. Wie spät ist eigentlich der Spätkapitalismus? Manchmal meine ich, der hat noch ganz schön zu beißen, gute Zähne. Meinungsknöpfe etwa, Buttons genannt, die sind längst zerkleinert hier. Man kriegt sie nicht mehr. Sie sind in die Kaufhalle oder zu Woolworth abgewandert. In der Vorstadt, in der Provinz ist man jetzt gegen Springer oder für die Liebe. In der City sind solche Sätze verbraucht.

Dafür zeigt sich eine erstaunliche Beständigkeit aller Jugendstilelemente. Warum ist das Ovale und Ornamentale, der jugendstilig verkitschte Bildrahmen aus Gold so außerordentlich haltbar und widerstandsfähig? Warum eignet sich das hehre Bild der Iphigenie oder eine Petroleumlampe vom Kutscherbock 1910 noch immer zum Protest, während die Vietkongfahne bei uns nun sinkt? Ich frage ja nur. Ich sage, was ich sah. Ich sah weibliche Marmorfiguren, weiß und elegisch hingestreckt, aus dem Wien der Jahrhundertwende. Ich sah Postkarten aus der Sowjetunion, köstliche Grüße aus dem Kaufhaus Gum in Moskau, die flink vom Tisch gingen. Sie hatten das Braunstichige alter Familienfotos bei uns. Ich sah Schmuckkästen, reich mit Perlen und Muscheln verziert, die mich an Lourdes erinnerten, aber offenbar zur Ablage von »Stoff« gedacht waren.

Merkwürdig, ich sah nichts aus deutscher Gegenwart. Das machte mich nachdenklich, etwas skeptisch. Ich frage: Eignet sich das Gesicht von Franz Josef Strauß, das doch eine köstliche Mischung aus Brauereibesitzer und Barockengel in sich hat, nicht für Popkultur? Und wie ist das mit Barzel? Könnte man ihn nicht in Öl legen, sozusagen zur ewigen Erinnerung? Warum denn in die Ferne schweifen, wo doch das Komische so nahe ist? Es fehlt doch in diesem Lande wahrlich nicht an Motiven für Popartisten. Ich sah so viel Exotik, so wenig aus deutscher Gegenwart. Ist also die Revolution so konkret auch wieder nicht gemeint?

Der junge Herr C. und ich

Neulich abends auf dieser Party. All die Versuche mit C. wieder, so viel Vergeblichkeit, unbeschreiblich. Er kam erst nach elf in die Gesellschaft. Er kam jung, bleich, wild, zugleich sehr schick und brachte mit seinem Mädchen einen Hauch von Revolution in diesen gediegenen Kreis; Professoren, die gleich etwas verängstigt aufblickten. Die jungen Leute hier in der Stadt gehen neuerdings ja abends zu Demonstrationen, zum Sit-in, zum schönen Handgemenge mit der Polizei wie die älteren zum Symphoniekonzert. Sie sind abonniert auf Protest wie ihre Eltern auf ›Tosca‹ und fragen sich nachts beim Auseinandergehen, also gegen zwei in der Morgenstunde: Und wohin gehen wir morgen abend? Treffen wir uns beim Amerikahaus, beim israelischen Reisebüro oder beim spanischen Konsulat? Wo ist denn was los morgen abend, hier in der Stadt?

Deshalb also, nur deshalb kam er verspätet, der junge Herr C., von dem ich immer nicht weiß, nicht ausmachen kann, was er eigentlich treibt, tagsüber und bei Sonnenschein. Solche Fragen sind merkwürdig unstatthaft, unziemlich geworden: Ist er eigentlich ein Student, ein Künstler, ein Filmemacher, ein Verschwörer? Sind das die Tupamaros? Ich meine manchmal, man könnte sie auch für die jüngste Variante jenes bourgeoisen Völkchens halten, das bei Puccini noch schlicht »die Bohème« hieß. Die Stadt ist ja voll von solchen liebenswerten und aufgeregten Geschöpfen: Wuschelköpfen, Pilzköpfen, Black-Panther-Köpfen, wütenden Anarchisten, Christusgestalten, gewalttätigen Bartträgern, also Oberammergauern, die alle wie Söhne Bakunins aussehen, obwohl sie meistens nur Söhne von Autohändlern, von Schuhfabrikanten und Oberregierungsräten sind, aus Wiesbaden-Biebrich zum Beispiel.

Es ist sicher: Die Stadt, ach, unsere ganze Republik ist schöner geworden im Bild dieser neuen Jugend, die die Kostüme der Revolution, ihre Protestgewänder anmutig und lässig trägt wie Mannequins. Es ist Deutschlands beste und fröhlichste Jugend, die von heute. So etwas Ungebrochenes und Freies, auch Freches, hatten wir mindestens seit 1848 nicht mehr. Zunächst also, meine ich, muß man sie gern haben.

Gestern abend also, bei dieser Party, beim immer neuen Versuch des Gesprächs, Versuch, sich an ihn heranzuschleichen, seine Welt auszuspähen, also Kommunikationsversuche, wurde mir plötzlich auf eine abrupte und lähmende Weise bewußt: Gib auf, laß sein, es ist sinnlos; da dringst du nicht ein. Ob es an seiner Nickelbrille lag, die, modisch dürr, mich immer an unsere Gasmaskenbrille 1940 erinnerte? Ich wußte plötzlich: Das ist eine vollkommen neue Generation, die in einer anderen Welt lebt als du – unvergleichlich. Eigentlich sind wir nur dreißig Jahre auseinander, aber es ist wie hundert Jahre. Es führt keine Brücke über diesen Abgrund der Zeit, der uns trennt. Er und ich, das ist noch einmal Deutschland, zweigeteilt. Es sind einfach dreißig deutsche Jahre dazwischen, natürlich besondere, extreme Jahre, 1940 und 1970, zweimal zwei Zwanzigjährige. Was ist das eigentlich für ein Volk, dachte ich, in dem es solche Generationssprünge, so radikale Brüche und Zeitschübe gibt? Ich bin ja kein Traditionalist. Ich war immer der Meinung, daß jede Generation sich selbst durchwursteln muß. Erfahrungen sind nur machbar, nicht überlieferbar, und schließlich und endlich hängt jede Generation doch an ihrem eigenen Galgen. Aber etwas Berührung, ein Hauch von Nähe und Nachbarschaft sollte doch sein. Zum Beispiel das Wort »du«: Du, ich höre dich, die Väter die Söhne und umgekehrt. So etwas ist nicht mehr möglich. Es ist nicht mehr möglich hierzulande, daß ein Fünfzigjähriger mit einem Zwanzigjährigen spricht. Es gibt nur Verfehlungen, Verstummen, vielleicht auch Verachtung – gegenseitig.

Der junge Herr C.; ich habe ihn also reden, sich ausdrücken lassen auf seine Weise. Es klang mir manches wie Chinesisch. Ich schwieg die meiste Zeit, beobachtete seine Gesten, die locker und überaus sicher waren. Sein Lächeln müßte man wohl gewinnend nennen. Ich dachte: Eigentlich hat er recht, wenn er uns ablehnt, die Alten. Die Jungen sind wirklich anders. Traue keinem über Dreißig. Das Wort ist zwar politisch dumm, aber generationsmäßig ist es so unzutreffend nicht. Was weiß ich von seiner Welt? Der junge Herr C., der intelligent, beinah belustigt vom nächtlichen Handgemenge mit Frankfurter Polizisten erzählte, kam mir in meiner skeptisch zurückgelehnten Beobachterhaltung plötzlich wie etwas Biologisches vor, eine Pflanze zum Beispiel, ein sehr exotisches Gewächs, das einfach auf anderem Boden wuchs. Sein Erdreich war doch schon anders, fuhr es mir durch den

Kopf; er wuchs auf fettem, sattem, gut gedüngtem Boden, schon vollklimatisiert, als er 1950 geboren wurde. Frische Saat, die auf fettem Boden wuchs und prächtig gedieh in unserem milden Wohlstandsklima. Alles Glashäuser, Gewächshäuser einer ziemlich perfekten Zivilisation, ein richtiges Wohlstandskind einer kapitalistischen Gesellschaft, die endlich einmal funktionierte in Deutschland, zum erstenmal übrigens in unserer Geschichte. Zum erstenmal haben wir seit 1948 eine Wirtschaft, die klappt, die läuft und läuft und läuft, beinah krisenfest. Wann gab es das je in diesem Jahrhundert bei uns? Und später dann diese Jazz- und Rockwellen, der neue Blues, der neue Sound, Pop und Porno, etwas Marxismus und etwas Drogenkult. Man wickelte sie richtig ein in diese Protestwatte der Jugendkultur, und nun sind diese Larven ausgeschlüpft, sie werden flügge, sie beginnen zu fliegen, und nun wundern wir uns, daß sie so sind, wie sie sind: anders, fremdartig, exotisch, ohne Zusammenhang mit den Älteren. Sie stammen wirklich aus einem anderen Äon. Wir Älteren hörten noch Elly Ney mit geschlossenen Augen, Beethoven ausbreitend, weit. Die nur noch die Rolling Stones oder Jimmy Hendrix. Da sind schon Welten dazwischen. Und natürlich, im Wohlstand läßt es sich wohl protestieren. Das ist gar nicht verächtlich, nicht böse gemeint. Es meint nur die ökonomischen Implikationen der politischen Moral.

Und wir? Wir Fünfzigjährigen, die wir ratlos, etwas kopfschüttelnd, im geheimen doch aber auch etwas neidisch vor dieser neuen Jugend stehen, sprachlos? Es gibt sie kaum noch, diese Fünfzigjährigen, die also etwa 1920 geboren wurden. Die meisten sind tot: Krieg und Gefangenschaft, Nazis oder Naziopfer. Das putzte sich gegenseitig schnell weg, und ich sage mir, eigene Jugend bedenkend: Nun werd bloß nicht noch sentimental und rührselig, die eigenen Narben befingernd. Für die anderen, die Zuschauer, ist das immer abscheulich, eigentlich widerlich, wenn einer kommt, die eigene Tiefe ausbreitet und sagt: Uns ging es eben so schlecht, uns Armen. Trotzdem, man wird es mir doch nicht als Wehleidigkeit auslegen, wenn ich sage: Wir kommen natürlich aus Bruch, aus Brachland, aus dem Schotter deutscher Geschichte, wir hatten ein mieses Erdreich und wenig Licht. Wir wuchsen auf in dem Wirrwarr der zwanziger Jahre, die so golden nicht waren. Wir gingen zur Schule im Gedränge, Geschiebe, Geschubse der Weimarer Republik. Wir erfuhren zu Hause am Abendbrottisch, wenn die Eltern etwas mürrisch redeten, was Inflation, was Weltwirtschaftskrise, was Arbeitslosigkeit ist zu Hause: Entlassung des Vaters. Ich besinne mich, daß mein Vater oft Notverordnungen studierte. Uns Kinder scherte das wenig. Man spürte nur: Irgendwo ist hier Angst im Haus.

Und daher trugen wir brave Straßenanzüge, trugen Scheitel, kurz und preußisch geschoren, hatten oft Pickel im Gesicht und wuchsen so hinein in den deutschen Faschismus, dienten ihm, halbwüchsig, als Kinder, kämpften den großen Nibelungenkampf der deutschen Nation gegen den Osten mit, zwanzigjährig, und wurden dann 41 oder 42 mißtrauisch, jeder für sich, waren vielleicht schon 43 heimliche Antifaschisten, auch jeder für sich, und krochen dann, auch jeder für sich, etwas verdreckt und verhungert, über diese Schwelle, das Wunder, das 45 hieß. Wir sind doch alle, die übrigblieben, nur eins: 45er. Was für die einen »der Zusammenbruch« war, war für uns eine Neugeburt. Von diesem Wunder, daß aus lauter Feuer und Tod wieder richtiges, gutes, freies Leben wird, kommt kein Fünfzigjähriger in diesem Lande los. Er kann deshalb nicht mehr so fröhlich kaputtmachen. Es ist schon wahr: Irgendwo sind wir alle ein bißchen konservativ. Ich meine, aus gutem Grund.

Das alles, ich weiß, sollte man nicht hochholen. Man sollte es nicht nach oben zerren, jetzt. Ich weiß, wie der junge Herr C., solches anhörend, reagieren würde: Nun hören Sie doch bloß auf mit diesem alten Kram. Wen interessiert das? Diese vermoderten Geschichten will niemand mehr hören. Kriegs-Hauspostillen, widerlich. Alles alte Esel. Traue keinem über Dreißig.

Ich habe es also nicht ausgebreitet: meine Welt, meine Vergangenheit, an diesem Abend. Ich habe auf der Party geschwiegen. Ich werde mich hüten, meine Jugend gegen die ihre aufzurechnen. Es ist jeder in seine eigene Vergangenheit verstrickt. Es kommt keiner heraus aus seinen Archiven der Zeit; zweimal Kindheit – da gibt es gar nichts aufzurechnen. Die Posten sind nicht zu addieren. Ich weiß nur: Hier liegt die Wurzel der Trennung. Es gibt keine Möglichkeit hierzulande, die Erfahrungen des Zwanzigjährigen und des Fünfzigjährigen zu konfrontieren, abzutasten, vielleicht sogar auszutauschen. Es trennen uns Welten, für immer.

Man muß den Mut haben, das einzugestehen. Wir werden uns immer fremd bleiben, die Väter und die Söhne. Es gibt einen Generationsbruch hierzulande, der bleibt. Es gibt nur Distanz, Schweigen, Verwundern, auch etwas Verachtung – übrigens gegenseitig.

Immer öfters spüre ich es: Es weht jetzt ein scharfer Wind in unserer Gesellschaft, so abends nach Dienstschluß, also ab zwanzig Uhr spätestens. Diskussionen, Round-table-Gespräche, die berühmte Aussprache nach einer Lesung. Man wird gestellt, befragt, soll seine Meinung äußern. Ich spüre es, wie ich enttäusche, beinah ein Versager bin. Ich sage immer: Ja und nein, einerseits, andererseits. Das ist eine schwierige Sache. Man wird sie wohl nur so angehen können.

Ich sehe im Saal, wie das wirkt: Unruhe. Schon gehen die ersten. Soziale Aggression war erwünscht und erwartet, Empörung, die donnert nach zwanzig Uhr, also nach Dienstschluß. Man hatte den Mann eingeladen, gut honoriert und erwartete nun, daß er richtig vom Leder ziehen, ach, auf den Putz hauen würde fürs gute Geld: Diese verfluchte Ausbeutergesellschaft, diese Scheißrepublik, lauter Unterdrückte! Nicht wahr, so wär es doch recht, meine Herren? Und nun sagt dieser Kerl: Ja und nein, einerseits, andererseits. Eine verschwommene, verzwickte Geschichte mit gar keinen eindeutigen Fronten. So etwas enttäuscht natürlich. Ich weiß es wohl: Radikal müßte man sein. Warum bin ich es nicht?

Neulich, bei dieser Versammlung. Ich war ein Zuhörer. Ich saß unter vierzig oder fünfzig Leuten: Intellektuellen, Studenten, Revolutionären, Literaten. So ein bärtiger, junger, düsterer Nikkelbrillenträger trug sein Radio-Feature vor, eine Tonbandmontage aus Attica, dem Zuchthaus nicht weit von New York. Das Feature berichtete in Originaldokumenten von den Grausamkeiten, den Morden unter farbigen Häftlingen, die hier stattgefunden hatten. Eine furchtbare Sache: Attica, ein Blutbad der Weißen. Und ich sagte dann später in der Diskussion: Ja, schon; ja, aber; trozdem. Das ist alles sehr wahr, was hier berichtet wurde. Man muß das publizieren, nur: Die volle und ganze Wahrheit über Amerika ist das natürlich auch wieder nicht. Ich war auch drüben, als Attica geschah. Es ist falsch, von dieser Gefängnisrevolte auf eine revolutionäre Stimmung in Amerika zu schließen. Wenn es überhaupt eine Grundstimmung dort gibt, so ist es jetzt Ratlosigkeit, tiefe Mutlosigkeit über so viel Rückschläge. Amerika steht nicht am Vorabend einer Revolution.

Natürlich hatte ich mit dieser skeptischen Abwiegelei sofort die Leute gegen mich aufgebracht. Man spürt die Unruhe, die

Erbitterung, die jetzt hochkommt, auch etwas Gelächter. Der ist wohl verrückt? Der kennt wohl unsere Spielregeln nicht? Der will uns wohl unseren linken Laden kaputtmachen, der Kerl? Wir hatten uns doch darauf geeinigt, daß alles ganz klar sei: der Kapitalismus ein Ungeheuer, der Sozialismus die ungeheure Menschheitserlösung. Es ist blanker Haß, was hochkommt, Verachtung und etwas Hohn: Wie, der will uns was sagen? Der ist doch schon über Fünfzig? Na also, bitte. Die Wahrheit ist höchstens Dreißig heute. Die Wahrheit ist jung. Sie ist schlank. Sie ist bärtig, ziemlich ruppig und trägt jetzt eine Nickelbrille. Das ist die neue Putschistengesinnung zur Abendzeit. Wir haben unter unseren Zwanzigjährigen heute einen neuen und düsteren Radikalismus, der mich ans schlimmste Christentum erinnert: lauter Savonarolas, die geißelschwingend durchs Land ziehen. Lauter Asketen, Bußprediger und strenge Dogmatiker – die wissen einfach alles. Kommt das vom Haschisch? Die haben die ganze Wahrheit der Geschichte persönlich serviert bekommen. Wer daran zweifelt, wer aufmuckt, in Frage stellt, gehört verbrannt. Ich sehe Scheiterhaufen kommen für die, die ja und nein und einerseits, andererseits sagen. Auch die Römische Kirche hat Zweifler immer mit grimmiger Lust verbrannt. Es sollte uns diese farbfrohe, fröhliche Popszene im Vordergrund nicht täuschen: Wir leben in finsteren, dogmatischen Zeiten, wieder. Es sind Glaubenskriege.

Nach solchen Abenden grüble ich dann noch lange. Mir geht so etwas nach – an die Nieren, sagt man wohl. Ich kann das so schnell nicht vergessen. Was ist eigentlich los? geht es mir durch den Kopf. Wo kommt das her in dieser neuen Generation: diese Verachtung, diese kalte Wut, gerade auf die Liberalen, wo doch die orthodoxen Rechten, die Schlamm und Konsorten, ihre wahren Gegner sein müßten? Die lassen sie merkwürdig kalt. Ich bin doch gar nicht ihr Gegner, oder? Sie stilisieren mich erst dazu hoch. Ich wollte das nicht: Feindschaft. Ich könnte mir Freundschaft, eine gute Koalition auf Zeit vorstellen; immerhin verbindet uns doch die Absicht, die Welt zu verändern. Ich sage das nicht laut, aber denke doch oft: Im Grunde sind sie sehr gut. Eine neue Generation, auf die man stolz sein könnte. Es ist in unserer Geschichte neu, daß sich die Zwanzigjährigen nicht mehr verbraten und verheizen lassen vom deutschen Nationalismus, daß sie nicht mehr sterben wollen fürs Vaterland, sondern leben und kämpfen für eine bessere und gerechtere Welt. Ich halte diesen Aufbruch des Gewissens, diese moralische Sensibilität einer neuen Generation, die sich mit Unrecht, mit Herrschaft und Abhängigkeit nicht abfinden will, für einen Fortschritt in Deutschland. Ich habe Respekt vor jeder Empörung, die aus sozialem Gewissen kommt. Ich teile sie oft. Eigentlich sind das doch meine Leute. Warum kommt man an sie nicht heran?

Wie gesagt, ich werde mich hüten, das laut in ihren Kreisen zu sagen. So viel Nähe und Sympathieerklärung brächte die kalte Wut nun wirklich zum Kochen. »Onkelhaft«, wird man nun tituliert, der will uns auf die Schultern klopfen. Er ist besorgt um die Jugend. Der war auch einmal jung, nicht wahr? Mein Gott, ich bin doch nicht Kurt Georg Kiesinger, aber so etwas wird einem unweigerlich angehängt. Man wird einfach in die rechte Ecke gekehrt wie Dreck, wenn man ja und nein und einerseits, andererseits sagt. Es gibt keine Zwischentöne mehr in diesen Kreisen. Alle Nuancen sind abgeschafft. Ist man nicht radikal, so ist man konservativ, eigentlich ein Reaktionär, ja im Grunde ein verkappter Faschist. Man weiß es nur selber nicht. Enzensberger wird das erklären. Das sind die neuen Glaubenskriege heute: Wer nicht ganz für sie ist, muß ganz gegen sie sein, natürlich – wie Jesus. Und die liberale Position dazwischen? Sie ist das Schlimmste: ein Blendwerk der Bourgeoisie, ein Teufelspakt mit Freiheit, die es nicht gibt. Man muß sie entlarven. Also Entlarvungsversuche, Selbstentlarvung: Scheinfreiheit, Scheißfreiheit, Alibifunktion, Agentur des Kapitalismus. Bitte, ist es so recht?

Ja, radikal müßte man sein, heutzutage. Das wäre schön. Es wäre dann alles einfach und klar, sehr erfolgreich auch, abends nach Dienstschluß. Man hätte viele Freunde, wäre »high« und »in«, überall sehr gefragt. Radikalismus verkauft sich sehr flott im Augenblick. Am besten, man wäre überhaupt gegen alles: eine Fackel flammender Empörung. Die leuchtet weit im Land. So etwas wird auch von Evangelischen Akademien, von Goethe-Instituten geschätzt: Seht doch den deutschen Geist, wie er jetzt brennt!

Und ich tue das nicht. Ich schaff es nicht. Ich habe so meine Erfahrungen mit Radikalismus, hierzulande. Ich sage immer: Ja und nein, einerseits, andererseits. Einerseits ist dieser Radikalismus der neuen Savonarolas sehr gut. Er bringt etwas in Bewegung, was in Deutschland immer darniederlag: die Initiative von unten, also praktische Demokratie. Andererseits taugt er gar nichts, wenn er sich nicht mit der Wirklichkeit einläßt, die voller Widerstände, sehr verzwickt ist. Ich sehe die Kompliziertheit von Gesellschaft, die Trägheit von Geschichte und daß man sie nur ganz langsam voranbringen kann. Der Fortschritt ist ein Bummelzug. Er kommt, aber er kommt überall mit Verspätung an; ja, leider.

Das sind natürlich keine Wahrheiten, die Auflagen machen, Säle füllen, die Leute in Atem halten. Es ist kein Applaus zu erwarten, wie bei den gewagten Seilkunststückchen unserer neuen Politakrobaten. Die sind sehr eindrucksvoll und aufregend, abends. Aber was ist verändert am nächsten Tag? Am nächsten Tag haben wieder die von gestern das Sagen. Ich sage also: So geht das nicht. Wenn ihr wirklich Politik wollt, müßt ihr euch einlassen mit den Miesigkeiten, den Halbheiten, den Kompromissen dieser Welt. Dabei geht vieles verloren. Träume verblassen des Tages. Schwarz und Weiß stehen nicht zur Diskussion in der Politik. Es handelt sich eher um Grautöne. Wenn das häßliche Grau, das wir alle nicht mögen, etwas heller, ein freundliches Hellgrau, ein zartes Mausgrau würde, wäre das nicht schon etwas? Es wäre die liberale Position: ruhmlos, aber kritisch, mit politischem Augenmaß. Ich bin an Politik interessiert, ihrer Machbarkeit. Deshalb kann ich nicht radikal sein, leider.

Junger Mann von 73

Gestern abend traf ich ihn wieder, wie zufällig, aber natürlich war es nicht nur gestern abend. Man kann ihn täglich treffen. Er läuft ja herum. Er ist stadtbekannt. Er ist uns dauernd so deutlich vor Augen, daß wir ihn gar nicht mehr wahrnehmen in seiner Rolle. Gestern abend aber wurde er mir als Typus, als Modell bewußt. Ich sah ihn, wie er kam, wie er sich gab, all die Formen und Riten des Eintretens schon. Ich möchte sie mürrisch-unterkühlt nennen. Nun sieh bloß, dachte ich, fabelhaft. Halt das fest. Der Zeitgeist ist flüchtig, aber hier zu besichtigen. Das ist doch nicht irgendwer. Natürlich ist das irgendwer, aber gerade darin ein Phänomen, das repräsentiert. Eine Generation wird sichtbar in ihm, wieder einmal eine neue. Er ist das Urbild dieser neuesten Jugend hierzulande: junger Mann von 73.

Kann man das? Darf man das? Kann man denn einen Menschen so über einen Leisten schlagen, einfach sagend: Sieh da, das ist er – die Zeit, der Augenblick persönlich? Ich glaube, man kann es manchmal. Obwohl es natürlich gleichzeitig viele Gestalten,

Typen und Tendenzen gibt, ist die Geschichte doch immer wieder mächtig gewesen im Hervorbringen von Menschen, die als Leitbilder der Epoche Signalwert und Erkenntnisreiz ausübten: Dressmen des Zeitgeistes sozusagen. An ihnen ist wie an Kalendern oder Uhren der Augenblick abzulesen, was die Stunde geschlagen hat. 1913 zum Beispiel: Der jugendbewegte Wandervogeltyp mit Schillerkragen, Zupfgeigenhansl und Laute, der dann in den Weltkrieg hineinschlitterte, singend, war so ein Typ. 1933 der junge SA-Mann, der, picklig und gläubig, etwas nach Leder und Schweiß riechend, sehnsüchtig zum Führer aufsah, war es – für seine Zeit, für Millionen. 1953 der junge Student, der Heidegger, Jaspers, Sartre studierte in Heidelberg oder Freiburg und dann zur CDU oder in die Farbwerke Hoechst ging, der Funktionär mit Existentialismus-Hintergrund – der war es. Die gelenkige Generation, sagte man damals abschätzig. Und jetzt? Zwanzig Jahre später? Ich meine, jetzt wird wieder ein Modell ausgeliefert. Es ist eben dabei, in Serienproduktion zu gehen.

Nein, es ist nicht, wie jetzt vielleicht viele erwarten, einfach diese aufsässige, zottige und bärtige Jugend, die, in Pop und Hasch und Porno zart gebadet, so fröhlich-dumpf vor sich hin gammelt, am Freitagabend zu Demonstrationen und Happenings gern bereit. Protestwelle – das ist auch schon wieder vorbei. Die Zeit der süßen Revolutionsgelüste, auf die man jetzt sehnsüchtig zurückblickt: Weißt du noch, Genosse, 68, damals, auf den Barrikaden in Paris, ach, ach, schöne Zeit? Nostalgie heißt das heute, das jüngste Modewort, das in Umlauf gesetzt wurde für linke Sehnsuchtsrückblicke. Diese Nostalgien sind auch schon ausgeliefert am Büchermarkt. Sie kamen gleich nach den Materialien zur Revolution.

Ich spreche nicht von der Jugend und ihrem Protest allgemein. Das ist nicht mehr als der Rahmen fürs Bild. Ich spreche von ihrer jüngsten und letzten Ausgabe. Sagen wir: Bundesrepublik Deutschland 1973, und ich würde gern diesen jüngsten Typus in Deutschland porträtieren wie alte Meister, wie Dürer oder Rembrandt ihre Zeitgenossen porträtierten – liebevoll genau, mit einem deutlichen Stich ins Detail, in die lächerliche Nebensache, die aber aufschlußreich ist für die Nachgeborenen. Wieviel Zeitgeschichte ist etwa auf Dürers Selbstporträts zu besichtigen, nicht wahr? So ungefähr. Denn das ist sicher: In zwanzig Jahren ist dieser Generationstypus auch wieder vorbei, längst verweht und vergessen. Da sitzt wieder jemand anders im Fenster. Zu fragen ist also: Wie muß man heute sein, damit später, sagen wir im Jahr 1993, rückgefragt werden kann: Wie waren eigentlich die jungen Leute damals, vor zwanzig Jahren? Erinnerst du dich nicht? Denk doch mal nach. Was war ihre Typik?

Ich meine, es handelt sich um einen postrevolutionären Typus im Jahr der Ernüchterung. Vieles ist weggewischt, weggehängt: der Schaum der Empörung und der Heiligenschein, Che-Guevara-Bilder und Castro-Kult – alles runter. Er ist ernster, konkreter, auch ruhiger geworden. Er ist, zweiundzwanzigjährig, von München nach Bochum verzogen. Da er ganz auf der Höhe der Zeit ist, studiert er dort Soziolgie, Literaturwissenschaft und Politik. Daß er unverändert ein Bürgerssohn ist, versteht sich, sonst könnte er nicht so exemplarisch sein für diese Republik. Der Vater Verkaufsdirektor bei Horten oder BMW-Vertreter aus Augsburg. Der junge Mann von 73 ist mit solchem Sozialhintergrund prädestiniert, dem Vaterhaus, Bundesrepublik Deutschland genannt, den Prozeß zu machen. Er ist also von Kopf bis Fuß auf Gesellschaftskritik eingestellt, er ist durch und durch Soziologe, aber nicht mehr aus der alten Frankfurter Schule. Die war ihm noch immer zu ästhetisch, zu betrachtend, zu pessimistisch. Deshalb zog er ins Ruhrgebiet, wo Reste von Klassenlage, Arbeiterkonflikten noch präsent sind. Er sagt immer: Praxis. Es kommt alles auf Praxis im Klassenkampf an. Er ist nicht DKP-Mitglied, aber steht ihr doch nahe. Er ist nicht aus der Kirche ausgetreten, aber hat den Wehrdienst verweigert, übrigens aus politischen Gründen, nicht aus moralischen.

Ich weiß, das ist alles noch etwas allgemein und pauschal. Man muß an das Bild näher herantreten. Man muß Details betrachten, Äußerlichkeiten zunächst. Sind es Äußerlichkeiten? Es fällt eine gewisse Rückkehr in die bürgerliche Formwelt auf. Während urwaldartige Popbands und röhrende Protestgruppen mit Afrolook und Verstärkerschall die breitere Jugend immer noch in Atem, Aufruhr und abendlicher Raserei halten, hat er den Ablenkungseffekt solcher Unterhaltungsindustrie längst durchschaut und sich umgezogen. Er ist nicht gerade bürgerlich-normal gekleidet. Er trägt noch nicht den Jackettanzug mit Schlips. Er bevorzugt gemäßigt kräftige Lederjacken, eine Cordhose, einen Rollkragenpullover, aber nicht zu sportlich-elegant. Pullover und Cordhose sollen eher Klassenlage andeuten. Der Bart ist nicht ab, aber doch auf vernünftige Maße gestutzt, vermenschlicht, wie auch seine Haare, die man als halblang bezeichnen kann. Er trägt keine Gasmaskenbrille mehr, sondern neigt eher zu randlosen Goldbrillen, die ihm etwas Seriöses, Studiertes, beinah Theologisches geben. Er liest nicht nur Lenin und Marx, auch Trotzki, Rosa Luxemburg und Ernest Mandel. Er ist auf dem langen Marsch begriffen, literarisch.

Täusche ich mich, wenn ich meine, daß gewisse nationale Züge wieder erkennbar werden, schattenhaft? Jedenfalls: Gemessen an der Protestjugend gestern, die zwischen San Francisco und West-Berlin die Szene ganz kosmopolitisch beherrschte, sind wieder deutsche Elemente zu erkennen. Eine gewisse Strenge, Freudlosigkeit, Pedanterie kennzeichnen ihn. Er neigt zu Rechthabereien, zu verbalen Spitzfindigkeiten. Wenn er »kritisch« sagt, und er sagt es immer wieder, meint er eigentlich »dogmatisch«. Er ist übrigens vollkommen drogenfrei. Schon deswegen könnte er sich wieder in der DDR sehen lassen. Er tritt im Augenblick für die Politik der Regierung Brandt/Scheel ein, aber nur aus taktischen Gründen. Die SPD ist ihm ein Greuel, was er aber nur im kleinen Kreise sagt. Er ist nicht moskauhörig, wohl aber solidarisiert er sich mit dem weltweiten Kampf der Arbeiterklasse. Systemüberwindung hierzulande bedeutet ihm nicht nur Kampf gegen die BRD, sondern auch Annäherung an die DDR: der nationale Aspekt, wieder. Trotzdem fällt auf, daß er nur selten nach »drüben« fährt. Er nennt das Revolutions-Tourismus und lehnt ihn entschieden ab. Im Urlaub bevorzugt er Spanien und Portugal.

Was tue ich hier? Was mache ich eigentlich? Will ich Jugend denunzieren, nur weil sie jung, also anders ist? Will ich politisches Engagement persiflieren, nur weil ich es in dieser neuen und verbiesterten Strenge nicht teilen kann? Ich bin weit weg von solcher Schelte. Ach, bloß keine Pauschalurteile, bloß keine Verteufelungen. Aus Wertfragen halte ich mich heraus. Mich interessiert die Physiognomik der Zeit, das Erscheinungsbild derer, die in diesem Augenblik »in« sind, ganz drin im Kalender von 73. Ich betreibe nur die Beschreibung eines Zustandes, genau wie es im Grundvertrag geschah zwischen Bahr und Kohl. Hier soll gar nichts verändert, bewegt oder bewertet werden. Es soll, um wieder ein Wort der Zeit heranzuziehen, der Status quo festgeschrieben werden. Ganz fest, zum Rückerinnern, später einmal. Wer wird sich denn später erinnern?

Was mich anlangt, so ist eher Sympathie erkennbar, im Untergrund, vielleicht auch ein Rest von Neid. Wäre ich nicht auch gern so gewesen, mit Zwanzig? Es kam damals anders, aber ich würde dem jungen Mann von heute doch gern dies sagen: Weißt du, würde ich ihm sagen, wenn ich so denke, wie all die Zwanzigjährigen im Deutschland dieses Jahrhunderts aussahen: 1913, 1933, 1953 – dann finde ich euch von 73 immer noch die beste Jugend unserer neuen Geschichte. So etwas Intelligentes, Sensibles und Widerborstiges gab es schon lange nicht mehr bei uns. Im nationalen Verbundsystem steht ihr so schlecht nicht da. Nur darfst du mir eine gewisse ironische Distanz, einen Rest bürgerlichen Skeptizismus, auch einen Unterton dekadenter Faszination durch Form- und Stilfragen nicht übelnehmen. Ich habe zuviel gesehen in meinem Leben, um nur an eine Wahrheit glauben zu können. Auch ich bin ein Produkt meiner Zeit, kann auch nicht aus meiner Haut. Ich bin also nur einer von ganz außen, ein Betrachter, ein Zuschauer, ein Festschreiber des Augenblicks, nicht mehr. Und ich frage mich natürlich immer gleich: Wie wird das weitergehen? Wie wird denn der junge Mann von 93 aussehen? Ich relativiere alles historisch, ein Laster der Spätbourgeoisie, ich weiß es wohl. Immerhin, bei Thomas Mann kam auch aus solcher Position noch etwas heraus.

Manchmal denke ich: In zwanzig Jahren ist sicher wieder ein anderer Typus im Fenster. Ich stelle mir vor, daß wir 1993 nach zwanzigjähriger segensreicher Regierung der Sozialdemokratie so langsam in schwedische Verhältnisse eingerückt sind. Willy Brandt wird dann Ende Siebzig sein und vielleicht Bundespräsident. Die Menschen werden ja immer älter werden im Wohlfahrtsstaat. Es wurde zwar das System nicht überwunden, aber gezähmt, gebändigt, etwas sozialer gemacht. Ich stelle mir vor, wir hätten dann den fast perfekten Wohlfahrtsstaat: Die Arbeiter sind mitbeteiligt und wie Angestellte nach zehnjähriger Betriebszugehörigkeit unkündbar, die Hausfrauen beziehen ein Sozialgehalt. Die Schriftsteller sind endlich pensionsberechtigt. Schwedische Verhältnisse: Revolution und Protest sind längst institutionalisiert wie heute schon in Stockholm. Sie werden vom Ministerium für Inneres mitfinanziert. Es gibt da ein Staatssekretariat für Systemüberwindung, das jährlich bedeutende Etatgelder auswirft, um diesen inzwischen liebenswert-anachronistischen Mann von 73 einer breiteren Öffentlichkeit zu erhalten. Wer wäre dann »in«? Manchmal denke ich: Ein Stauffenbergtyp ist vielleicht im Kommen, ein neuer Konservatismus. Rilke ist vielleicht wieder aktuell. Das ist doch alles noch unaufgearbeitet bei uns. Wenn man bedenkt, wie Hermann Hesse wiederkam. Das hätte man auch nicht erwartet vor zwanzig Jahren, oder?

Ich kehre zurück. Ich bin noch nicht ganz fertig mit meinem Foto. Der junge Mann gestern abend sagte immer: Aufklärung.

Er sagte immer: Gesellschaft. Auch das Wort »gesellschaftliche Relevanz« fiel, und ich zuckte etwas zusammen, weil mich verbale Donnerbüchsen leicht verschrecken. Vor allem in bezug auf die Kunst hatte er ganz feste und glasklare Vorstellungen. Er sagte immer: Die Kunst muß, die Kunst hat. Es ist die einzige Aufgabe der Kunst, gesellschaftliche Unterdrückungsmechanismen aufzudecken. Und ich dachte: Dann werden sie nie aufgedeckt, denn die Kunst ist doch, wie man weiß, ein sehr gebrechlicher, elitärer, beinah moribunder Partner. Auch andere Begriffe gingen ihm so sicher, so glatt, so durchaus souverän von den Lippen. Wie er etwa Manipulation sagte oder Herrschaft oder Ausbeutung. Wie er das Wort Faschismus beinah nebenher fallen ließ, nur als eine unterschwellige Andeutung, worum es doch eigentlich gehe, in der BRD. Die anderen zuckten etwas zusammen, nickten still mit dem Kopf, ließen ihre Eiswürfel im Glas klickern.

Ich meine, das hatte schon Stil und Art. Das war schon Klasse. Das war haargenau heute. Und ich dachte: Das mußt du festhalten, fixieren. Es könnte verlorengehen, später einmal.

Wider den Dogmatismus

Bitte, man stelle sich das vor, einen Augenblick: Ein Mensch sitzt zu Hause und schreibt. Er schreibt in dieser Stadt Frankfurt am Main, die ihm auf eine rätselhafte, etwas unheimliche Weise sympathisch ist. Banken, Börsen, Warenhäuser, Versicherungspaläste, Freudenhäuser – keine schlechte Umgebung, meint er. Alle fragen: Aber wie kann man da leben, freiwillig? Dieser Mensch schreibt keine Romane, Gedichte, Theaterstücke, also Kunst, die bessere und bleibende Welt, die nach Feierabend. Die Wirklichkeit fasziniert ihn, der Alltag dieser Gesellschaft, sagen wir: zwölf Uhr mittags oder sechs Uhr abends, kurz vor Ladenschluß, aufschlußreiche Zeiten. Er saugt sich den Staub von der Straße und mustert ihn später durch, zu Hause. Die Stadt ist ein gutes Modell, sie ist so staubig. Man kann hier Gesellschaft, Zustände, Verhältnisse verläßlich studieren, denkt er. Voller Neugier ist er diesem Staub auf der Spur. Er sieht Gesichter, Gestalten, Gesten, wie man geht, schiebt, drängt, drückt in diesem Land; auf so etwas macht er sich seinen Vers, einen eigenen.

Er hält es nur mit den Sinnen: Das Auge ist ihm das Wichtigste. Er glaubt an den Augenschein und liebt, wie die Maler, die Oberfläche. Die Oberflächen sind wichtig, sie wurden immer vernachlässigt in deutscher Tiefe, denkt er. Die Ohren sind gut, aber wichtiger noch ist die Nase, der Mund. Gesellschaft, meint er, kann man eigentlich nur riechen und schmecken – das andere ist Ideologie.

Dieser Mensch hat keine Beziehung zum Allgemeinen, zum Ewigen, zum Ganzen und zu dem, was Franz Josef Strauß »das Schlechthinnige« nennt. Die unveräußerlichen Rechtspositionen in Deutschland sind ihm zu rechts. Er haßt dieses alte Dogma von rechts. Man kennt es: Die einen zetteln die Kriege an, und die anderen, die den Frieden schließen, sind die Verräter, die Preisgeber oder doch wenigstens die Dilettanten, die Stümper, die blutigen Laien der Macht. Das Stück ist ja nicht neu in Deutschland. Es hieß die Harzburger Front. Es wird immer wieder in neuer Besetzung gespielt.

Der Beobachter staunt aber auch über die hingerissene Gläubigkeit einer neuen Jugend, die eine radikal gute Welt schaffen will; nur muß man die alte erst kaputtmachen, auch radikal. Überall Programme, Parolen, Katechismen, Kursbücher – Materialien zur Revolution heißt das in der Verlegersprache –, Rotbücher und Rote Zellen; sogar eine Rote Armee sollte ja einmal in West-Berlin aus der Taufe gehoben werden. Es fielen auch erste Schüsse. Er hörte das Kampflied singen: Mach kaputt, was dich kaputtmacht. Der Beobachter denkt: Woher kommt dieser wütende Radikalismus hierzulande? Woher kommt diese neue Lust, kaputtzumachen, Brände und Bomben zu legen, diese deutsche Lust am Untergang? Er hörte mit aufmerksamen Ohren, wie ihm Jungsozialisten die Unterdrückungsgesetze der Bundesrepublik, die Mechanismen der Repression, die Antagonismen der kapitalistischen Ausbeutergesellschaft erklärten, und sagte dann: Vielleicht, vielleicht ist es so, aber, offen gesagt, Ihre Theorie ist mir etwas zu klar, um ganz geheuer zu sein.

Schön wäre es schon, die Wahrheit so handlich zu haben. Ich sehe nur Einzelheiten, nie das Ganze. Ich sehe die ganze Unterdrückung hier nicht, nicht deutlich genug, nicht wirklich zum Himmel schreiend, wie etwa in Spanien oder Griechenland. Ich sehe eine unfertige, eine noch immer sehr ungerechte, ziemlich verkorkste Gesellschaft. Nur, wo ist eine bessere, eine humanere im Augenblick zu haben? Wo ist sie denn in Europa? Sollten wir nicht eher versuchen, dieses unfertige, dieses durchaus unterentwickelte Stück Deutschland, das sich die Bundesrepublik nennt, etwas entwickelter, etwas fertiger, etwas menschenfreundlicher zu machen, statt es wieder kaputtzumachen? Ich habe keine Lust am Ende. Ich hasse den Dogmatismus aller Radikalen.

Manchmal ging dieser Mensch in den anderen Teil Deutschlands. Er ging, so gut das eben ging, also meistens über West-Berlin. Er liebte die Landschaft, die Menschen, die Reste Preußens hier. Die märkischen Föhren waren ihm näher als die Schwarzwaldtannen, die Havel vertrauter als der Bodensee, und eine Erbsensuppe bei Aschinger, ehrlich gesagt, schmeckte ihm besser als Spätzle oder Knödel. Er spürte Heimat, Herkunft, Ursprung. So etwas bleibt lange hängen. Und natürlich kam er jedesmal mit der Frage herüber, ob hier nun ein neues, ein anderes, ein besseres Deutschland im Entstehen sei. Er sah solche Ansätze, Versuche, Einzelheiten; er sah die Strukturen in diesem anderen Staat, der sich die Deutsche Demokratische Republik nannte, die denen der Bundesrepublik durchaus überlegen waren, etwa in der Bildungspraxis, im Schulsystem, im Gesundheitswesen, in der Stellung der Frau, auch in der Landwirtschaft. Er war ja kein ideologischer Kapitalist. Er hätte sich gern zum Sozialismus bekannt, wenn hier nur nicht wieder dieser deutsche Dogmatismus gewesen wäre, übrigens nicht nur bei den Funktionären, auch bei ihren Gegnern.

Wolf Biermann hatte ihm einen ganzen Tag gegenübergesessen, er hatte gesungen, geschimpft, sich den Zorn von der Seele geredet, auch böse Witze gemacht. Ach, ein Land voller Spitzel, Agenten und Abhörgeräte, hatte er gesagt – es klang wie von Axel Springer – und dann gesungen: Das Land ist tot, das Land ist tot. Aber später dann, am Teetisch, hatte er leise hinzugefügt: Aber das bessere Deutschland ist es doch. Das war wieder der Dogmatismus, hier ironisch und böse garniert, der ihn staunen machte, der ihn irgendwie an das römische Dogma von der Unbefleckten Empfängnis erinnerte, das ihn als Kind im Religionsunterricht auch immer erstaunt hatte. Warum ein so verzwickter, durchaus metaphysischer Umgang mit der Wirklichkeit? Es war wieder die Sache mit den Sinnen, den Augen, den Ohren, dem Riechen und Schmecken. Gesellschaft, sagte er auch hier wieder, kann man doch nur riechen und schmecken, das andere ist Ideologie.

Er roch hier so viel Unterwerfung, so viel preußischen Untertanengeist, er roch so viel autoritäre Strukturen im Sozialismus. Er dachte: Es ist wie mit den Christen. Sie müßten erlöster aussehen, wenn man ihnen ihren Erlöser glauben sollte. Die Leute hier müßten fröhlicher, freier, selbstbewußter herumgehen, wenn der Sozialismus hier das überlegenere und menschlichere System wäre. Sie tun es nicht, jedenfalls noch nicht. Er wußte: Die Theorie, daß der Sozialismus notwendig zur Freiheit führe, war wieder ein Satz aus dem Katechismus der Dogmatiker. Er sagte wieder: Ich sehe es nicht, nicht wirklich deutlich, nicht hier. Es ist möglich, aber bisher noch nirgends in Europa bewiesen, daß der Vergesellschaftung aller Produktionsmittel auch mehr Bürgerfreiheit folge. Es wäre schon schön, die Wahrheit so handlich zu haben, aber so schnell kann ich Dubček zum Beispiel und Prag nicht vergessen. Er sagte wieder: Solltet ihr nicht versuchen, dieses andere, dieses durchaus unfertige Stück Deutschland, das DDR heißt, etwas entwickelter, etwas freier, etwas menschenfreundlicher zu machen?

Natürlich hatte dieser Skeptizismus, so viel Abweisung, Vorsicht, Angst vor dem Terror absoluter Ideen und reiner Heilswahrheiten seine Wurzeln. Sobald ein Politiker auftauchte, der sagte: Ich hab's, ich habe die ganze Wahrheit, die überhaupt, die schlechthinnige, wurde er skeptisch, mißtrauisch. Er sagte: So viel Wahrheit ist gefährlich, sie führt zur Tyrannei.

Er hörte manchmal die Stimme dieses Mannes noch im Ohr, der seine Jugend bestimmt hatte, und nicht nur seine. Damals war doch die Welt so klar, so radikal aus einer Wurzel heraus lösbar gewesen, deshalb auch so schrecklich, so mörderisch. Er hörte in den Hysterien dieses Mannes, den er nie vergessen konnte, die Hysterien aller Welterlöser, aller Radikalen und zuversichtlichen Kaputtmacher. Er war eben ein gebranntes Kind und wußte: Die absoluten Lösungen sind immer die furchtbarsten in der Politik. Sie enden zu leicht in Endlösungen. Damals hatte er die Erfahrung gemacht, die blieb: Es gibt in der Politik kein Heil, sondern immer nur Annäherungen, Versuche Kompromisse, halbe Lösungen, abwägende Zugeständnisse, ruhmlose Siege. Wir kommen nur durch unendliche Geduld, durch zähe Kleinarbeit, durch mühsames Stückwerk weiter. Wir können die Welt verändern, aber nur in kleinen Schritten. Ich sage es jetzt einmal deutlich, sozusagen im Klartext: Dieser Mensch war das Verächtlichste, das Abscheulichste, das es heute gibt in vieler Augen – er war beinah ein Liberaler.

März-Geschichten

Eigentlich ist das ja verboten; ich weiß es wohl. Es steht unter strengstem Tabu. Man sollte nur immer von Politik und Gesellschaft, also von Herrschaft und Unterdrückung reden, den Mechanismen der Ausbeutung, den ganzen Tag, und natürlich auch nachts. Nachts vor allem. Und die Natur? frage ich manchmal etwas schüchtern. Unsere alte Mutter Erde, die ist jetzt ganz abgeschafft? Und ein Gedicht Peter Huchels, das geht auch in den Bach?

Ich weiß, welch ein böses Reizwort ich damit setze. Er wird doch nicht? Er will uns doch nicht einen neuen, unendlich verfeinerten Faschismus verkaufen, sublimste Blut-und-Boden-Legenden? O nein, sage ich, das nicht, nur: Diese verachtete, verschmähte, von links und rechts gleichermaßen treuherzig zertrampelte Natur, die ist auch noch da, wenigstens in Resten. Merkt ihr denn gar nichts? Seid ihr alle blind, ihr Kinder von Marx und Coca-Cola? Die Sonne steht jetzt schon hoch über Klassengrenzen. Sie scheint, wenn sie scheint, mit gleicher Freundlichkeit über Kommunisten und Kapitalisten – leider. Ihr konntet sie nicht umfunktionieren, soziologisch. Sie ist ganz unverkennbar im Kommen, und ich will das loben. Ich berichte vom Untergrund: also März-Geschichten.

Ob es den anderen auch so ergeht? Wenn die Sonne steigt, schöpfe ich jedesmal Hoffnung. Ich erwache. Es ist ja auch das heute verboten zu sagen, aber ich sag es doch: Irgendwo ist der Mensch eine Pflanze. Natürlich sind wir Teil der Natur, auf die niemand mehr achtet, stecken ganz tief in ihr. Ich jedenfalls tue es, teilweise. Ich gehe im Winter immer etwas zugrunde. Nicht ganz, eben so, wie auch Pflanzen, die überwintern, sehr schrumpfen, verwelken, vergilben. Nur ein Rest übersteht da im Dunkeln. Er schläft. Ob es an der Art unserer Winter liegt, denke ich manchmal, die eben nicht richtig hart und kalt, nicht klirrend steif sind, wie anderswo? Das Vermanschte, Feuchte, Graue, die Fahlheit in der Luft, dieser Dreck auf den Straßen. Ach, es ist keine Metapher, wenn ich sage: Das macht mich krank. Auch die Häßlichkeit schneearmer Winter, das ewige Grau über der Stadt, kann krank machen, feinere Seelen wenigstens. Sie ist eine ästhetische Qual.

Von Mitte November an beginnt man leicht zu kränkeln. Nicht ernsthaft, nicht gerade bedrohlich, immerhin: ein Schnupfen früh beim Erwachen, eine Rauheit im Hals, also eine Erkältung, eine Grippe, wie die Leute das nennen. Das kommt, klingt wieder ab, es kommt nach drei Wochen wieder, immer so, daß man nicht wirklich ins Bett muß, sich aber auch nicht richtig gesund fühlt. Es läppert sich hin durch die dunklen Monate und kann dann im Januar bei mir durchaus mit einer dröhnenden Bronchitis, die Fieber macht, seinen hochdramatischen Abschluß finden. Ich huste, ich fröstle, ich friere dauernd im Winter. Ich stehe im Bademantel am Fenster und betrachte die Stadt, die müde und farblos, merkwürdig abgenutzt daliegt. Ein Schattenreich, ein Reich der Toten ist die Stadt. Merkt ihr denn wirklich nichts? Man hat uns die Sonne gestohlen. Wir werden alle sterben – ohne Licht.

Und dann? Dann kommt eben diese Zeit, der Augenblick, von dem ich spreche. So Mitte März ist plötzlich ein Tag da, der anders ist. Man spürt plötzlich: Etwas liegt in der Luft. Was denn? Es ist schwer zu sagen, denn von Frühling kann noch keine Rede sein. Es hat sich nur etwas verändert. Man tritt aus dem Haus, man schnuppert in der Luft – ja, dieser Benzingestank von der Tankstelle, die Auspuffgase, was wir so Umweltverschmutzung nennen, schon wahr; aber dazwischen ist noch etwas anderes, etwas Neues. Wie sagt man dazu? Es ist noch nicht warm, nur weniger kalt. Zunächst ist nur etwas Entspannung, Entkrampfung zu spüren. Es ist doch schon weicher, milder, lauer jetzt. Merkst du es nicht?

Was meint denn Fasching und Karneval? Das Ende des Winters wird gefeiert: Verbrennung von dunklen Dämonen und Hexen, wenigstens früher einmal, als noch nicht die großen Bierbrauer-Monopole das Fest fest im Griff hatten. Irgendwo muß da ein Kampf entschieden worden sein im Kosmos. Man müßte die Meteorologen fragen. Man riecht es doch. Eine Schlacht wurde geschlagen, anderswo. Nur ein Reflex, ein Echo, eine ungefähre Vermutung dringt zu uns: Frühlingsahnung, sagten wir früher. Heute kann man das tatsächlich nicht mehr aussprechen. Nennen wir es eine Weichheit, die hoffen macht, mehr nicht.

Es wird auch heller jetzt, ganz beträchtlich. Nicht ohne Zufriedenheit stellt man fest, daß wenigstens die Abende schon länger werden. Das Schlimmste haben wir hinter uns, sagt man mit einer gewissen Genugtuung. Es ist ja erst Mitte März; es ist immer noch kühl und kahl draußen, ziemlich unfreundlich, aber wenn man bedenkt, daß wir im Dezember schon um vier Uhr nachmittags das Licht anmachen mußten – und jetzt erst um sechs! Du mußt zugeben: Aus dem Gröbsten sind wir heraus. Die Sonne steigt. Das kann niemand leugnen. Sie ist nicht mehr ganz ohne Macht.

Ja, und dann irgendwann diese ersten Tage, die alle Hoffnungen einlösen, schön. Ein Blankoscheck auf die Zukunft. Für mich sind sie reine Geschenke. Ich lege die Medikamente, all die Tabletten und Taschentücher weg. Es ist zwar immer noch kein richtiger Frühling, kalendermäßig, aber doch ein Vorfrühlingstag, der sagt: So soll es nun werden. Wir heißen euch hoffen. Der Himmel ist blau, die Sonne strahlt, sie strahlt ziemlich unverschämt und wärmt schon beträchtlich. Die Menschen auf der Straße haben die Mäntel geöffnet. Manche gehen in Jacken, beinah leichtfertig. Einer trägt tatsächlich schon ein rotes Hemd, viel zu früh. Es muß wohl ein Südländer, ein Gastarbeiter, eine etwas ahnungslose Schwalbe sein, die unsere Verhältnisse nicht kennt. Sonnenbrillen sind zu sehen. Man geht durch die Stadt und spürt: Die Macht dieses Winters, der eben kein richtiger Winter war, sondern nur ein graues, sieches Hustenreich, sie ist jetzt gebrochen, oder? Man wittert Zukunft. Es wird also weitergehen. Der Tod ist gestorben, und sieh da: du lebst. Hast du es überstanden, wieder einmal? Ich meine: Auch wenn man kein Kirchgänger, kein Christ ist – es hat schon etwas von Auferstehen.

Täusche ich mich, wenn ich meine, daß die Menschen jetzt freundlicher werden? Sie gehen entspannter, freier durch die Stadt. Sie hasten nicht mehr so eilig nach Hause zum Fernsehen. Schon sagt einer: Laß die doch vor ihrer Mattscheibe. Wir gehen spazieren, ja? Rentner sitzen des Mittags wieder auf Parkbänken – kein schlechtes Vorzeichen. Sie sehen noch etwas blaß und zerknittert aus, immerhin, sie sind keine Haustiere mehr. Selbst Automenschen fahren weniger aggressiv. Sie haben das Schiebedach offen, das linke Fenster heruntergekurbelt. Sie halten tatsächlich vor Zebrastreifen. Noch sind die Bäume kahl. Ihre Kronen starren noch immer wie schwarze Gerippe in den Himmel. Noch ist der Rasen grau und tot und wirkt wie eine schmutzige, abgetretene Fußbodenmatte. Aber Krokusse sind schon darauf, da und dort erste Tulpenspitzen. Ah, ja, sagt man. Sieh da.

Man kann natürlich auch sagen: Du spinnst ja, mein Lieber.

Du pinselst ja richtige Spitzwegidyllen. Man kann aber das Licht nicht mehr leugnen. Licht ist jetzt wieder da und liegt weiß und hell über allem gebreitet, beinah mittelmeerisch. Ich meine, es geht hier wirklich um Aufklärung, um wachsende Helligkeit unter uns. Idyllen sind ja bekanntlich immer verschattet und liegen im Halbdunkel. Es geht doch gerade um den Sieg über Wolken und Nebelbänke, um den Kampf gegen Weihnachts- und Dunkelmänner.

Wenn es einmal so weit gekommen ist, ist das Stück entschieden. Gewiß, es kann Rückschläge geben. Nasse Tage, neue Kälteeinbrüche. Eines Nachts tanzen tatsächlich wieder Schneeflokken vor meinem Fenster – es bedrückt mich nicht. Es hat keine wirkliche Kraft. Es sind Trotzreaktionen, infantile Rückzugsgefechte des Winters. Sie brechen genauso schnell zusammen wie kindliches Schmollen. Man sieht es doch überall jetzt: Der Ofen ist angeheizt im Kosmos. Es geht weiter mit dieser Geschichte einer Erweckung, die eine Geschichte der Erwärmung ist, naturwissenschaftlich gesehen, weiter nichts. Es geht nur um Wärmevermittlung. Jeden Tag wird dir dieser Ofen etwas näher vors Fenster gerückt. Schon beginnt man mittags zu überlegen, ob man im Sommer nicht für den Balkon neue Jalousien braucht, ob nicht eine Tiefkühltruhe gut wäre für Vorräte nach Ostern. Die Sonne wärmt eben schon mächtig, für ein paar Tage, verschwindet dann wieder.

Und dann beginnt doch das Stück, das wir Frühlingsanfang nennen. Zuständig ist dafür der 21. März, aber gerade dieser Tag enttäuscht dann doch oft. Früher oder später – eines Tages bricht er aus, unausweichlich. Und ich meine: Man darf das doch registrieren, nicht? Das Phänomen ist banal und doch tief. Es ist nicht soziologisch und doch von Wichtigkeit für die Gesellschaft. Man bedenke einmal, wie sich all unsere Sozialstrukturen verändern würden, wenn hier ewiger Winter wäre wie am Nordpol. Man braucht nicht in Trompetenstöße auszubrechen, wie das alte Frühlingskantaten tun. Auch in der Matthäus-Passion ist ein hoher Jubelton zu hören: christlich. So hoch will ich nicht hinaus. Ich meine alles ganz irdisch und faßbar. Es hat trotzdem etwas von Wunder, wenn auch nur für die, die sich noch wundern können. Die meisten heute haben ja ein Verhältnis zu ihrem eigenen Leben, das mich an Diplomingenieure oder Patienten in Vollnarkose erinnert. Die merken überhaupt nichts mehr, leben beinah bewußtlos, obwohl sie dauernd von Bewußtsein reden: dem falschen und dem richtigen, versteht sich.

Also, noch einmal zur Sache, die Frühlingsanfang heißt. Es treibt jetzt, das ist das Entscheidende. Aus dieser grauen, harten, geschundenen Erde, die so unendlich erschöpft wirkt – man glaubt es kaum –, treibt die Wärme tatsächlich wieder Leben empor. Wer hätte das gedacht, wo im Februar die Felder ringsum noch wie bessere Müllkippen aussahen. Was ist eigentlich Leben? Zuversicht, Kraft, Hoffnung, Bewegung, möchte ich meinen. Gewißheit, daß es weitergeht, irgendwie. Was? Das ist schwer zu sagen: das Ganze – vielleicht? Es bricht jetzt überall auf. Es grünt, es sprießt, wie man so sagt, die eigene Zuversicht etwas spöttisch herunterspielend. Der Rasen, die Sträucher, die Bäume: ein schüchternes, zartes Hellgrün zunächst, unerhört vorsichtig. Die Erde hat ihre schreckliche Farblosigkeit überwunden. Sie wird wieder bunt werden, also schön. Es ist ja noch nicht soweit. Aber man weiß, es wird werden. Es wird rot, gelb, braun, blau, violett werden und natürlich überall grün. Wenn einmal die Forsythien überall in den Gärten in ihrem lodernden Hellgelb stehen, ist alles entschieden. Die Welt wird wieder bunt. Ist das das Leben?

Sommerzeit

Sonderbar: Je älter er wurde, um so mehr wich er zurück – vor dem Licht. Licht kann so schmerzen, dachte er manchmal. Licht tat ihm weh; das vor allem war anders und neu. Er merkte erst jetzt, wie hell seine Wohnung geraten war – zu hell. Wenn er morgens das Ostzimmer öffnete, schlug ihm eine blendende, wütende Sonne entgegen. Prall, heiß hing sie im Fenster und grinste. Sie traf ihn wie Scheinwerferlicht in Untersuchungskellern. Er spürte ihre grelle und unverschämte Aufforderung, dazusein, mitzutun, glücklich zu sein, die jetzt über allen Straßen lag. Schlief noch etwas in ihm? Jeder Morgen war eine brutale Herausforderung des Lichts. Er bestellte Handwerker ins Haus, um Jalousien zu installieren. Knipst doch die Sonne aus, sagte er. Schaltet den Strom herunter, laßt Wolken zu mir. Zum erstenmal in seinem Leben litt er unter dem Sommer, den hellen Nächten, den zu frühen Sonnenaufgängen bald nach vier, den nicht endenden Junitagen. Es ist zuviel Sonne in der Welt, dachte er manchmal. Sie tötet den Menschen – wie in der Wüste.

Er freute sich auf die Abende, das Verdämmern, Versacken des Tages. Er fuhr manchmal hinaus in die Dörfer, saß im Grünen, sah dem Einfall des Abends zu: wie das Licht immer fahler, glasiger, kalkiger wurde und dann zerfiel wie Staub. Etwas erwachte nun in ihm. Etwas hatte den Brand überstanden. Die Herrschaft des Lichts war endlich gebrochen. Etwas wurde jetzt fähig und weit. Dunkelheit macht so wach, dachte er, überschaubar und nah. Das Licht einer Lampe ist gut; ihr Umkreis, den leistet man. Fünf oder sechs Meter um sich, die kann man schaffen. Er schlief tiefer und fester als früher. Er liebte den Schlaf, das große Verschwinden. Er ließ sich nicht ohne Dankbarkeit fallen, genoß auf eine frühe und kindliche Weise die Wonnen, weg zu sein. Der Schlaf war ein schöner, blutwarmer Bruder des Todes.

Manchmal stellte er sich die Hölle vor: Schlaflosigkeit, ewiges Licht, ewiges Dasein, lauter Sonnen am Himmel, siebzehn Stück. Im Norden Europas, am Rande Skandinaviens, hatte er erschreckt beobachtet, daß es Sommernächte gab, die weiß blieben: fahlweiß der Himmel noch ein Uhr nachts. So straft der Kosmos die Ränder, dachte er. Es sollte Dunkelheit sein: von sieben bis sieben, etwas Dämmerung, etwas Zwielicht und Regen dazwischen. Wir sind wie Pilze. Wald ist um uns. Schatten macht wach.

Er lernte es jetzt immer mehr, seinen Sinnen zu vertrauen. Sie wurden ihm wichtig. Es wuchsen ihm Organe der Wahrnehmung zu; das Sehen zum Beispiel. Er lernte erst jetzt, mit seinen Augen offen zu sein. Er sah Straßen, Häuser, Plätze schärfer, genauer, durchdringender als früher. Es war mehr Haltbarkeit in diesen Bildern. Früher hatte er gern fotografiert, gelegentlich. Schon seit Jahren begann ihm das langweilig, überflüssig, manchmal auch peinlich zu werden. Bei Reisen ließ er immer öfters den Apparat zu Hause oder ließ ihn, mitgenommen, wieder sinken, wenn er schon zum Knipsen angesetzt hatte: Lohnt es sich eigentlich? Was soll's? Es war, wie wenn die Linse der Kamera nun in sein Auge eingesetzt wäre. Sieh doch hier, ein Bild, ein Motiv. Einstellung, Entfernung, Blende, Belichtung, Achtung, ein Bild: klick! – das geschah jetzt öfters auf seiner Netzhaut in ihm. Er war eine introjizierte Kamera. Er fotografierte Menschen mit seinen Augen. Man konnte so viel wahrnehmen in ihren Gesichtern, in der Art, wie sie gingen, den Kopf hielten, sich mit der Hand durch die Haare fuhren, sich beim Verabschieden verneigten, etwas schief von oben herab. Der Augenblick zum Beispiel, wenn einer an der Wohnungstür klingelte. Man geht hin, öffnet die Tür: diese eine Sekunde der Skepsis, der Ratlosigkeit, der Neugier, dann das Erkennen, Finden, die freudige, verlegene, widerwärtige Begrüßung. Das alles waren exakte Bildfolgen, Filmsequenzen, die unglaubliche Geschichten enthielten. Im Grunde erzählten sie alles, was hinterher kommen würde.

Dann das Riechen. Das wurde ihm noch wichtiger zur Orientierung. Manchmal kam er sich vor wie sein eigener Hund. Er roch alles; er roch zu viel und zu stark. Er roch morgens das Verbrauchte und Unaufgeräumte der Wohnung, das Unausgelüftete der Betten, die Tabakreste von gestern, ihre beizende Abgestandenheit. Früher hatte er Hemden manchmal zwei oder drei Tage getragen. Jetzt begann er sie täglich zu wechseln. Er roch in dem Hemd, das er noch einmal anziehen wollte, zu sehr den Tag zuvor, seine Anstrengung, dazusein. Andererseits entzückte und beflügelte ihn der steife Geruch frischer Wäsche. Das war wie ein Blatt leeres Papier: nur weiß, nur sauber, nur leer. Man würde darauf schreiben, damit leben können. Wozu, wohin? Er roch all die Gerüche der Stadt. Er litt unter den Ausdünstungen der Straße, den bleiernen Abgasen der Autos, der Fabriken, der Schornsteine. Er roch Menschen, Probleme, Sympathien, Konflikte und deren Spannungen untereinander. Er lernte an den Tankstellen beim Nachfüllen die verschiedenen Benzinmarken zu unterscheiden. Manche rochen süßlicher, manche schärfer. Er roch all die Bratwürste, Spraydosen und Steakbratereien der City. Andererseits aber roch er auch, wenn er abends nach Hause in seine Wohnung kam, ob die Putzfrau wirklich gearbeitet hatte. Es lag dann ein Hauch von Scheuersand, von purer Scheuerreinlichkeit in der Luft. Es roch einfach sauber. Das entzückte ihn, erinnerte ihn an Putztage seiner Kindheit, damals, zu Hause.

Schließlich das Schmecken. Die Zunge, der Gaumen, ach – schon auf den Lippen begann der Geschmack. Es gab so vieles zu schmecken in dieser Welt: das Große und das Kleine. Das Kleine, das zwischen den Zähnen schmeckt, begann ihn jetzt zu beschäftigen. Erst jetzt, Anfang Fünfzig, wurde er ein Freund und später Liebhaber der Speisen. Er hatte früher eigentlich alles nur heruntergeschlungen. Jetzt begann er mit Vernunft und allmählich mit kritischer Erfahrung zu essen, die Welt abzuschmecken. Er lernte die einzelnen Sorten Aale, Schollen und Forellen zu unterscheiden. Er sagte nicht mehr: Pilze, sondern die, die er wollte. Er lernte die Eigenart provenzalischer und jene afrikanischer Artischocken auseinanderzuhalten. Er begriff den Satz der Philosophen, daß die Kochkunst zu den tragischen Künsten gezählt werden müsse: Der Augenblick ihrer Vollendung verlangte gebieterisch ihre Vernichtung. Es war wie bei der antiken Tragödie: Zum Schluß wurde alles verschlungen, aufgegessen. Das war schade und doch notwendig, ein ehernes Gesetz.

Dann das Trinken. Er war längst vom Bier auf die Weine übergegangen. Er wußte jetzt, wie man einen badischen, einen hessischen, einen Rheinwein auf der Zunge vergehen und wieder zurückkommen ließ. Es gab da gewisse Reflexe, sehr differenzierte Arten von Nachgeschmack, aufgrund deren man eine ernsthafte Kulturgeographie betreiben konnte. Es schmeckte jede Provinz anders. Deutschland, das wurde ihm in diesem Alter wesentlich eine Frage der Weine. Er würde von Deutschland nicht lassen, seiner Weine wegen ging das nicht. Der Rest schmeckt fade, dumpf, bitter in diesem Land. Schon in den Rotweinen war Frankreich deutlich überlegen. Er schmeckte sein Vaterland in den Weißweinen. Da lebte es, klar und hell, sehr sublim.

Da war noch etwas anderes, Tieferes, in das er nun eingebrochen war. Er wußte jetzt um sein Ende. Früher hatte er das nie gewußt. Oder war es ihm nur entgangen? Er hatte immer gelebt wie die Kinder: ohne Anfang und Ende, einfach immer nur seiend, spielend, mehr unglücklich als glücklich übrigens. Er war mit sich verklebt, also ewig nach Kinderart. Seit einigen Jahren ging das nicht mehr. Er sah nicht ganz ohne Erstaunen, daß sein Leben begrenzt sein würde – hinten von dieser Boje. Zum erstenmal war dieser Gedanke Anfang der Vierzig aufgetaucht und hatte ihn seither begleitet. Wahrscheinlich würde er noch eine ganze Zeit leben; wenn es gutging, noch zwei oder drei Jahrzehnte. Aber dann, irgendwo, irgendwann, ganz hinten, war endgültig und unwiderruflich diese letzte Barriere errichtet. Weiter reichte sein Land nicht: die Grenze. Da lief ein Uhrwerk, ein Wechsel, ein Billett für ihn ab. Er würde den Saal räumen müssen. Eines Tages, das war ihm jetzt klar, würde er nicht mehr sein. Die Welt würde weiter dasein; die Erde, der Himmel, die Völker, die Stadt und die Straßen der Stadt, alles würde bleiben und – etwas verändert – weitergehen, ohne ihn. Schade, dachte er. Er begriff, daß ein Menschenleben exakt zwischen zwei Daten, zwei Zahlen und Ziffern eingehängt ist und nur zwischen diesen beiden Zahlen schaukelt wie eine Hängematte: geboren, gestorben, von bis, getauft oder nicht getauft und schließlich begraben. Wie oft hatte man das gelesen: in Schulbüchern, Geschichtsbüchern, auf Grabsteinen, in den Dokumenten der Ämter. Es hatte immer den anderen gegolten. Jetzt galt das schon ihm. Wie?

Nein, diese Erfahrung löste in ihm keine Todesangst aus. Todesangst hat ein Ertrinkender, einer, der in die Tiefe stürzt, einer, der das Messer, die Pistole, den Gewehrlauf auf sich gerichtet sieht. Auch auf der Autobahn konnte man in gewissen kritischen Unfallsekunden so etwas wie Todesangst spüren. Er kannte das. Das Herz schlägt plötzlich wie wahnsinnig, und hinterher kommt eine bleierne, schlotternde Lähmung, dann Zittrigkeit. Einmal hatte er tatsächlich auch kurz geheult, die Nacht darauf, als alles schadlos vorüber war. Das steckte dann in einem, doch das war es nicht. Es war eher eine leichte Erschütterung, eine abstrakte und durchlässige Evidenz, die nun in ihm hochkam, ihn nicht mehr verließ: Du lebst, aber du lebst nicht mehr ewig. Du fährst, aber nicht mehr sehr lange. Du hast noch ziemlich viel Zeit, aber sie ist schon gezählt, gestundet und zugeteilt. Da wird nichts prolongiert: jetzt.

Das war es: das Jetzt. Es war keine Angst vor dem Tod, wohl aber eine unglaubliche Aufwertung des Restes. Der Rest, jetzt war wichtig. Die Zeit, die noch blieb, wurde kostbar, wertvoller. So werten sich knappe Währungen auf, so lieben sich Leute heftig – beim Auseinandergehen. Das Leben lud sich vom Tod her neu auf. Diese Boje, diese Grenze, die nun da war, wirkte wie eine mächtige Batterie, die ihm rückwirkend Strom der Lebendigkeit zuführte. Wenn es also so ist, wie es ist, dachte er manchmal, dann muß dieser Rest sehr bewußt, sehr genau und intensiv gelebt werden. Er ist kostbar geworden. Ich bin, ich bin da, ich bin immer noch da – nütze die Zeit, jetzt oder nie. Ergreife den Tag, zahle ihn aus. Es ist Sommerzeit.

Von daher kam offenbar diese neue Wendung zur Welt, die er an sich jetzt beobachtete. Erst jetzt, als Mann Anfang Fünfzig, entdeckte er ihre Weite, ihre Vielfalt und all die leeren Stellen, an denen er immer vorbeigegangen war. Er hatte so vieles versäumt vom Ganzen. Er wußte jetzt, was ihm fehlte: Einzelheiten. Das Konkrete, das er früher immer verachtet hatte, war zu erforschen. Es beunruhigte ihn, so selten den Kontinent verlassen zu haben, nie in Japan, in Mexiko, nicht einmal auf Kuba gewesen zu sein. Auch in China hätte er sich gern umgesehen. Er würde so vieles nachzuholen haben: die Welt, ihre Schönheit, ihre Not und wie das alles zerfiel in lauter Einzelheiten. Man müßte alles befassen und prüfen – am Ort. Er hatte vor kurzem vom Selbstmord eines Freundes gehört. Er verwarf solche Schritte nicht. In besonderen Fällen waren sie denkbar, ja möglich, aber sein erster Gedanke war gewesen: Wie konnte er das tun, ohne zuvor wenigstens noch Hongkong gesehen zu haben? Das hätte er vorher wahrnehmen müssen. Das ist doch auch Welt für uns: unsere Welt. Eins nach dem anderen. Erst kommt das Leben und dann der Tod. Die Reihe war falsch.

War es das? War das alles? Es blieb da ein Rest. Trotz Hunger auf Welt, trotz Lust am Sehen, Schmecken und Wissen ums Ende. Es blieb da ein Rest mitten im Leben, schattenhaft. Er konnte seinen Tod nicht verstehen, ihn einfach nicht denken. Der Tod war da, er wußte um ihn, aber er konnte ihn nicht begreifen. Er war nicht unterzubringen. Es war nicht auszudenken, was das heißt: Du wirst tot sein, einmal. Daran stieß man sich wund. Er spürte: Der Tod sollte nicht sein. Er war nicht gemeint, ursprünglich. Manchmal gestand er sich ein: Er hätte gern immer gelebt. Warum müssen wir eigentlich sterben? dachte er. Schade. Schade um das Leben.

Geschäftsbericht

Das ist nun etwas anderes, als wir es gemeinhin kennen, ein Sonderfall, eine Spezialgeschichte, keine fröhlichen Urlaubstage, Touristengefühl nur am Rande, nur als Zugabe, ungewollt, wenn auch gern angenommen: Einer fährt weg, um darüber zu schreiben. Einer hat sich das Reisen als literarisches Geschäft angewöhnt. Er bricht nicht mit dem ferienfrohen Strom in der Hochsaison auf, um zu baden, im Sand zu liegen, Ferien zu machen im Familienkreis, meistens mit Kind und Kegel. Reisen ist seine Arbeit, sein Job, sein Beruf sozusagen, jedenfalls zeitweise. Ich berichte von einem Geschäft.

Ein feiner Job, eine vergnügliche Arbeit, beneidenswert ist das schon, höre ich sagen. Ich weiß nicht so recht, muß ich erwidern. Einerseits schon, andererseits aber? Wenn man berufsmäßig verreist, wird alles anders. Denken Sie nur an den Vertreter für Papier- oder Miederwaren, der alltäglich auf Achse ist, reisend, wie man sagt, ein Reisender in rosa Trikotagen. Er reist meist allein und, nicht wahr, was wissen wir von seinen Abenden in fremden, tristen Gasthäusern? Was von seinen Nächten in öden Hotelzimmern, die schmal und lieblos sind? Ich will sagen: Es verfliegt so viel Anmut. Die Fremde ist nicht mehr azurblauer Himmel, das Dolcefarniente, ein Ferienidyll mit Vollpension. Sie ist nicht zauberhaft – sie ist ein Ziel, das erarbeitet und allein erobert sein will. Eindringen, erforschen, verstehen, darum geht es. Es hat etwas von einer Expedition, wenn man reist, um später darüber schreiben zu können: Landnahme. Es hat etwas von Strategie, wie man seine Landschaft einkreist, belagert, dann einzunehmen versucht im Handstreich. Kriegerisches ist im Spiel: Eroberungslust. Oder ist es nur eine Variante des erotischen Prozesses donjuanesker Neugier und Weltumarmung?

Auf jeden Fall fällt die Arbeit hinterher an. Man sitzt vier Wochen am Schreibtisch zu Hause, tief gebückt. Man hat etwas gesehen, erfahren, in Augenschein genommen, vielleicht sogar verstanden von diesem fremden Stück Welt und versucht nun, es zu Papier zu bringen, es in Worte, in Sätze, in Sprache zu fassen, zu sagen, was war auf der Reise. Sag es doch! Was war denn? Wie kehrt das denn wieder: die Fremde im Medium der Sprache? Mindestens das ist harte Arbeit: das Abenteuer des Sagens. Davon wird noch zu reden sein.

Warum tue ich das? Wie kam es dazu und was will ich damit: über fremde Städte, Landschaften, Länder schreiben? Hat das überhaupt einen Sinn im Zeitalter totaler technischer Kommunikation? Ist das nicht ziemlich hinterher angesichts der Mobilität unserer industriellen Gesellschaft, des Massentourismus, des Flugverkehrs, der, rund um den Globus, immer schneller und billiger wird im Chartersystem? Angesichts dieses dauernden Informationsstromes, der uns durch Funk, Film und Fernsehen allseitig auf dem laufenden hält, wie man doch sagt?

Es läuft alles heute viel besser, was man Kommunikation nennt. Wir sind immer unterwegs, irgendwie. Ist die Welt nicht erkannt und ausgeleuchtet bis auf den Grund? Ist der Reiseschriftsteller im Jetztzeitalter nicht längst eine modische, ziemlich überflüssige, beinah komische Figur geworden, ein Relikt aus den Tagen des 18. und des 19. Jahrhunderts, damals, als Alexander von Humboldt, Goethe, Heine ihre Reisebilder schrieben, aus gutem Grund? Auch an Sterne, an Kipling und Conrad wäre zu denken. Ich meine, was wußte man noch um die Jahrhundertwende von der Welt draußen, nicht wahr? Aber ist das wirklich mein Job? Bin ich das überhaupt: ein Reiseschriftsteller? Paßt diese traditionelle und fixe Kategorie, die das Abenteuer des

Unterwegsseins in eine so massive, sozial anerkannte Berufssparte ummünzt, zu meinem Tun? Deckt sie das ab, was ich meine? Ich frage zunächst.

Ich stelle ihn mir vor, den Reiseschriftsteller heutzutage. Es gibt ihn immer noch, für Verlage, die auf Touristisches spezialisiert sind, für Magazine, Illustrierte, die in bunten Serien den Duft der großen, weiten Welt reproduzieren in Hochglanz und Vielfarbendruck. Fast jede Woche gibt es Reisebeilagen in der Presse. So etwas muß auch erfahren, erarbeitet, erreist werden. Ich treffe ihn manchmal unterwegs. Der Reiseschriftsteller professionellen Typs ist seltener geworden, aber es gibt ihn noch als Spezies. Er sieht respektabel aus, wettergebräunt und welterfahren. Es ist meist ein Herr in vorgerückten Jahren, dem man Weltläufigkeit, Kosmopolitismus und Geschicklichkeit im Überwinden kritischer Situationen, plötzlicher Fatalitäten, wie sie auf Reisen auftreten, nicht absprechen kann. Er kennt sich aus auf den Flughäfen, in den internationalen Hotels, den großen Schiffslinien der Welt. Er ist erfahren, mehr noch: abgebrüht in der Fremde. Damals, als wir im Golf von Mexiko beinah abgesoffen wären, damals, als wir in Pakistan auf der Paßhöhe diese Autopanne hatten, in der einbrechenden Nacht beinah erfroren wären. Er erzählt das heiter und gleichmütig zugleich. Er lächelt wissend, ihn kann nichts erschüttern. Er kennt die Welt. Man sieht ihm dieses Zuhausesein überall an. Er trägt eine Schiebermütze, Wickelgamaschen, leichtes und doch festes Schuhwerk, einen grauen Allwettermantel, mit einem Wort: beinah ein Brite, ein englischer Globetrotter. Er hat mehrere Fotoapparate um den Hals gehängt, Notizbuch und Taschenrecorder zur Hand. Er ist wie ein Reporter, der ein Leben lang herumjagte um die Welt: überall zu Hause und doch nirgends geblieben. Süchtig nach Fremde und doch niemals getroffen, verunsichert vom Schock der Fremde. Das Gesicht des Reiseschriftstellers verrät das: Es ist braun, es ist faltig, gegerbt vom Wind und von den Wassern der Zeit. Es wirkt trotzdem leer, nicht erfahren, sondern nur aufgetrieben. Es wirkt voll, aber nicht erfüllt.

Ja, sicher, man kann sagen, ich baute mir ein Zerrbild, einen Popanz auf, eine etwas hämische und boshafte Karikatur, obwohl ich, wie schon angedeutet, auch in dieser Hinsicht meine sehr konkreten Reiseerfahrungen habe. Es gibt diesen Typus tatsächlich, er ist nicht erfunden. Ich beschreibe ihn, ich skizziere ihn, ich werfe ihn auf das Papier, ich baue ihn vor mir auf, gewiß, um mich zugleich davon abzusetzen, um zunächst einmal sagen zu können: Das also nicht. Das ist es sicher nicht, was mich herumtreibt von Zeit zu Zeit, reisend, schreibend. Ich fühle mich nicht als professioneller Reiseschriftsteller. Die Kategorie, so legitim, so ausgewiesen, so bekannt sie ist, trifft nicht meine Sache. Sie vergröbert, verfälscht sie. Sie ist untauglich für meinen Versuch in Fremde. Ich bin ein Schriftsteller, der öfters auf Reisen geht. Das ist wahr. Ich bin deshalb aber kein Reiseschriftsteller. Was denn?

Annäherungsversuche also, Versuche, sich selbst zu erkunden, sich selbst auf die Spur, mehr noch: auf die Schliche zu kommen. Was ist es denn? Bis du etwas Besseres, etwas Feineres, ein exklusiver Einzelfall? Nimm dich auseinander, zerlege dich, schraub dich auf, wie man ein Spielzeug, eine Uhr, einen Motor zuweilen aufschraubt, um nach dem Rechten zu gucken. Zerlege dich fein säuberlich in lauter Einzelteile. Man wird dann ja sehen. Ein etwas heikles und riskantes Geschäft; ich will es trotzdem versuchen. Ich muß sehr tief, ganz unten ansetzen, an der Basis sozusagen. Das ist nicht nur erfreulich. Am Anfang steht nämlich etwas wie Unbehagen, wie Verdunkelung, vielleicht Melancholie. Bei mir ist das immer zuerst. Man hockt zu Hause, man macht seine Arbeit, geht seinen Geschäften nach, eigentlich lustlos. Man spürt, wie der Tag fahler, leerer wird trotz aller Arbeit. Man ist es satt, immer dieselben Bewegungen beim Einfahren in die Garage, beim Öffnen der Wohnungstür, beim Herunterlassen der Jalousien zu machen. Mein Gott, ist das denn das Leben, dein Leben? Ist das denn die Welt, deine Welt?

Sicher ist, daß bei mir am Anfang jedes Aufbruchs das Gefühl der heimischen Sackgasse steht. Da erschöpft sich etwas, wird blaß und leer und irgendwie lustlos. Jede Reise ist natürlich von der Hoffnung getragen, der Banalität des eigenen Daseins entfliehen zu können. Man fährt sich fest zu Hause, immer nur dort, an einem Ort. Es ist wie ein Schiff, das auf Grund liegt. Es geht nicht weiter. Irgend etwas blockiert in der Tiefe. Man spürt plötzlich Ketten im Keller. Sie klirren leise. Man müßte jetzt Lockerungsübungen machen: wegfahren, wegwerfen, irgendwo anders ganz neu beginnen, alles vergessen und wegwerfen; Turnen in Leerräumen, also die Abenteuer der Fremde. Ich sage mir: Es ist wieder Zeit, es geht wieder los, deine Art Weltverdunkelung. Du mußt weg, eine Reise planen: Prag oder Stockholm, Tel Aviv oder New York oder nur Nürnberg oder nur das Ruhrgebiet – die Welt wird dich heilen. Die Welt ist wie ein Arzt, der dich kurieren kann. Sie ist ein Rezept, das immer wirkt. Welt ist es, was du brauchst. Wieviel Welt braucht eigentlich der Mensch?

Ja, ein Einzelfall, ganz unten, ganz verborgen, die Basis sozusagen oder die unterste Schraube, wie man will, fast noch privat: Melancholie heißt das wohl oder Weltverlust. Ich habe Hunger auf Welt, auf das Land Anderswo. Ich suche, ich brauche das Neue, das andere, Unterbrechung, den Reiz der Veränderung. Blutzufuhr ist vonnöten – von außen. Tauch ein in die Fremde. Sie heilt. Fahr doch nach Schweden zum Beispiel, für dich ein vollkommen fremdes Land, nicht wahr? Du wirst dann darüber schreiben, vielleicht. Je fremder, je besser vielleicht. Ich verschaffe mir einige Bücher. Ich lese zuvor, also noch zu Hause, etwas Historisches, etwas Politisches, einiges zur Geographie und Natur des Landes: Land und Leute, wie man sagt. Aber nicht zuviel, nicht erschöpfend, nicht wirklich systematisch. Ich will es nicht wirklich exakt und präzis vorher wissen, nur Umrisse, Leitplanken, Positionslichter. Ich will das Planquadrat, das ich meine, ja selber ausfüllen. Der Augenschein ist mir wichtig, die Sprache der Sinne: die Augen, die Ohren, die Nase, der Gaumen und das, was man unwägbar das Klima, die Eigenart einer Stadt, einer Landschaft, eines Volkes nennt. Du willst es nicht vorher wissen. Wissen können wir alles durch Bücher, durch Filme, durchs Fernsehen. Man kann heute bequem in der Wohnung bleiben, um sich genau und zuverlässig etwa über Israel zu informieren. Es liegt ja alles zur Hand. Das eben nicht. Du mußt hin. Du mußt es sinnlich erfahren: Wie riecht es denn, wie schmeckt es denn in der Fremde? Du mußt es erfahren, wie es das Wort ursprünglich und noch bildhaft meint: unterwegs sein auf Rädern, fahren, immer nur fahren mit dem Auto, dem Bus, der Bahn. Führt das zu Erfahrung?

Also Planung, Vorbereitung, Einkreisung des Reiseziels vorweg; aber nur locker, ganz improvisiert, durchaus offen. Man geht zu Redaktionen. Reisen ist auch ein Geldproblem, natürlich. Man sagt: Ich will jetzt nach Schweden oder Israel fahren – wie wär's denn, bitte? Nichts Verbindliches, nichts Festes, kein juristisch einklagbarer Vertrag zuvor. Keine Mark vorweg bar in die Hand. Danke, lieber nicht. Es würde mich nur verpflichten. Ich weiß ja selber nicht, was ich finde und ob es überhaupt zu schreiben lohnt, und wenn es sich lohnt: ob es mir wirklich gelingt, das zu fixieren, in Sprache. Also das Abenteuer des Sagens, von dem ich schon sprach. Das ist auch noch offen.

Ich war einmal vier Wochen in Hamburg, nur um über Hamburg zu schreiben, und schrieb dann nie eine Zeile. Die Stadt lag mir nicht. Sie gab nichts her für mich. Sie provozierte mich nicht zum Schreiben. Sie war so intakt, so ungeheuer bürgerlich und normal, unzerstört in der Substanz, daß mir nichts einfiel hinterher. Ich ließ die Finger davon. Es ist nur ein freundliches Nicken, eine stumme, aber wohlwollende Zustimmung, interessierte Aufmunterung, die ich brauche, ganz allgemein: Ja, schon; ja, gut; warum nicht? Machen Sie doch einmal diese Reise, wenn Sie Lust haben. Man wird dann sehen, hinterher. Sie melden sich, wenn Sie wieder zurück sind, ja? Wieder ein Einzelteil, eine kleine Schraube aus dem großen Motor des Unterwegsseins. Ich lege sie säuberlich hier auf den Tisch. Es wäre unredlich, diesen Aspekt späterer Verwertungsmöglichkeiten eines Reisetextes gänzlich zu unterschlagen. Er spielt schon mit. Ich bin ja kein Reicher. Ich lebe wie alle von meiner Arbeit. Man braucht Geld zum Reisen, natürlich, aber das Wichtigste ist: Ich will es nicht vorher haben. Ich mag keine Vorschüsse. Es liegt also keine Verpflichtung vor: keine zum Reisen, keine zum Schreiben. Die Sache bleibt offen. Das Risiko trage ich. Insofern bleibt es ein Abenteuer.

Ich nehme mich hier auseinander, ich zerlege mich in lauter Einzelteile: Was nun? Wie geht das weiter? Das Abenteuer heißt Fremde, das Land Anderswo. Man springt hinein in den Strom. Wie ist das, wenn plötzlich Welt auf einen zuströmt, einen überfällt, überwältigt: das andere? Ich denke an Italien, damals. Es ist lange her. Im Hotelzimmer wacht man auf am ersten Morgen. Es ist kühl und dunkel im Zimmer, aber durch die Ritzen der schweren Holzläden dringt schon Neapels Licht und Lärm. Das erste Erwachen auf Reisen, wenn man plötzlich da ist, in Neapel zum Beispiel. Man hört fremde Laute, eine andere Sprache, sehr schön, sehr kraftvoll und musikalisch.

Mit einer anderen Sprache ist schon ein anderes Volk präsent. Eine Frau singt nebenan leise. Oder ist es nur das Radio? Ein Bursche ruft etwas im Flur. Das muß wohl der Zimmerkellner sein. Er ruft: Un latte freddo senza zucchero, prego! Ach, eine Opernsprache, eine Oper von Verdi oder Puccini ist ganz Italien. Man schleicht im Schlafanzug zum Fenster. Man spürt an den nackten Füßen die Kälte der Marmorfußböden. Hier ist nicht mehr Deutschland: Holzkultur. Hier ist es lateinisch, nur kalt, nur heiß. Man stößt noch etwas benommen die Läden auf: Weißes, grelles, hartes Licht fällt ein. Man schließt die Augen betroffen. Man hatte so viel Licht nicht erwartet. Man öffnet die

Augen langsam wieder, blinzelnd. Da hast du das Land. Da stehen lauter Vespas, lauter Fiats, lauter Südfrüchte unten auf der Straße. Der Himmel ist tatsächlich blau. Salzgeschmack kommt vom Meer. Neapel – ja, es ist eine Kitschpostkarte und ist doch das, was man suchte: Welt, fremde Welt, das Land Anderswo. Anderswo ist es doch immer anders, also besser, nicht wahr?

Der erste Augenblick in der Fremde ist wichtig. Ich denke an Schweden, die Einfahrt in Stockholm, an den ersten Abend, wo man fremd und voller Neugier durch die Stadt irrte. Stockholm ist nichts als ein Wort, ein Punkt auf der Landkarte, ein leeres, ganz unbeschriebenes Blatt, das sich nur langsam mit Zeichen, mit Chiffren, mit ersten Erfahrungen zu füllen beginnt. Es sind Lernprozesse. Wie anders hier alles ist: wie wohlhabend, wie reich, hochentwickelt und doch merkwürdig freudlos, wenn ich mich nicht täusche. Ist das Schweden: reiche Lustlosigkeit? Du mußt es prüfen, wägen, kosten. Jetzt schmeckst du es noch, am Anfang. Einmaliger, unverlierbarer Augenblick, zum erstenmal in ein fremdes Zimmer zu treten: Wie ist das hier? Wie riecht es denn? Also Don Juans Stärke wieder: erobern, umarmen im ersten Augenblick. Nur im ersten Augenblick sind die Sinne so wach, so aufmerksam, so beinah krankhaft geschärft wie bei Tieren im nächtlichen Wald. Man wittert. Reiz der Veränderung, Reiz alles Neuen – jetzt oder nie nimmst du es wahr.

Es beginnt jene Phase kritischer Extraversionen, die bei mir eine merkwürdige, kaum zu klärende Mischung aus Plan und Planlosigkeit ist. Ich breche aus. Ich breche auf. Ich spalte mich gleichsam in zwei Personen: in einen Journalisten und in ein Kind. Ich gehe mit doppeltem Gesicht durch die Stadt, eine Art Falschspieler. Ich weiß es wohl. Ich bin jetzt der Beobachter, der Forscher, der Stratege, der seine Landschaft einkreist, belagert, erobern will, einerseits. Ich arbeite jetzt wie ein Journalist. Ich muß recherchieren. Was ist denn nun wichtig hier am Ort und wer und wo? Man wird es erkunden müssen. Man wird einen Plan entwerfen, Namen notieren, Adressen sammeln, Telefonnummern aufschreiben. Sie dann wieder abhaken nach dem Gespräch. Ja, mach nur einen Plan, denke ich morgens beim Frühstück, Brecht memorierend.

Ich war einmal in Belgrad, um etwas über die besondere Struktur des jugoslawischen Sozialismus auszumachen. Ich tat das wie ein Fachmann, wie ein Journalist, ein Reporter von Profession. Ich lief von Büro zu Büro. Ich sprach mit den Männern der Arbeiterselbstverwaltung, der Stadtverwaltung, der Kultur. Ich interviewte einen Minister, einen Parteisekretär und einen Bürgermeister. Ich tue das alles sehr ernst und gründlich. Ich meine: Wenn das Schreiben über fremde Länder etwas mehr als Feuilleton ist und Impression sein soll, muß man über sehr handfeste Informationen und Quellen verfügen. Man darf nicht im Vagen und Ungefähren bleiben. Was man später schreiben wird, muß zunächst einmal stimmen. Es muß zuverlässig und belegbar sein. Es muß gründlich recherchiert werden. Es sind also durchaus Plan, Arbeit und Absicht am Werk. Ich liege um Mitternacht im Hotel, mache mir Notizen, aber nicht zuviel. Ich blättere wieder in meinen Büchern zur Landeskunde. Ich lese in einem Geschichtsbuch kurz vor dem Einschlafen. Wie hat denn das Ganze begonnen hier? Wie kam es eigentlich zu Titos Sozialismus? Nicht wahr, das muß man schon wissen, zuvor. Also Partisanengeschichten. Geschichte ist nirgends vom Himmel gefallen. Man muß sie erlernen, erwerben. Also Lernprozesse.

Ja, einerseits ist das so ohne Zweifel. Andererseits wäre ich unehrlich, wenn ich nicht zugleich einschränkend hinzufügte, daß das alles im Zustand einer merkwürdigen Entrücktheit, einer leichten Unwirklichkeit geschieht. Extraversionen eines Introvertierten? Wieviel Traum und Euphorie ist da auch am Werk? Soll ich sagen: Rausch oder Trance? Was ist die Wirklichkeit? Ich erfülle die Geschäfte des Reporters, ich recherchiere und glaube doch selber nicht so recht daran, an meine Rolle, meine ich. Sie stimmt doch nicht ganz. Ich sitze beim Parteisekretär, beim Bürgermeister im Dienstzimmer und komme mir eigentlich etwas komisch vor in der Situation des Journalisten, der nun fachkundige und kluge Fragen stellen soll. Der Mächtige mir gegenüber hat jene ernste und sehr konzentrierte Miene angenommen, die wichtige Funktionäre immer aufsetzen, wenn ausländische Reporter im Zimmer sitzen. Er gibt jetzt ein Interview. Man sieht es ihm an. Er wundert sich etwas, daß ich kein Tonband mithabe, mir kaum Notizen mache. Er redet druckreif, ein Vertreter und Mundstück des öffentlichen Wohls. Er legt Drucksachen vor. Er zählt die Schulen, die Fabriken, die Schwimmbäder auf, die in den letzten drei Jahren erstellt wurden, und mich macht das merkwürdig müde. Ich grüble darüber nach, warum Bürgermeister auf der ganzen Welt sich so ähnlich sind. Ich denke, du hast das doch alles schon einmal wortwörtlich genau so gehört. Wo war das nur? War das nicht in Lappland, Kiruna?

Bin ich ein Hochstapler, ein Felix Krull? Ich sitze auf jeden Fall noch einmal neben mir und komme mir wie ein Darsteller, wie ein Schauspieler vor. Ich spiele die Rolle des Journalisten, der dieses wichtige Interview gleich heute abend noch seiner Redaktion durchtelefonieren wird. Ach Gott, welch ein Mißverständnis. So wollt ihr es doch. So wird es doch überall auf der Welt erwartet, mit den Fachmännern plaudernd, oder nicht? Ein Gefühl der Zwecklosigkeit, der Sinnlosigkeit überfällt mich. Vom offenen Fenster her hört man Verkehrslärm, Kindergeschrei, Vogelstimmen. Ich weiß, ich werde mich gleich erheben, ich werde mich artig bedanken und dann alles rasch vergessen. Ich will wie ein Kind durch die Straßen gehen, von nichts als Neugier getrieben. Ich werde mich treiben lassen, irgendwohin. Ich werde auf einer Bank im Stadtpark sitzen und den alten Männern zugucken, wie die hier sitzen, reden, in die Sonne blinzeln. Ich werde die Reisenden am Hauptbahnhof und die Liebespaare unten am Fluß betrachten. Ist das hier anders, anderswo? Lauter Bilder, lauter Zufälligkeiten, Gesichter der Stadt. Mach doch die Augen weit auf. Die Stadt ist ein Bilderbuch für sehr große Kinderaugen.

Also diese kuriose Mischung aus Absicht und Zufall, Plan und Planlosigkeit ist es, die mich umtreibt. Ein unwägbarer Zustand aus Reife und Infantilismus wäre zu diagnostizieren, rein psychologisch. Er macht mich produktiv und gespannt. Ich bin jetzt wie eine Antenne, wie ein Radarschirm, ganz nach außen gespannt. Ich ziehe an, kreise ein, sammle Reize. Ein Lumpensammler der Fremde, könnte man sagen. Ich fahre durchs Land und sammle lauter Reste, was so herumsteht im Land, an Hotelrezeptionen, auf Straßen, auf Denkmalssockeln. Die Häuser, die Städte, die Menschen. Es ist alles wichtig hier draußen: die Gangart der Männer, die Kleidung der Frauen, die Haltung der Kellner und wie sie servieren. Es ist alles Zeichen, Chiffre, die mir etwas bedeutet. Anderswo ist es eben immer anders, und ich sammle das.

Ich nehme mich hier auseinander. Ich zerlege mich in lauter Einzelteile. Jetzt kommt wieder ein wichtiges Bauelement des Ganzen: der Abschied, die Trennung, das Vergessen. Irgendwann muß man sich losreißen, sich wieder freimachen von so viel Verlockung und Angebot. Also Rückzug und Abschied nach drei, höchstens vier Wochen, wieder etwas donjuanesk: Ihr kriegt mich nicht. Ich halt mich da raus, ich fahr jetzt zurück. Ade. Ich habe einfach genug, der Sack ist voll, voller Bilder, die ich nun vergessen will.

Ich weiß nicht, wie es bei anderen Autoren ist, die über Reisen schreiben. Bei mir ist das Wichtigste dieser Akt des Vergessens. Ich will es nicht im Kopf behalten, was war, dieser endlose, bunte Reigen der Impressionen, Zahlen, Ziffern, Zeichen. Versuch erst gar nicht, sie oben zu halten. Stell dir keine Reise-Souvenirs auf zur Erinnerung. Nichts sofort fixieren. Es soll gar nichts direkt von der Erfahrung auf das Papier transferiert werden. Ich bin also doch kein Reporter, kein Reiseschriftsteller? Laß es versinken, absacken, im Dunkeln verschwinden. Vergiß doch das Ganze. Schwamm drüber. Du kommst zurück. Du bist wieder zu Hause, und das Beste ist jetzt Ablenkung, Alltag, Wiedereinübung der alten Riten: Post aufmachen, Zeitungen lesen, Fernsehen, also Nachholversuche zu Hause. Man staunt immer bei solchen Anlässen, wie wenig man versäumt hat zu Hause. Es ging alles unverändert weiter. Man muß den Mut zum Loslassen haben. Es ist wie nach dem Zeugungsakt. Inkubationszeit. Vergiß es. Schwamm drüber. Man wird ja sehen.

Eine Provokation zum Schreiben – erst nach zwei oder drei Wochen meldet sie sich vorsichtig an. Die Provokation heißt Erinnerung. Sie drückt, sie drängt, sie kommt langsam hoch, in Bruchstücken. Nur was man vergessen hat, kann man erinnern. Wie war die Reise nun eigentlich? Man weiß es noch immer nicht ganz genau. Erst wenn man wieder ganz in seiner gewohnten Umgebung, zu Hause ist, bei den Büchern, der Schreibmaschine, dem weißen Papier, in der Stille eines Nachmittags, so etwa nach zwei oder drei Wochen – erst dann ist es soweit: Jetzt setz dich hin, denk einmal nach, laß jetzt die Erinnerungen kommen. Steig ein in diesen Schacht der Vergangenheit. Wie war das draußen? Introversionen eines Extravertierten: Erinnerung. Schreiben ist eine ganz eigene Art, der Wahrheit auf die Spur zu kommen. Schreiben heißt immer nur eins: sich erinnern. Es ist nicht wahr, daß wir etwas vergessen könnten, ganz. Es gibt das Gedächtnis, dieses Archiv der Vergangenheit, in dem unten alles getreulich gespeichert ist wie in einem Schallarchiv. Man kann es jetzt abrufen, hochkommen lassen, schreibend.

Es ist eine merkwürdige Erfahrung am Schreibtisch: Es kehrt alles wieder, kraft Erinnerung. Schreiben ist wie das Aufschließen von Fächern, ein Öffnen von Tresoren. Es geht nichts verloren. Es ist alles bewahrt. Die ganze Reise kehrt wieder. Jetzt – jetzt beginnt sie sich zu ordnen, zu gliedern; das Chaos beginnt Struktur anzunehmen, das Kaleidoskop unterwegs beginnt sich nun in stabile und verläßliche Bilder umzusetzen, die bleiben und nun für das Ganze stehen. Ich will diesem Prozeß des Erinnerns und Schreibens nicht zu weit nachforschen. Es gäbe auch da noch Einzelteile, die ich nicht auseinandernehme. Ich lasse sie bewußt beieinander. Ich will in diese unterste Mechanik des Produzierens nicht einblicken: Wie und warum wird das nun so und nicht anders erinnert? Die Fächer sind offen, die Tresore weit aufgetan. Der Sack ist ausgeschüttet wie vom Weihnachtsmann, eine schöne Bescherung. Nun sag mal: Warum nimmst du gerade diesen Erinnerungsrest auf unter so vielen? Warum sprichst du von den Geräuschen im Hotelzimmer, als du am ersten Morgen in Belgrad erwachtest, und nicht von den Perspektiven der Produktion, die dir der Arbeiterrat doch vermittelte? Warum erzählst du jetzt von der hastigen, introvertierten Art, wie die Leute in den Straßen Stockholms gehen, und nicht von der großartigen Administration des Friedens, die du im Haus des Stockholm International Peace Research Institute doch auch sahst? Hier sind letzte Regulationen am Werk, die ich nicht aufdecken will. Ich stelle nur fest: Ein Lumpensammler der Fremde geht durch die Vergangenheit und montiert sich daraus seine Bilder. Ja, sie sind subjektiv. Das ist wahr. Aber ich habe in der Montage all dieser Reste doch die Hoffnung, das Objekt, meine Sache zu fassen. Täusche ich mich?

Es wäre noch ein Nachtrag zu liefern. Ich nannte es einleitend das Abenteuer des Sagens. Noch ein Einzelteil, ein wichtiges Bauelement, das wichtigste, literarisch gesehen. Erinnerung kommt zurück, aber sie muß nun in Sprache übersetzt werden, in dieses Medium der Kommunikation, das uns allen gehört und eben deshalb eigentlich untauglich ist für meine eigene Erfahrung. Sprache ist ja nur Rohstoff für einen Autor. Er muß sie sich formen zu seinen Zwecken. Man nennt das dann Stil. Man muß also Wörter suchen, Sätze bilden, Perioden aufbauen, Rhythmen einführen, Dynamik und Takt erzeugen, eine Art von Musikalität vielleicht. Man muß die Sprache zum Material des eigenen Ausdruckswillens umfunktionieren. Es hat durchaus etwas vom Stil des Bildhauers: Da hast du nun deine Erinnerungen, das war deine Reise, da hast du diesen Steinbruch der Vergangenheit und schließlich die deutsche Sprache. Nun mach das. Nun bilde, bitte, rede nicht. Das ist meist harte Arbeit, die anstrengt, die erschöpft, nicht anders als Körperarbeit. Wenn man am Tag drei oder vier Seiten schafft, ist das viel. Auch Geschriebenes fällt nicht vom Himmel. Es will mühsam erarbeitet sein.

Ist das also mein Job, mein Geschäft: die Fremde als Provokation zum Schreiben? Ich weiß es nicht. Vielleicht sind das alles nur Versuche, Ansätze, Fingerübungen, Fingerhakeln, also Kraftproben. Von Zeit zu Zeit jedenfalls überfällt mich diese Melancholie zu Hause, diese Lust auf Welt, ein Hunger der Fremde. Ich breche auf. Ich beiße zu. Ich reiße mir ein Stück heraus aus dem Fleisch der Welt. Ich kaue es durch, ich verdaue. Ich weiß: Irgendwann wird es dich provozieren – zum Schreiben.

Wetterfühlig

Das Wort, das wußte er, war blanker Hohn. Er hatte immer wieder nach Wörtern gesucht, wenn er in diesen Zustand geriet. Er probierte Vokabeln, die ungefähr, wenigstens annähernd das ausdrückten, was er erlebte. Er sagte: Ich bin wetterkrank, ich bin klimaleidend – kann man das sagen? Versteht ihr mich bitte? Was mich plagt, ist Anfälligkeit für den Barometerstand. Andere mögen ihre Grippe, ihre Bronchitis haben, einmal im Jahr. Ich auch. Aber ich bin auch das ganze Jahr wetterkrank. Ich reagiere auf jeden Hauch. Ich leide am Hin und Her, am Auf und Ab dieses Klimas in Deutschland. Für mich fallen dreißig oder vierzig Tage im Jahr aus, die ich auf der Nase liege: mit Feuchtigkeit, Föhn, Depressionen beschäftigt. Ich habe Seismographen, Luftdruckmesser, ach, ganze meteorologische Stationen in mir, die dauernd arbeiten; schrecklich. Das kann man doch nicht »wetterfühlig« nennen, oder? Ich sterbe dabei. Wie heißt das richtige, das wahre Wort?

Das Wort gab es nicht. Wörter gibt es nur für Zustände, die alle Menschen haben. Das ist ja das Geheimnis, die Gemeinheit der Sprache. Er konnte also nur vorsichtig zu beschreiben versuchen, was vorging. Bestandsaufnahme war möglich. Es war möglich zu sagen: Die Nächte zum Beispiel sind wichtig. Da wird alles vorentschieden. Wetter, das wußte er, fängt nicht am Morgen an, sondern bald nach Mitternacht. Er schlief eigentlich gut, tief, ziemlich fest, aber dann kamen auch diese Nächte, wo er zwischen drei und vier morgens plötzlich aufwachte. Die Haut war merkwürdig warm, irgendwie kribblig, wie ein lästiger Schlafanzug, den man abstreifen möchte. Es juckte. Es war plötzlich nervös und fahrig geworden – in ihm, und er wußte: Jetzt schlägt das Wetter um, draußen. Du spürst es in dir. Er schlief wieder ein, aber der Schlaf war nun flacher, höher, manchmal von bösen Träumen durchflattert. Er wachte morgens um sieben auf: verkatert, mit Rückenschmerzen, so daß er aufstehen mußte. Wie konnte Schlaf nur so erschöpfend sein? Ein Hauch von Föhn lag in der Luft.

Er wußte: Das würde ein böser Tag werden, heute. Nein, er blieb an solchen Tagen nicht im Bett. Wer macht das schon? Vielleicht Frauen, Künstler, Kommune-Kinder, nicht er. Er stand auf, wusch sich, rasierte sich, tat eine Weile guter Dinge und spürte schon, wie es werden würde. Es würde heute wieder nicht gehen – das Leben. Das Barometer war tatsächlich um drei Striche gefallen, heute nacht. Der schwarze Zeiger lag schlapp und schwach links außen auf 74. Er lag wie ein toter Fisch. Es war eine weiche, verwaschene Luft draußen. Riesige Wolkenballen hingen unförmig und grau am Himmel, der zerrissen, planlos, täuschend wirkte. Der Himmel täuschte eine Zusammenballung, eine Katastrophe vor, die dann nicht kam. Es kam eben nichts – das war die Lähmung. Sie legte sich über den Körper, machte ihn schwer und müde. Eigentlich hatte er keine Kopfschmerzen. Der Kopf war eher wie mit Watte verpackt. Er war abgedichtet, umwickelt, eingenebelt. Hatte er auch nicht zugenommen heute nacht?

Er wußte, es würde nicht gehen. Er würde alles tun wie immer, aber im Grunde war es zwecklos. Ein reines Als-ob. Es drang nichts ein in den dicken Kopf. Er würde sich die Zeitungen wie immer kaufen, die Augen würden wie immer von Zeile zu Zeile gleiten, aber es drang nichts durch vom Strom der Welt. Kein Krieg, keine Konferenz, keine Gewalttat brach zu ihm durch. Die Welt blieb draußen. Er spürte Vergeblichkeit.

Wenn er an solchen Morgenden telefonierte, mußte er höllisch aufpassen, nicht allzu rabiat zu werden. Es reizten ihn die langen Wartezeiten beim Wecken des Telefons; die Stimme, die so unverschämt gleichgültig immer vom Tonband sagte: Bitte warten, bitte warten, trieb ihn allmählich in stille Wut, und wenn dann der Mensch, der den Hörer abnahm, nicht sofort begriff, worum es ihm ging, konnte er ausgesprochen arrogant und patzig werden. Kommen Sie mir doch nicht mit diesen Redensarten, Sie Lümmel! hatte er einmal erbost einem sehr wichtigen Mann der Kultur zugerufen und dann den Hörer erregt aufgeworfen. Er war total aus der Rolle gefallen, das spürte er hinterher. Ach, es war eine Rabiatheit aus Schwäche. Es reizte ihn alles an solchen Tagen. Es war, wie man sagt, zum Ausderhautfahren. Und er tat so, als würde er etwas schreiben, aber warf es dann wieder weg. Die grimmige Wut, mit der er das Papier zerriß, gab leichte Linderung. An Nachmittagen allerdings wurde es etwas besser. An Abenden konnte er manchmal beinah normal und menschenfreundlich sein. Ein gutes Telefongespräch am Abend, das war eine Leistung an solchen kritischen Tagen.

Natürlich war er kein Naturwissenschaftler. Er war kein Meteorologe, kein Arzt. Auch von Psychologie verstand er nicht mehr als jeder Neurotiker. Vom Wetter wußte er eigentlich nur, daß es immer anders war, kam und ging und wechselte. In diesem Wechsel lag die Erlösung. Es gab also auch die Gegenprobe: die Fühligkeit für das gute Wetter. Gottseidank erlebte er auch das. Es gab Morgende, wo er gegen acht erwachte: erholt, frisch, stark in den Gliedern – aktiv. Es war alles zusammen, wie man sagt, und er spürte in seinen ausgeruhten und wohligen Gliedern, daß heute nacht ein Hoch eingebrochen sein mußte. Es war tatsächlich wieder Frost. Etwas Schnee, etwas Rauhreif war gefallen. Es war fünf Grad kalt, und ein sauberer, blanker Sonnenhimmel sagte: Stramm und intakt. Es wird heute alles gut über die Bühne gehen, gut beisammen. Heute geht alles leicht, es geht eigentlich von selbst, es hüpft und springt. Man hat abgenommen an Gewicht. Man fühlt sich jünger, an kalten Hochtagen, durch die Straße gehend. Man ist auch freundlicher, aufgeschlossener zu den Menschen. Er hatte nichts gegen Kälte, auch nichts gegen Hitze im Sommer. Das Schlimmste, sagte er immer, ist dieses verwaschene Dazwischen: sieben Grad plus, und doch feucht und drückend – einfach niederdrückend, unser Klima.

Das Schlimmste waren natürlich die großen Föhntage, ach. Er nannte es Hitchcockwetter. Es gibt Bilder, die man niemals vergißt. Er hatte in Hitchcocks Film ›Die Vögel‹ den Augenblick vor der Katastrophe gesehen – für immer. Das Mädchen aus San Francisco fuhr mit einem kleinen Motorboot über die Bucht hinüber zum Haus des Mannes, und der Regisseur, dieser Meister der kleinen Andeutungen, der nebensächlichen Vorzeichen, die viel bedeuten, hatte in seinem Farbfilm dazu ein glasiges, überscharfes Licht gewählt. Der See und das jenseitige Ufer wirkten viel zu nahe, ganz herangerückt und zugleich unheimlich entfernt. Es war diese falsche, gefährliche Klarheit des Föhns, der spiegelblanke Schärfen gibt, die gleich wie Glas zerbrechen werden. Das Mädchen tuckert mit seinem Boot hinüber, und obwohl noch gar nichts geschieht, sie auch nichts weiß, sieht man die ersten Tauben, die ersten Krähen schon anders durch die glasige Luft gleiten: bösartiger, Unheil verkündend. Die Angst fliegt schon mit. Es ist letzte Stille, Erstarrung in falscher Klarheit. Föhnwetter hat etwas von der starren Schönheit der Toten in Amerika, die gleich verwesen werden. Das ist Hitchcockwetter.

Er sagte: Es ist wieder Hitchcockwetter heute. Siehst du denn nicht, wie die Berge hier viel zu nahe sind in einem bösen Blau? Man kann ja den Taunus, den Spessart, den Odenwald sehen, als seien das Stadtgebirge. Frankfurt wirkt heute wie Innsbruck; die Stadt ist von hohen Bergen umlagert. Wo kommen sie her? Es wirkt eigentlich schöner, viel freundlicher als sonst, nur eben total verrutscht. Es ist ganz falsch in den Proportionen. Der Feldberg ist ja zum Greifen. Eine schöne, böse Lüge, die bald zerplatzen wird. In der Hölle, dachte er, muß immer Föhn sein – ein teuflisches Klima.

Und so war es denn auch in der folgenden Nacht. Es war schon die Hölle, entsetzlich. Das Schreckliche war wieder das Unbestimmte, das Hin und Her. Es kam keine Katastrophe, sondern es regnete nur eine Weile, dann hörte man fernen Donner, es wurde kein Gewitter daraus, sondern es riß auf. Eine Weile war es sternenklar. Es riß und zerrte nach allen Seiten und wußte nicht wohin. Warme Luft strömte ein, das spürte man wieder am Kribbeln der Haut. Er lag lange wach, warf sich hin und her, fand keinen Schlaf. Es ging ihm die ganze Welt durch den Kopf, der schmerzte. Er hatte wieder ein Gefühl von Watte und Nebel. Erst gegen Morgen fand er Schlaf. Es war eine Kapuze, die über ihn gezogen wurde. Es war eine Narkose, die über ihn herfiel. Er war weg und begann ein mörderisches Zeug zu träumen. Er träumte von Häusern, die lichterloh brannten, von Häschern, die ihn verfolgten, er sah Abgründe, in die man sich stürzen konnte. Er spürte, halb schlafend, halb wach, sich werfend, einen unbekannten Zerstörungsdrang in sich: alles zerstören, zerbrechen, kaputtmachen – zuletzt sich selbst.

Daß es so etwas gab im Menschen, so viel Vernichtungsdrang: Ist das der Anarchismus? Er wachte erst spät am Morgen auf, tatsächlich zerschlagen, kaputt, so gegen zehn Uhr. Er fühlte einen lähmenden Drang, liegenzubleiben, nicht aufzustehen, sich nicht zu regen. Wie ein Embryo immer so hocken bleiben, in Watte, in Leinen, in Laken gewickelt. Immer nur liegenbleiben, gelähmt, eine Art Sterben. Gut. Es hat heute keinen Sinn, sagte er. Siehst du denn nicht draußen? Es ist immer noch Föhn: Hitchcockwetter.

Später, nach Tagen, las er in der Zeitung, daß sich in dieser Nacht in der Stadt acht Menschen getötet hatten, zusätzlich. Zusätzlich zu den ein oder zwei, die sich in jeder großen Stadt jede Nacht sowieso umbringen, hatten acht Menschen Hand an sich gelegt. Sie hatten sich zum Fenster hinausgeworfen, erschossen, vergiftet, auf die Eisenbahngleise gelegt. Mein Gott: Der Mensch – die Psycholabilen jeder Gesellschaft, die waren jetzt dran. Und jeder meinte, aus eigenen Gründen, aus eigenen Motiven und ganz persönlichen Entschlüssen so handeln zu müssen. Man nennt das wohl Freiheit und einen moralischen Akt, nicht wahr? Es war aber nur das Wetter. Es war der Föhn, der in diesen Tagen wie ein irrer, warmer Wahn durch das Land raste und die Menschen ziemlich verrückt machte. Es war etwas wie Triumph in ihm, als er das las, hinterher. Siehst du, sagte er, es war doch der Föhn neulich, nachts. Deswegen konnte man nicht schlafen, deswegen war uns so hundeelend. Es lag nicht an uns. Es stand in der Zeitung. Stand da nicht: Hitchcockwetter?

Solche dramatischen Höhepunkte sind beinah Wohltaten für den Wetterkranken. Sie sind schrecklich und doch eine Entlastung. An solchen Föhntagen ist er sozialisiert, mit der Gesellschaft in Einklang. Es geht allen nicht sehr viel anders. Die Wetterkrankheit ist ein kollektiver Zustand. Das beruhigt, versöhnt, entlastet. Es ist, wie wenn sich ein Neurotiker eine massive Grippe zugelegt hat, statt einfach neurotisch zu sein. Damit kann man sich sehen lassen, das ist gut Ding. Eine Grippe ist sozial anerkannt und gar nicht schändlich. Jede Krankenkasse akzeptiert und honoriert sie. Föhntage sind Tage der Rehabilitierung für Wetterkranke. Man ist wie jeder andere: heimgesucht. Doch das falsche Licht des Föhns trügt – auch hier.

Es kommen wieder die normalen Zeiten. Die Leute gehen zufrieden und froh durch die Straßen. Sie haben es so eilig, sind so beschäftigt. Sie wissen genau, was sie wollen. Es ging drei Wochen gut, auch bei ihm. Er war wie die anderen, nicht ganz, aber doch ungefähr. Er bemühte sich immer um Normalität. Er hatte vom Wetter, also von sich selbst eigentlich nichts gefühlt. Es ging alles glatt. Woran lag das? Welches Wetter muß sein, damit man es gar nicht merkt? Er wußte: Es hatte mit Sommer und Winter und mit Frühling und Herbst eigentlich nichts zu tun. Es konnte jeden Augenblick einbrechen, obwohl es gute Monate wie den September und schlechte wie den Februar gab. Zuverlässig war auch noch der Oktober, meistens.

Er spürte nur nach drei Wochen Ruhe, als er morgens erwachte, eines Tages: Es geht wieder los. Es fängt wieder an – in dir. Ein Hauch von Qual lag heute morgen in der Luft. Spürt ihr denn nichts? Habt ihr es nicht gemerkt? Das Wetter ist wieder umgeschlagen, heute nacht. Er sagte: Es geht wieder los, das Ganze. Merkt ihr denn wirklich nichts?

Kranke Tage

Rückblickend kam es ihm merkwürdig vor – im Zeiterlebnis. Er schlug den Kalender nach. Er legte all die Blätter um, die liegengeblieben waren: Tag für Tag, Zeit, die er nicht dagewesen war, die er verschlafen, verschwitzt, verdämmert hatte – es waren achtundzwanzig Tage. Es schien ihm, als sei er viel länger fort gewesen: Monate, Jahre, eine endlose, nicht nennbare Zeit – für immer. Er war plötzlich weggewischt worden. Er war heruntergefallen von diesem Tablett, das Gesellschaft heißt. Wir alle agieren auf einem Tablett, hatte er gedacht. Man merkt das erst, wenn man runter ist. Waren es wirklich nur vier Wochen gewesen? Krankheit hat immer auch etwas von Sterben, Sterben auf Zeit. Man liegt eben. Eines Tages stehen wir wieder aufrecht. Man geht wieder unter die anderen. Man sagt: Ja, ich bin krank gewesen, eine Weile. Und die anderen: Nein, wie traurig, wie schade. Wir wußten es gar nicht. Geht es Ihnen wieder besser, ja?

Seitdem es ihm wieder besser ging, kam ihm das Ganze wie eine Geschichte vor, die sich erzählen ließ. Eine Geschichte, die Anfang und Ende, Kommen und Gehen, also das Leben, alles in sich abspulte, nur verkehrtherum, wie ein Film, der andersherum eingelegt ist. Am Anfang stand das Ende, das Kaputtgehen, und zum Ende hin kam wieder Anfang. Das Leben ging weiter – wie sonderbar.

Bei ihm hatte es mit einem leichten Piken und Stechen unter der Haut begonnen. Eines Morgens tat ihm der ganze Körper weh beim Aufstehen. Es war, wie wenn er auf lauter Brotkrumen oder Kieselsteinen gelegen hätte, letzte Nacht. Was war? Es stach überall mit kleinen Nadeln. Oder bildete er sich das nur ein? Es könnte seelisch sein, dachte er, nichts als neurotisch. Man muß sich zur Wehr setzen. Widerstehe den Anfängen, hatte er unter der Dusche gedacht und sich noch heißer als sonst gebraust.

Hatte er übersehen, daß eine gewisse Lust, dazusein, diese scharfe und freudige Reizbarkeit der Sinne, die alles aufnahmen und scharf reflektierten, schon vorher verschwunden war? Rückblickend wußte er, daß das Glas Wein, das ihm seit Wochen nicht mehr so recht geschmeckt hatte – es schmeckte zu säuerlich, beinah wie Essig –, daß die Zigarre, die merkwürdig strohig und leer auf der Zunge blieb, untrügliche Vorzeichen gewesen waren, Boten, die ihm sagen wollten: Merkst du nichts? Es geht abwärts mit dir, mein Bester. Paß auf, komm mit!

Warum achten wir nicht auf solche Vorzeichen? Natürlich, man will nicht runter. Wir wollen alle immer oben bleiben auf dem Tablett. Warum retuschieren wir an solchen Signalen herum? Unpäßlich, hatte er etwas ironisch gesagt. Er hatte gesagt: Ich bin nicht ganz auf der Höhe, als Gäste bei ihm abends eine gewisse Abgeschlagenheit, eine ungewöhnliche Gleichgültigkeit und frühe Müdigkeit bemerkten. Er war entfernter als sonst. Er konnte noch eben sarkastische Sprüche machen, Selbstverspottung: Sie wissen doch – November, Dezember, meine kritischen Tage, sozusagen meine Monatsblutungen. Ich bin eine Pflanze, schlimm. Etwas will mich runterholen. War das noch Abwehr, war das nicht schon Frevel gewesen?

Eine Woche später lag er da: heiß, naß, keuchend – weggewischt. Er lag schwitzend im Bett. Das Bett war wie eine Höhle, ein warmer Sumpf, eine feuchte Kissengruft, in der man tief versinken konnte. Er lag unruhig, warf sich manchmal, hustete, versank dann und kehrte mit tiefen Erinnerungen, vergangenen Geschichten zurück. Er war ein Kind. Er war wieder ein Schuljunge, der sich drücken durfte vor allem: Regression sagt man wohl. Jede Krankheit ist regressiv. Er dachte: Es sind mindestens sieben Jahre her, daß ich das letzte Mal richtig krank war, richtig vom Arzt anerkannt, oder?

Es ist schlimm, plötzlich krank zu sein. Es ist aber, merkwürdig, auch erholsam. Vieles fällt ab. Es tut weh, macht aber auch alles einfach und klar. Es gab keinen Zwiespalt mehr, diesen höheren Schmerz, den man Zweifel nennt. Ein Gefühl von Stimmigkeit, ja von Zustimmung war dabei: Nun also ganz nach unten, auch hier gibt es Identität. Eine heiße Stirn haben, eine kalte Kompresse darauf, das Fieberthermometer fest zwischen Arm und Brust geklemmt, den Mund aufmachen, aah sagen, einen Sirup bekommen, daran schlucken, ein Rest von Klebrigkeit, der dann lange zwischen den Mundwinkeln bleibt – das alles waren Erlebnisse, die es einmal gegeben hatte, die lange verschüttet waren. Jetzt waren sie wieder da. Man konnte auf sie zurückgreifen. Das meint ja Regression, psychologisch.

Die Nächte jetzt, Fiebernächte, waren unruhig, aufgelöst, verwirrt. Es gab keine Erholung im Schlaf, es gab kein tiefes Versinken, höchstens des Morgens für ein paar Stunden. Es war ihm immer zu heiß, er wälzte sich. Dann versank er wieder in flachen Schlaf. Manchmal war er von mörderischen Träumen durchzogen. Es gab eine Schicht, eine schmale, scharf begrenzte Etage seiner Person, die eigentlich verboten war. In den Fieberträumen kam sie hoch. Sie hieß Auflösung, Nichtsein. Es soll nicht sein. Mehr noch: Das Nichts soll sein. Immer wenn er diese Zone erreichte, war er für eine Weile willens, sich zu ergeben, sich fallen zu lassen, ganz. Nur runter. Es soll ja nicht sein. Nichtsein ist gut. Personale Voreinstellung nennt man das heute. Die Medizin spricht von letzten Willensakten. Ganz in der Tiefe sollen wir wollen können: Leben oder Tod?

Heutzutage ist mit solchen Versuchen gottlob nicht großer Staat zu machen. Es kommt der Arzt. Er kommt erst nach vielen Anrufen, immerhin. Er sieht müde, überarbeitet, etwas gereizt aus. Er horcht herum, klopft etwas auf den Rücken, drückt auf ein paar Stellen. Er sagt: Sagen Sie doch einmal neuneunneunzig. Er sagt: Ja, jetzt noch einmal, aber jetzt bitte kräftig dabei durchatmen, tief atmen. Bitte sagen sie immer neuneunneunzig! Er murmelt etwas von der Lunge, ob denn da nichts schmerze, und holt eine Spritze aus seiner Ledertasche. Er zerbricht eine kleine Phiole. Man kann die Aufschrift »Unverkäufliche Warenprobe« lesen. Er mischt kleine Essenzen, schüttelt alles kräftig, und mit diesem Penicillin wird dann der wilde angstvolle Zaubergarten der Kindheit sehr schnell und kräftig weggespritzt. Heutzutage geht das ganz schnell. Wie machen die das, und wo geht das hin, die Vergangenheit? Sie ist einfach weg. Schon nach vierundzwanzig Stunden ist dieses feuchte Chaos lahmgelegt. Kühle breitet sich aus. Man trocknet ab und liegt nur noch flach. Das aber sehr.

Es beginnt die Zeit flacher Bettlägerigkeit. Wozu und warum eigentlich noch? Er hatte Stunden, die er verdämmerte, verschlief, versackte. Danach kam er sich aber beinah gesund vor. Er war doch fieberfrei. Er hatte jetzt Nachmittage, die ihm merkwürdig kurz gerieten, verrutschten. Plötzlich war schon wieder Abend. Die Tage schrumpften jetzt, und die Nächte dehnten und weiteten sich zu endlosen, schwarzen Räumen aus, in denen man wunderbar weit verlorengehen konnte. Wie weit, wie tief? Man nennt das wohl Regeneration, vegetative Erholung. Er schlief tiefer und fester als in gesunden Tagen, auch länger natürlich. Er war viel weg, genesungshalber. Wenn er sich morgens im Bad gereinigt, gewaschen hatte, kroch er sofort zurück ins Bett. Eine Weile spürte er den Geschmack der Zahnpaste im Mund. Es war ein sauberer, frischer Geschmack, der zuversichtlich machte, aber das reichte nicht weit. Eine Weile spielte er mit dem Fieberthermometer, das nur noch erbärmlich niedrige Meßwerte zeigte. Auch damit war kein Staat mehr zu machen. Er hörte die Geräusche der Stadt, den Straßenverkehr zu sich dringen, zum erstenmal wieder: die Welt da draußen. Es gab sie. Er wußte, es hatte ein neuer Tag draußen begonnen, ohne ihn. Er würde nicht in die Schule gehen.

Wann haben wir solche dummen Phasen krankhafter Regression überwunden? Und wie kehrt die Welt zurück? Wie ist das? Es sind vielleicht frühe Nachmittage, die sich plötzlich auf eine unerträgliche Weise in die Länge ziehen, Stunden zwischen drei und fünf, in die ein Gefühl von Leere, von Langeweile, von so viel unverbrauchter Zeit hineingerät. Man kann doch nicht immer im Bett liegen, dachte er. Und: Es ist alles leer, so öd jetzt und außerdem noch vier Stunden bis zum Abend. Wie soll man überstehen? Er hatte den Fernseher eingestellt. Der Fernseher stand bei ihm immer im Schlafzimmer. In den Wohnzimmern verabscheute er dieses Monstrum. Es sieht so schamlos, schamlos neugierig aus, hatte er beim Einzug gesagt. Stell' es in das Schlafzimmer. Er sah also das Licht, wie es auf der Scheibe erschien, etwas zuckte, verrutschte, dann aber fest wurde und zu strahlen begann. Er ließ das laufen, stundenlang. Heinzelmännchen, Puppenspiele, Tiere, Kinderstunden, Märchentanten: eine Welt, eine Programmsparte, die er noch nie gesehen hatte – jetzt interessierte sie ihn. Eine Weile fand er das schön und possierlich. Es lief alles so weg, flimmerte herunter, füllte die Zeit pausenlos. Ach, war das bequem. Für solche Konstellationen der Gesellschaft wird das Nachmittagsprogramm gemacht, dachte er, so leben also viele. In dieser Zeit fand er es segensreich: etwas für Kinder, für Kranke und Alte, die Daheimgebliebenen, die Randzonen der Gesellschaft. Man bringt ihnen auf einem weißen, elektrischen Tablett die Welt ans Bett. Da war es wieder: Wir wollen alle oben bleiben auf dem Tablett, so gut es geht.

Natürlich täuscht man sich in solchen Zeiten leicht über seine Möglichkeiten. Nach zehn Tagen war er aufgestanden, schlich in der Wohnung herum. Eigentlich fühlte er sich wohl. Es war tatsächlich noch alles da wie damals, sogar etwas schöner, frischer, aufgeräumter, schien ihm. Er begann die Post zu sortieren, die sich auf seinem Schreibtisch gesammelt hatte. Er las zunächst die Postkarten, bunte Ansichtskarten: Grüße aus St. Moritz und Tunesien. Wo die Leute sich überall herumtrieben. Warum war der Himmel hier nicht auch so blau wie dort? Er ritzte einige Briefe auf. Er merkte, wie seine Hand noch etwas unsicher und zittrig war, auch feucht. Ein Funkmensch mahnte einen Termin an, an dem er mitdiskutieren sollte. Er sah das Studio vor sich, das Mikrofon vor sich hängen. Er wußte, er würde kein Wort herausbekommen. Der Steuerberater bat um die Angaben der letzten Monate für die Umsatzsteuer-Voranmeldung. Das verstörte ihn. Ich habe doch gar nichts gearbeitet, also auch nichts verdient, jetzt. Er spürte Wut. Jemand fragte aus München an, ob er sich nicht an dieser Anthologie beteiligen wolle. Es würden zehn Seiten genügen zur Klärung der strittigen Frage. Er spürte, wie sein Oberkörper kalt wurde, und über diese Kälte breitete sich zugleich eine feine Schicht Feuchtigkeit aus. Er zitterte am ganzen Leibe, lächerlich. Es war alles so fern und wirr und zu schwierig für ihn, wie manchmal früher in der Schule. Er wußte nicht, ob er ja oder nein oder überhaupt etwas sagen sollte. Er ließ die Briefe sinken, schlich wieder ins Bett zurück, ließ sich fallen. Hier fühlte er sich wohl und geborgen.

In dieser Zeit war es, daß er plötzlich zu lesen begann. Es kam ganz absichtslos, zufällig, wie von selbst. Er begann einfach in dem zu blättern, was herumlag. Er begann zu gucken, herumzuschnuppern. Es überfiel ihn eine planlose und ungerichtete Lust auf Gedrucktes. Lust? Ach, eher Wut. Er lag jetzt im Bett und entdeckte mit einer wütenden Lust die Welt der Bücher. Seit Jahren benutzte er zum erstenmal wieder seine Bibliothek. Er las eine Woche lang alles kreuz und quer: Kriminalromane, Proust, die Memoiren des Nachrichtenchefs Gehlen, er las Pornographie, über den Fortschritt der DDR, dann wieder Proust. Wie oft war er in der Welt der Guermantes steckengeblieben. Er hatte Proust nie geschafft. Man kann ihn am besten im Bett schaffen, dachte er, liegend. Proust hatte alles im Bett geschrieben, liegend. Das merkt man noch heute. Man braucht mehr Zeit, als wir im Sitzen haben. Man benötigt eine vollkommene Abgeschiedenheit. Man muß wie der Dichter die Fenster verdunkeln. Man muß Korkwände ziehen, damit kein Lärm eindringt, und sich dann ins Bett legen; dann wird die verlorene Zeit zurückkommen. Plötzlich ist Albertine sehr wichtig.

Später dann, als er schon erste Spaziergänge und Streifzüge durch die Stadt machte, schien ihm dieser Fortschritt wie ein böser Rückfall. Er ging durch die Straßen. War es nicht eher ein Schleichen? Die Leute liefen so eilig. Der Verkehr schien ihm schneller geworden. Er roch die Ausdünstungen der Stadt auf eine qualvolle Weise deutlich: Benzingeruch, Auspuffgase. Er roch die Wurstbratereien, die Brauereien und all die Warenhäuser. Es war ihm alles zu stark, zu scharf, zu bitter. Umweltverschmutzung, jetzt riechst du sie. Er lief durch die Parks, er sah alte Frauen und Rentner mit Hunden auf Bänken sitzen und fühlte sich wie sie und setzte sich neben sie, blinzelte in die Sonne wie sie, sprach mit den Hunden, die ihn nicht wollten, und atmete schwer. Merkwürdig, früher hatte er die Alten hier nie bemerkt. Es war ihm, als hätte er eine Milchscheibe, ach, eine dicke Glaswand vor seinem Kopf. Trennwände, Panzerglas wie in Banken und Taxis, die lagen dazwischen. Er war wieder draußen. Er ging unter den Menschen. Die kalte Luft tat ihm gut, aber es waren Veränderungen eingetreten. Er fühlte sich fern und abgerückt von der Gesellschaft. Er spielte nicht mit. Er war höchstens ein müder Zuschauer. Er sagte sich: So müssen Geister, so müssen Tote des Nachts heimlich durch die Stadt schleichen, daseiend und nicht daseiend. Er war im Zwischenreich.

Wie kommt es dann, daß wir uns eines Tages doch entschließen, wieder gesund zu werden, also sozial? Welche Alchimie mischt da mit? Und wie ist das mit unserem Willen, personale Voreinstellung genannt? Wann dürfen wir wieder wollen können? Eines Morgens: Ist vielleicht das Wetter besonders günstig? Sind Hochdruck, frische Kälte, klarer, blauer Himmel eingetreten? Oder war es nur der tiefe, traumlose Schlaf? Wir sind Naturwesen, irgendwo, obwohl man das heute nicht mehr sagen darf. Heute ist doch alles Gesellschaft. Also, eines Morgens erwachen wir und spüren in allen Gliedern, daß es nun wieder aufwärtsgeht. Heute nacht war ein Ruck. Was ist mit den Gliedern? Sie fühlen sich ausgeruht, kräftig, wohlig an. Es stimmt wieder im Körper. Wahrscheinlich ist man auch etwas gewachsen in dieser Zeit. Es geht wieder leichter. Noch nicht ganz gesund. Gesund heißt ja, daß man sich nicht fühlt, sich nicht spürt. Man ist einfach. Er spürte, daß dies wiederkommen könnte.

Zum erstenmal ging er sicherer, selbstverständlicher durch die Straßen. Das Panzerglas war weg. Er fühlte die alte Kraft, die versunkene Lust dazusein, langsam zurückkommen. Er interessierte sich wieder für Einzelheiten. Die Welt war wie ein Ball zum Auffangen, zum Spielen und Zurückwerfen. Er dachte: Wie oft bekommen wir eigentlich diesen Ball zurück? Noch ist es Zeit zum Spielen.

Über das Alter

Dieses Bild neulich, vor meinem Haus, einem Frankfurter Hochhaus. Ich werde es so bald nicht vergessen. Die alte Frau, die immer die Straße zu überqueren versuchte, morgens, kurz vor neun. Man weiß, welch ein Autoverkehr sich morgens durch unsere City drängt, schiebt. Fahren kann man das nicht mehr nennen, diese präzise und zugleich rabiate Zentimeterarbeit entschlossener Bundesbürger, die alle auf gleiche Weise zur Arbeit drängen. Die alte Frau also, die drüben am anderen Straßenrand stand. Ich sah sie, eben aus dem Hause tretend. Es war ein kühler, schöner, sonniger Herbstmorgen. Altweibersommer, sagt man wohl. Eigentlich war alles angetan, um dankbar und fröhlich zu sein, wenigstens die ersten Minuten. Ich war zuversichtlich, gutgestimmt aufgestanden, und dann verging mir die Stimmung blitzschnell. Ich sah, wie das Alter behandelt wird, hierzulande. Wie?

Ich sah, daß die Frau die Straße zu überqueren versuchte, die hier nicht breit und gefährlich ist, vielleicht sieben oder acht Meter breit, mehr nicht. Wie sie ansetzte, dann wieder zurückwich, auf ihren Bürgersteig zurücktrat, dann wieder ansetzte, den Autos, die ja nicht fuhren, sondern zentimeterweise schlichen, ein Zeichen gab. Schließlich, nach längerer Weile, kam sie zwischen den stehenden Autos herüber. Sie bahnte sich mit ihrem Stock, zittrig und stolz zugleich, ihren Weg. Es war eine wirklich sehr alte Frau, wie ich erst jetzt sah, vielleicht schon achtzig, mit einem dunklen, langen Mantel, Topfhut und so. Sie ging zur Haustafel mit den Namenschildern. Sie nestelte in ihrer schwarzen Handtasche herum, nahm eine Brille heraus, und ich wußte schon, was nun kommen würde. Was denn? Sie würde hier beim Arzt klingeln, der in diesem Frankfurter Hochhaus im ersten Stock eine Praxis für Neurologie betreibt. Ich meine: Wo sonst? Wer interessiert sich so früh in einem solchen Wolkenkratzer, in dem es wimmelt von Immobilienmaklern, Kontaktklubs, Handelskontoren und Huren, sonst noch für so alte Menschen? Es war still und leer im Haus. Die Arztpraxis war noch nicht geöffnet. Sie klingelte also vergebens. Sie stand dann nur herum, ratlos, und wirkte inmitten dieser chromglänzenden und strahlenden Betonwelt wie das Alter in Menschengestalt, also überflüssig. Auch ich ging dann weg. Ich dachte: Es ist schlimm, seinen eigenen Tod so zu überleben. Das ist vielleicht das Schlimmste, was dem Menschen passieren kann: nicht rechtzeitig sterben zu dürfen.

Ja, was ist das Alter eigentlich? Ich frage mich das manchmal, ganz persönlich. Wenn man Anfang Fünfzig ist, beginnen solche Fragen. Ist es tatsächlich die Zeit der Ruhe, der Reife, der Vollendung, der letzten Einsichten und Erkenntnisse, wie uns früher gesagt wurde? Wird hier Weisheit geerntet und welche, bitte? Es gibt in der Tradition des deutschen Idealismus eine Verklärung des Alters, die ich immer als obszön empfunden habe angesichts des zunehmend sich verschärfenden Leistungsdrucks unserer Gesellschaft. Eine Gesellschaft, die das Jungsein vergottet, deren gesamte Konsum- und Produktionsdynamik um das ewige Kindergesicht der Zwanzigjährigen rotiert, hat uns den Begriff des »Lebensabends« zur Verfügung gestellt. Schon deswegen sollte man mißtrauisch sein. Ich vermute, hier wird eine sehr komplizierte und konfliktreiche Konstellation zur schönen Idylle heruntergeschwindelt. Auch philosophisch stimmt dieser Begriff nicht. Er schwindelt metaphorisch. Bekanntlich folgt auf jeden Abend wieder ein Morgen. Es liegt schon im Begriff des Abends, daß er nach der Nacht von einem neuen Morgen abgelöst werden wird. Natur waltete in so einem Begriff, nicht Geist. Es gibt aber für uns Menschen, sofern wir nicht religiösen Auferstehungshoffnungen zugetan sind, keinen Morgen mehr. Unsere einzig verläßliche Erfahrung ist, daß dem Alter der Tod folgen wird. Wieder so eine schroffe und bittere Wahrheit, um die sich unsere Gesellschaft permanent herumlügt. Unsere ganze technische Zivilisation lebt ja von dieser Leugnung des Todes. Er ist nicht mitgedacht, mitgeplant. In der heutigen Industriegesellschaft konstituiert sich der Mensch als ewig, als ewiger Konsument nämlich. Man kann auch sagen: als ewiges Kind im Verbraucherparadies. Und doch wissen wir: Es gibt den Tag, da ist Ausverkauf, endgültig. Da wird nicht mehr eingekauft, da wird nur gestorben, für immer.

Was geht hier vor? Was geschieht wirklich, wenn wir alt und älter und schließlich, bei günstigsten Bedingungen, uralt werden? Ich meine, es ist ein steter, langsamer, bei jedem anders verlaufender, aber doch unaufhaltsamer Rückzugsprozeß. Existentielle Regression ist am Werk. Das Leben wird nicht mehr, sondern weniger. Es schrumpft. Es fällt ab, allerdings in sehr verschiedenen Kurven, in unterschiedlichen Bewegungen, die vom Zustand und Verhalten der Gesellschaft mitbestimmt werden. Es kann einer mit Sechzig schon fertig sein, mit Achtzig noch dasein im Leben.

Das Wenigerwerden beginnt ganz konkret körperlich. Der Körper wächst nicht mehr, er schrumpft wieder. Er will nicht mehr ganz so, wie wir wollen. Er taugt nicht mehr so viel wie früher. Er ist fast wie ein Auto, das seine achtzig- oder neunzigtausend Kilometer drauf hat: Es fährt noch, manchmal sogar überraschend gut, zeigt dann aber jähe Abnutzungserscheinungen. Die Augen lassen nach. Man braucht eine Brille. Das Gedächtnis läßt einen manchmal im Stich, vor allem das Namengedächtnis. Man hat plötzlich einen Namen nicht mehr zur Verfügung. Man weiß ihn und kann ihn doch nicht finden. Eine merkwürdige Erfahrung ist das. Man hat Ausfallsymptome im Gehirn. Wetterfühligkeit stellt sich häufig ein. Ein Hoch, ein Tief, Klimaschwankungen, die einem früher nichts ausmachten, bestimmen das Wohlbefinden. Der Schlaf stellt sich nicht mehr so wunschgemäß ein. Eine durchfeierte Nacht – man kann das noch, aber man wird sich am nächsten Tage langsamer, mühsamer vom Kater erholen. Sexualität ist noch da, aber sie hat das Drängende, Stürmisch-Überwältigende, sozusagen ihren kosmogonischen Aspekt verloren. Einzelne Organe melden sich plötzlich an: der Magen, die Leber, das Herz. Früher wußte man nicht, daß es so etwas gibt bei einem selbst. Früher waren das Organe der anderen Menschen. Gesundheit heißt ja, sich als Körper nicht fühlen. Jetzt fühlt man sich deutlicher. Es ziept und drückt und schmerzt da und dort. Krankheiten werden häufiger, aber man hält es noch immer für Zufall. Man sieht keinen Zusammenhang.

Das Wenigerwerden hat seine soziale Seite. Man ist nicht mehr so hineingerissen in das Karussell der Gesellschaft. Es dreht sich immer noch, aber langsamer. Es wird leerer, weiträumiger, großflächiger um uns. Der Mensch räumt seinen Arbeitsplatz. Er geht in Pension, wie man sagt. Krisenhafte Veränderungen können einsetzen. Das Gefühl, nicht mehr nützlich zu sein, kann lähmen: die Rentnerneurose. Familiäre Bindungen lockern sich jetzt. Die Kinder sind längst aus dem Haus. Irgendwo leben sie am Rande der Stadt, haben selber Familie, selber Kinder. Unversehens ist man Großvater, obwohl man sich gar nicht so fühlt. Die anderen nennen einen so. Sie sagen: Großvater, und man erschrickt. Ist es tatsächlich schon so weit mit dir gekommen? Man wird wie der Neger oder der Jude in solche Rollen hineingestoßen – von den anderen. Man hat noch Freunde, Bekannte, Kollegen, aber die Besetzung dieses Kommunikationsfeldes lichtet sich etwas. Da und dort stirbt einer weg. Nanu, bist du tatsächlich schon so alt? fragt man sich. Sich selbst räumt man immer ein anderes Zeitmaß ein. Der Tod betrifft immer die anderen, nicht wahr?

Jedenfalls wird die Zahl der Zeitgenossen kleiner. Es wächst so viel Jugend nach, die man nicht mehr kennt. Man tritt aus dem Haus auf die Straße und denkt: Schon wieder so viel neue junge Leute. Wo kommt das her? Es ist wie nach einem heilsamen Regenguß. Die wachsen ja wie Radieschen nach, so schnell: lauter frische Jugendbeete. Sind das die Augenblicke, wo man merkt, daß man älter wird? Man wird auch vorsichtiger, skeptischer, wählerischer beim Eingehen neuer Bindungen. Man registriert nicht nur Leerräume um sich. Man will sie auch, in Grenzen. Anders als in der Jugend ist man jetzt von Zeit zu Zeit gern allein. Ist es schon Eigensinn, der sich ankündigt? Man besteht auf sich selbst, seiner eigenen, bewährten und erprobten Art, zu sein. Züge von Rechthaberei tauchen manchmal auf. Es ist sicher: Die Welt der Alten schrumpft, und in dem Maße, wie sie wieder kleiner, übersichtlicher wird, schleichen sich unversehens Züge ein, die man als autoritär bezeichnen kann. Der Trotz des Kindes kehrt im Starrsinn des Alters wieder, wenn auch anders. Es gibt überhaupt ein erstaunliches Korrespondenzverhältnis zwischen früher Kindheit und spätem Alter. Das Gesicht eines Babys, das Gesicht eines Greises, sie ähneln sich langsam an. Beide sind faltig, schrumplig, neigen zur Kahlheit, beide sind von Enttäuschungen gezeichnet, wenn auch Enttäuschungen unterschiedlicher Art. Man kann das Alter psychologisch durchaus als einen Re-Infantilisierungsprozeß bezeichnen. Deshalb die Vorliebe alter Menschen, sich über ihre eigene Kindheit zu beugen. Frühe Zeit kehrt zurück, also Zeit für Erinnerungen, Autobiographien, Memoiren, die geschriebenen und die ungeschriebenen.

Täusche ich mich, wenn ich sage: In der Jugend sind wir stark im Lieben, im Alter ist unsere Stärke der Haß? Arbeitet die Galle jetzt stärker? Ist Bosheit nicht eine letzte Waffe? Macht die Erfahrung der Einsamkeit nicht alte Menschen produktiv im

Verachten? Der alte Churchill, der alte Adenauer, sie jedenfalls waren zum Schluß Meister kalter Verachtung.

Und von den positiven Seiten des Alters willst du nicht reden? Wieviel letzte Erfahrung, späte Erkenntnis und Welteinsicht sich im Rückzug der Alten auch noch versammeln kann? Denken Sie an den alten Goethe, den alten Rembrandt, an Albert Schweitzer, eine Art Sonnenuntergang über Europa, letzte Erleuchtung, Verklärung des Geistes – gibt das nichts her? Ich weiß es nicht, ich bin nicht so sicher; ich bin skeptisch gegenüber dieser weitverbreiteten Theorie der spirituellen Verwesentlichung des Menschen zum Schluß. Ich leugne nicht, daß es für wenige, genial veranlagte Naturen im hohen Alter noch einen letzten Erkenntnis- und Wachstumsschub geben kann. Es muß nicht, aber es kann: Kunst und Literatur bezeugen beides.

Ich spreche nur unserer Gesellschaft das Recht ab, angesichts der faktischen Mißachtung, ja Mißhandlung des Alters diese wenigen Hochbilder des Alters, Bilder exklusiver Erwählter, vor das eher jämmerliche und beschämende Schauspiel zu hängen, das das Alter für die Massen noch immer ist. Ich meine: Eine Gesellschaft, die dauernd diese Teddys und Freddys produziert, die immer nur jung, popig und pepsicolafrisch sein will, hat das Recht verwirkt, sich auf Goethe, Rembrandt und Albert Schweitzer zu berufen. Sie sollte ihre Bilder des Alters nicht gar so hoch hängen. Sie sollte sie lieber im Stadtpark, am Flußufer, in der Vorstadt, in den Krankenhäusern sammeln. Sie sollte aufmerksam betrachten, wie sie da herumhocken, vor sich hin starren, von Langeweile und manchmal einem Schmerz bestimmt: Kreislaufproblemen, Hepatitis, Krebs, Prostata – Ausgeworfene einer Verwertungsgesellschaft, die mit dem Instinkt früher Tierrassen und der Intelligenz später Zivilisationen es versteht, sie sich vom Leibe zu halten. Es bleiben die Reste, die ausgedienten Modelle. Sie gehören nicht wirklich dazu.

Ich glaube nicht an die Verklärung und Vollendung des Menschen im hohen Alter. Ich bin zwar kein Christ, aber in diesem Fall halte ich es doch mit Paulus, der im Römerbrief den Tod als Ärgernis, als Skandalon ansah. Der Tod sollte nicht sein für den Menschen, meine ich. Er ist nicht zu denken als mein Tod – und ist es doch zum Schluß. Zum Schluß werden wir alle sterben, verenden. Nur das ist ganz sicher. Das hohe Alter ist das Hineinlaufen in dieses Ärgernis. Es ist nicht Zuwachs, sondern Minderung, noch mehr. Das letzte Stadium im höchsten Alter: Jetzt läßt auch der Schlaf, der Hunger, der Eigensinn, selbst der Haß nach. Der Mensch braucht fast gar nichts mehr zum Schluß, weil er nun ganz hoffnungslos ist. Er ist wie eine Kerze, die immer mehr abbrennt, noch kleiner, noch trüber, noch flackernder wird. Zum Schluß, glaube ich, läßt auch die Todesangst nach, weil eben alles nachläßt. Der Tod ist ja ein Phänomen des Lebens, und wo Leben verwelkt, verröchelt, dahinsiecht, hat – paradoxer Befund – auch der Tod nicht mehr viel zu suchen. Es ist alles ganz plan jetzt, niederlegen zum Schluß, nur noch ein Schattenspiel. Etwas fällt plötzlich zusammen, zuckt noch einmal im Bett, verröchelt dann und ist dann nicht mehr, nicht mehr als ein Leichnam, den man nun beerdigen wird. Das war also das Leben?

Todesnachricht

Seine Todesart war von jener ironischen Zweideutigkeit, die auch sein Schreiben in seinen (wenigen) besten Stücken kennzeichnen konnte. Etwas flirrt da. Sein Tod läßt, wie man heute sagt, Fragen offen. Er hatte wiederholt im Freundeskreis angekündigt, daß er einmal sehr modern, sehr zeitgenössisch, also unauffällig dahinscheiden werde: wahrscheinlich auf der Autobahn, wahrscheinlich im Streckenabschnitt zwischen Darmstadt und Mannheim. An solchen präzisen Lokaldaten lag ihm.

Am vergangenen Samstag, ein langer Samstag, also verkaufsoffen, geriet sein Wagen kurz vor Lorsch auf noch ungeklärte Weise ins Schleudern, prallte frontal gegen einen Brückenpfeiler und zerschellte – total. Der Tod muß nach Angaben der Verkehrswacht sofort eingetreten sein. Wie die Polizei weiter mitteilte, wurde aus dem Handschuhfach ein Whiskyfläschchen, unzerstört, aber leergetrunken, geborgen. Es wurde sichergestellt. Da andere Personen in den Unfall nicht verwickelt waren, wurde von einer Blutprobe Abstand genommen.

Für die wenigen Kenner und Freunde seiner Publikationen mag der lakonische Hinweis der Polizei auf das Whiskyfläschchen, das unzerstört, aber leergetrunken sichergestellt wurde, nicht ganz ohne tiefere Bedeutung sein. Tatsächlich kennzeichneten sein Schreiben jene heimliche, um nicht zu sagen einsame Aufsässigkeit aller Whiskytrinker. Obwohl äußerlich von jovialer, ja betonter Bürgerlichkeit, war er im Tiefsten – ein Wort, das er nie verwendet hätte, er haßte die deutsche Tiefe – von einer Aggressivität, die etwas Selbstzerstörerisches hatte. Im Grunde war er sein bester Feind. Er bekämpfte sich nachhaltig und mit Erfolg. So hat er wenig zustande gebracht.

Menschen, die nicht wußten, daß er schrieb, erschien er ganz anders. Sie hätten in ihm einen etwas schrägen Bankdirektor, ein Mitglied des Aufsichtsrates, vielleicht auch einen Filmproduzenten jüdischer Herkunft vermuten können. Tatsächlich ging von ihm jene Aura etablierten Wohlstandes aus, die Prostituierte beiderlei Geschlechts immer in helles Entzücken versetzt: Alle meinten, da ist was drin, da ist was zu erben. Die Testamentseröffnung ergab aber nur einen bescheidenen Kontostand. Nach der Abwicklung der noch fälligen Verbindlichkeiten und der Feuerbestattung wird sich sein Erbe in Nichts auflösen. Er hat eigentlich nichts hinterlassen. Nicht einmal trauernde Angehörige.

Und doch: Wenn man ihn so mit Pelz, Schirmstock und einem dunkelblauen Homburg, etwas zu schief auf den weißhaarigen Kopf gesetzt, durch das Frankfurter Bankviertel schlendern sah, merkwürdig abwesend, von der anderen Aufmerksamkeit der Träumer und etwas zu langsam gehend, um wirklich eilig, also beschäftigt zu sein – dann hätte man in ihm einen letzten, etwas dekadenten Sproß finanzstarker Bourgeois vermuten müssen. Er wirkte gut betucht, war aber im Grunde nur dünnhäutig. Establishment schien da mitzugehen, obwohl es heute kaum einen Autor geben dürfte, der ungesicherter, freier, auch einsamer lebte als er. Er hatte schon vor einem Jahrzehnt alle Ämter und Stellungen niedergelegt, begann in einem Augenblick, wo sich auch unsere Kultur total institutionalisierte, ein Leben später und hemmungsloser Privatheit. Irgendwie war er gegen den Strich der Zeit gebürstet und verweigerte sich, je älter er wurde, jedweder sozialer Nützlichkeit; er verweigerte sich, obwohl publizistisch leidenschaftlich interessiert, immer mehr dem Betrieb, dem Fernsehen, der Grasschen Bürgerinitiative, den Zahlungen an die Ortskrankenkasse. Vor Podiumsdiskussionen hatte er Angst. Unnötig zu sagen, daß er zu jeglicher Art von Ehe untauglich war – auch da hatte er Angst. Je älter er wurde, desto ausschließlicher wollte er nur noch schreiben. Er hatte seine Sache zum Schluß auf nichts gestellt und wollte in einer merkwürdigen Rückläufigkeit zur sozialen Gegenwartskonstellation nur noch zu Hause schreiben. Wörter machen, sagte er manchmal etwas verschmitzt, wie auf einem gewissen Örtchen, nur

Wörter machen, das ist es, was mich noch interessiert. Er war also auf eine hoffnungslose Weise unmodern, wenn man bedenkt, daß heute alles auf die Revolution und die klassenverändernde Tat ankommt. Er wollte nur noch schreiben – und war doch höchstens ein Talent.

Immerhin sind ihm aus dieser exklusiven Spannung zwischen bürgerlicher Wohlanständigkeit und privater Aufsässigkeit, um nicht zu sagen Verkorkstheit, einige Stücke von ironischer Eleganz und sinnlicher Transparenz (wenn diese Verkürzungen erlaubt sind) gelungen. Seiner Natur nach war er ganz auf das Hinfällige, Momentane, den Augenblick, die Gegenwart hier und heute fixiert und konnte aus dem ausgelaugten, längst totgesagten Fach »Gesellschaftskritik« noch einige Funken herausschlagen, die man nicht mehr erwartet hätte. Er war eben ein letzter in seinem Fach. Er beherrschte manchmal die Kunst, so altmodische Formen wie das bürgerliche Feuilleton, den Reise-Essay, das intime Journal, das politisch-moralische Tagebuch ein letztes Mal zu beleben. Er legte in seiner hemmungslos subjektiven Manier mitunter Porträts aus unserer Zeit vor, die Kenner der Branche an Tucholsky oder Polgar erinnerten.

Dem Verfasser dieser Zeilen bekannte er einmal im vorgerückten Gespräch (und bat zugleich um Diskretion, die nun hinfällig geworden ist), daß er gern ein »linker Sieburg« geworden wäre. Leider fehlte ihm auch dazu etwas. Er bewunderte dessen sprachliche Eleganz und haßte dessen politische Position. Er träumte wohl manchmal davon, der deutschen Linken ihr volles Heimatrecht in der deutschen Sprache wieder zu erobern. Er hätte gern die deutsche Sprache im Dienst kritischer Aufklärung so reich, so lebendig, so gut werden lassen, wie sie nur die rechten Dunkelmänner von Jünger bis Heidegger beherrschten. Er wollte Stil mit politischer Moral verbinden – in Deutschland. Er ist auch da auf der Strecke geblieben.

Dieser Traum, natürlich, ist ausgeträumt. Er ist auf eine etwas flirrende Weise zerschellt an einem Brückenpfeiler bald hinter Darmstadt. Ganz der Zeitlichkeit, dem Augenblick, der Sekunde verfallen, wird nichts von ihm bleiben. Was er schrieb, ist schon zerflattert. Keine nachgelassenen Werke, keine trauernde Witwe hat man ihm nachgeworfen ins Feuer. Er lebte und starb mit der Zeit und ist schon dahin. Nur einige Redakteure werden ihm nachtrauern – an Wochenenden. Sie werden sagen: Er war ein sonderbarer Zeitgenosse. Schade. Schade um mein Feuilleton.